国家社科基金
GUOJIA SHEKE JIJIN HOUQI ZIZHU XIANGMU
后期资助项目

诗化言说：
透射幽暗的亮光

——海德格尔语言思想"诗化之维"探赜

任华东 著

天津出版传媒集团

天津人民出版社

图书在版编目（CIP）数据

　　诗化言说：透射幽暗的亮光：海德格尔语言思想
"诗化之维"探赜 / 任华东著. -- 天津：天津人民出版
社, 2022.10
　　ISBN 978-7-201-18803-4

　　Ⅰ.①诗… Ⅱ.①任… Ⅲ.①海德格尔(Heidegger,
Martin 1889-1976)—语言学—研究 Ⅳ.①B516.54
②H0

　　中国版本图书馆 CIP 数据核字(2022)第 176635 号

诗化言说：透射幽暗的亮光：海德格尔语言思想"诗化之维"探赜

SHIHUA YANSHUO : TOUSHE YOUAN DE LIANGGUANG : HAIDEGEER YUYAN SIXIANG
"SHIHUAZHIWEI" TANZE

出　　版	天津人民出版社
出 版 人	刘　庆
地　　址	天津市和平区西康路 35 号康岳大厦
邮政编码	300051
邮购电话	(022)23332469
电子信箱	reader@tjrmcbs.com

责任编辑	佐　拉
美术编辑	汤　磊

印　　刷	天津新华印务有限公司
经　　销	新华书店
开　　本	710 毫米×1000 毫米　1/16
印　　张	13.25
插　　页	1
字　　数	200 千字
版次印次	2022 年 10 月第 1 版　　2022 年 10 月第 1 次印刷
定　　价	89.00 元

序

　　任华东教授的学术专著《诗化言说：透射幽暗的亮光——海德格尔语言思想"诗化之维"探赜》由天津人民出版社出版，我很为他高兴，因为这是我期盼已久的了！他邀我为该书写个序，我感到义不容辞，欣然允诺。

　　华东是我2005届招收的博士生，攻读的方向是文艺学美学。2008年在我的指导下，他以"海德格尔诗化语言观研究"为题的学位论文通过答辩，得到好评，顺利获得博士学位。现在要出版的这本专著就是以这篇博士毕业论文为基础，作了大幅度的修改、扩充和许多部分的重写而成。华东博士毕业后没有选择立即出版论文，而是十多年来反复钻研，不断增删修改，并于2017年拿到了国家社科基金后期资助项目，这说明他的研究获得了学界的认可。我记得原博士论文大概11万字左右，现在出版稿已经扩到了20万字，经过这些年的打磨，无论在研究规模还是在研究内容上均有了很大改观，这种持之以恒、精益求精的学术精神是值得称道的。

　　这部书稿严格地说属于"专题性"研究，即聚焦于海德格尔的语言思想，深入挖掘内含在其中的诗化语言观意蕴。不能不说，语言问题在海德格尔整个哲学美学思想系统中地位非常特殊。不同于他对工具、技术、建筑与居住、绘画等诸存在者之存在意义问题的考察，语言这种存在者，无论在人们对诸存在物的存在意义之显现中，还是在海德格尔对存在问题的思考与表述中，均显得尤其特殊与重要，因为在海氏看来，"语言乃存在之家"。这不仅意味着，作为"存在者"的语言是诸存在者中最靠近"存在意义"问题的存在者，而且意味着"语言"即"存在"本身，"语言"与"存在"犹如硬币的两面，难以截然分开。所以，在海德格尔看来，甚至我们将"语言"理解为一种特殊的"存在者"都是对它的误读，而存在的意义在语言中的出场，与其说归功于人类，不如说归功于"存在自身"，人只是它的"守护者"而已。从这个角度说，"语言"的本质问题即"存在"的本质问题，这是海德格尔后期哲学转向语言研究的重要原因之一。海德格尔的这些想法当然有其内在的哲学逻辑,这个逻辑一方面深化了西方哲学对语言现象的认知,但也问题重重,不过对于研究者而言,抓住了语言问题其实也就抓住了海德格尔哲学逻辑的核心。因此该书选择对海德格尔的语言观做专题探讨是很有眼光的,也是极有学术价值的。

考察中国当代学界对海德格尔语言思想的研究可知,这个历史是比较短暂的。2000年之前学界偶有触及,未形成规模,真正时兴起来其实是进入21世纪以后的事情。由于"语言"与"存在"问题的紧密相关性,学界从"存在论"角度研究海德格尔语言思想的成果比较多见。最有代表性的成果莫过于孙周兴教授于2005年出版的《语言存在论》一书。该书其实在1994年即以"说不可说之神秘——海德格尔后期思想研究"为题出版,但经过十年的修改完善后,作者最终将其定名为"语言存在论",书名直揭主题,代表了学界的普遍看法,影响比较大。不过,综观与之类似的相关成果,这些研究大多基于比较纯粹的哲学学术视野,这当然没有问题,但除此之外由于海德格尔语言思想的复杂性与多面性特质,例如它与诗歌、审美、艺术、符号等领域存在极为密切的关联,所以学界也非常有必要引入文学的、美学的、语言学、符号学、艺术学乃至文化学等其他学术视野展开多学科、多层次的探讨与对话,以期进一步拓宽对海德格尔语言思想领域的研究。我在任华东这本著作中就看到了这种尝试。例如该书的第二章,作者试图将海德格尔的语言思想放在西方现代文明发展的"工业化与城市化""符号化"与"语言意识的自觉""审美文化的兴起"等现代历史与文化背景中进行观照和考察,就融合了历史学、符号学、文化学、美学等多学科视域。从这一点说,该书试图跳出哲学的单一视域,融合多学科研究视野对海德格尔语言思想展开探讨,我以为这一思路是值得充分肯定的,既是对学界相关研究的一个拓宽,也是该书的一大亮点。

该书还有一个亮点,即以"诗化"切入海德格尔的语言思想研究。"诗化""诗性""诗意"诸词在中国当代人文学术领域是"高频词",在海德格尔哲学美学思想中也很常见。"诗意的栖居"乃至成了当代人文学者常提到的"口头禅"之一。海德格尔本人特别喜欢诗,不仅自己写,还经常借助对荷尔德林诗歌的阐释展开哲学运思。这的确让他对"存在"问题的思考呈现出非常浓重的"诗化色彩",这当然也同样适用于他对"语言之在"的描述与阐释中。但这种"诗化色彩"绝不仅仅是哲学表述的"语言风格"问题,因为"诗"以及"诗化"问题与西方哲学美学乃至文化史的发展传统息息相关。例如"诗哲之争"便是西方哲学美学发展的核心线索之一,有着悠久的文脉衍变史。海德格尔一方面认为"语言乃存在之家",将存在问题与语言问题捆绑在一起,另一方面又进一步认为,作为"存在之家"的"语言""就是根本意义上的诗"。如此一来,"诗""言""在"三者在海德格尔那里便具有了某种"三位一体性"。"诗"也便由此从"狭义诗歌"或"广义文学"这个层面,跳跃到哲学乃至文化史场域中,获得了一种宏阔深邃的语义内含。也就是说,对海德格尔诗化语言的研究,如前述不仅关联着学界对海德格尔存在论哲学思想的解读,其实也关联着学界对西方哲学与思想史的阐释。任华东这部著作无疑准确地抓住了"诗"在海德格尔思想语境中与"语言""存在"之间所具有的密切关联,将其诗化语言观放置在西方"诗与哲之争"的思想文化传统中展开梳理与考察,不仅抓住了海德格尔哲学美学的核心,也同时抓住了西方存在论哲学乃至西方文化史的核心问题。由于这一思路目前尚没有引起学界的足够重视,所以该著作的这一研究思路具有一定的独创性,对海德格尔诗化语言观研究来说应该也是一种有效拓展!

不过,与对海德格尔诗化语言思想的阐释相关有一个重要问题,即关于阐释的"度"的问题。过犹不及,"不及"与"过度"都不可取,但这在海德格尔语言思想研究中这个"度"并不容易把握。例如该书所论的"诗化"问题,"诗"在海德格尔思想语境中的语义涉及诗歌、文学、审美、艺术、本真在世、存在论等许多层面,语义丰富,变动不居,有时作为名词,有时又作为动词使用。这就带来一个问题,在将海德格尔的语言思想归结为诗化语言观的时候,研究者应该如何协调诗学的、美学的、哲学的阐释之间的关系?或者说如何将这些维度的阐释保持在一个合理的张力之中?也就是说,应该如何把握这个"度"?毋庸讳言,学界有不少研究在这个方面做得不够理想,尤其是文学与美学界的学者,很容易将海德格尔的语言思想研究导向一种纯诗学或纯美学的阐释。在这个问题上,任华东教授的拿捏我觉得还是到位的,很有节制感。例如该书第八章对海德格尔语言思想的"诗学发微"的讨论,就体现了这种阐释的张力感与节制感,体现了他对"度"的把握很有分寸感。

当然,海德格尔的语言思想非常复杂,研究起来难度很大。"诗化"也只是切入海德格尔语言思想的一个角度而已,且即便是这个角度也还有很多该书没有论及的问题值得学界继续深入探讨。正如海德格尔将其对语言问题的探讨视作一种"通向",一切都在路上,对华东教授关于海德格尔语言思想的研讨也当做如是观。这既是"存在"使然,所谓存在的意义在海氏看来即"去在",这也正是人文学科研究的魅力所在。人文学科只有在多样化的阐释与自由的争鸣中才能走向繁荣。

关于任华东教授这本著作我说得够多了,上面这些只是我个人阅读的一点体会,剩下的留给学界同仁与读者去阅读评判。

是为序。

朱立元

2022 年 6 月 18 日

目　录

引言　诗化言说:透射幽暗的亮光

在人类历史上,语言的诞生是最为重大的事件之一。它如影随形,与人须臾难分;恰似界标,引人跨过此界标进入新纪元。人类从此开始凭借言说的音节切分混沌的世界,这个世界从此不仅是可感的,而且也是可说的乃至可写的、可思的、可传的,文明大幕徐徐拉开。

不过,与许多事物类似,语言的存在也是柄双刃剑:它远播善行,也伪装恶迹;它书写优雅,也美化丑态;它让真理现身,也让谬误横行;它言说周遭的一切,却又常常隐遁自身。语言的多面性乃至神秘性一点也不亚于它对世界的敞开。虽然我们天天在使用着语言,不停地说个没完,但真要想弄明白语言的本质及其存在的意义,却是一件非常困难的事。对大多数人而言,语言是一种不言自明的存在者。在忙忙碌碌的日常生活中,没有多少人会关心与思考语言的本质及其存在意义等问题。但即便如此,也仍有一些人对它们发生着浓厚而持久的兴趣,无论古今中外!

"道可道,非常道;名可名,非常名。"①中国先哲老子如此感叹着"道"与"名"的神秘莫测。在人类有声的"常名"之外,莫非真有一种"大音希声"?《圣经·创世纪》如此描述世界的创生,"起初,神创造天地。地是空虚混沌,渊面黑暗;神的灵运行在水面上。神说:'要有光',就有了光。神看光是好的,就把光暗分开了。神称光为昼,称暗为夜。有晚上,有早晨,这是头一日"②。此后的几日,包括人在内的万事万物的创生总是开始于"神说"(Dod said)。"到第七日,神造物的工已经完毕,就在第七日歇了他一切的工,安息了。"③这是一个引人遐思的创世传说!我们可否理解为神凭借"说"创造了世界?或者,没有"说"便没有"世界"?再或者,谁拥有了"说",谁便拥有了"世界"?索尔仁尼琴甚至曾言,"一句真话比整个世界的分量还重!"斯人已

---

① 老子:《老子注译及评介》,陈鼓应注,中华书局,1984年,第53页。
② 《圣经》,中国基督教协会出版发行,第1页。
③ 同上,第2页。

逝,此"话"却成永恒!

此后的千余年,众多西方哲人欲破解语言的存在之谜,从修辞学、逻辑学、符号学、社会学等各种角度出发,试图回答语言是如何创生的、语言的本质是什么、语言与世界到底是一种怎样的关系等问题,提出了自然语言观、约定俗成论、语言符号论、神学语言说、语言工具论、逻辑语言观等诸多语言哲学观念。并且这种追问一直延续到20世纪,即便人类已进入现代文明仍没有停止,而且局面似乎变得更加复杂。我们尚且无法就人类语言的本质达成共识,一种新的语言——"人工智能语言"又随着电脑的发明与人工智能时代的到来应运而生。旧问题尚无答案,新问题又接踵而至,对语言本质及其存在意义的追问看来仍要继续下去,并且似乎永远不会停止。

促成这种不懈追问的原因有很多,但归纳起来主要有两个。一个原因是语言虽是一种具有"符号-经验性"特征的存在者,对于这种存在者的本质,现代语言科学已经能够给予相对合理乃至系统性的阐释,但除此之外,语言也具有超越其自身有限的"符号-经验性存在"而通向无限的"形上维度",这一维度不断阻止着人们的科学性诉求,使其难以言明甚至带有某种神秘色彩。可以这样说,语言存在本身就是一件颇为神秘的事情!那它的神奇力量究竟从何而来?

另一个原因则来自人类的"形而上追问",这种追问乃是一种"本能"。只要人类尚存,这种"形而上本能"就会不断地促使人类去追问语言的"形上之维"问题。19世纪中后期至今,尽管这种追问曾面临"分析哲学""结构主义语言学"等诸多语言哲学、语言科学流派的质疑与挑战,它们曾试图在一种"对象化思维"中将对语言存在问题的追问导向"逻辑学"与"符号学"的方向,让语言现象彻底的"逻辑化""科学化"与"祛魅化",但同时也仍有一批哲人乃至诗人,始终保持着对语言"非逻辑化""人文性"与"神秘性"的浓厚兴趣并为此不断思索着。

中国当代诗人于坚(1954—)曾这样想象语言初创时人类看见大海的那一声惊叹,"最初,世界被命名为一种声音,那个最初的人看见了海,他感叹到,嗨!——说'嗨!'的人并非想到或思考了海,他仅仅看到了目前的海。——'嗨'是一个元隐喻"①。诗人自然乐于从诗性的角度想象语言的创生,作为"元隐喻"的语言在创生之时也许就充满了"让人听""引人看"乃至"使人触"的非逻辑化诗性力量,而哲学家在阐释语言时虽更擅长思考与说理,却也同样无法回避语言的非逻辑化功能及其诗性魅力。

---

① 于坚:《拒绝隐喻》,云南人民出版社,2004年,第125页。

20世纪50年代初，当中国诗人刚呱呱坠地，德国哲学家海德格尔（1889—1976）已在"通向语言之途中"跋涉与沉思许久。早在20世纪20年代末，他就向世人呼请"把语法从逻辑中解放出来"，因为在古希腊人那里，"语言"作为"λογος"最初的意思不过是让人在生存在世中"看某种东西"（φατνεσθατ），而非以其"语法性"与"逻辑性"让人站在世界的对面"思考"某种东西。三四十年代，他又进一步宣称"单纯的符号"并非语言的本性，它"无非是语言的一个表层而已"①，直言作为"存在之家"的"语言"，"就是根本意义上的诗"②。这让海德格尔的后期哲学几乎走向了语言之思，他不仅将存在、语言、诗捆绑在一起，从诗的角度阐释语言的本质，而且同样乐于运用诗的修辞化表述展开他的哲学运思！

海德格尔如此钟情于那些能体现语言诗化本性的诗歌，例如荷尔德林的诗歌在他看来仿佛就拥有一种神奇的"悖论性"力量，它一方面将某个存在者的存在显现出来，而另一方面却似乎又要自我否定，将这种"显现"导向"虚无"，引向"遮蔽"。诗化语言恰似一道亮光，在其照射处让某种东西现身，但有光的地方也必有阴影与幽暗，尤其当夜幕降临，光愈强，则暗愈深。一种反转不可思议地发生了，幽暗本源自光的照射与映衬，现在却好像要反过来，那光亮似乎是无尽幽暗特意让渡出来的一片空地，就像投射到舞台正中央主人公身上的那束光，在光之外，暗潮汹涌。正像诗歌中的语言那样，开拓出一个独特诗境的同时，却又把诗境在语意的发散与张力中将受众引至想象与阐释的无穷。在海德格尔看来，澄明固然重要，但幽暗却更加本源，语言恰似一道透射幽暗的亮光。

如此思索语言的存在问题的确让人深感晦涩，但即便深奥如海德格尔，哲学家也并不总是孤独的。19世纪末以来的西方现代哲学，走在"通向语言之途"中的不止海德格尔一人。作为三大哲学主流的"现象学-解释学""分析哲学""实用主义哲学"也不约而同地对"语言问题"发生着兴趣，19世纪末以来"西方最重要的哲学流派都走上了通向语言的道路"③。只是如同"盲人摸象"，再深刻的哲学家摸到的也不过是其中的一部分。有人继续沿着"逻辑"的思路摸，有人发现了作为"系统"而存在的符号，也有人像海德格尔一样，沉迷于其中的"诗化景观"。

尼采不仅认为"一切词语本身从来就都是比喻"，而且声称"语言本身全

---

① ［德］海德格尔：《荷尔德林诗的阐释》，孙周兴译，商务印书馆，2000年，第42页。
② ［德］海德格尔：《林中路》，孙周兴译，上海译文出版社，1997年，第58页。
③ 陈嘉映：《语言哲学》，北京大学出版社，2003年，第15页。

然是修辞艺术的产物……此为首要的方面,语言是修辞"①;克罗齐认定"语言活动并不是思维和逻辑的表现,而是幻想、亦即体现为形象的高度激情的表现,因此,它同诗的活动融为一体,彼此互为同义语"②;维特根斯坦主张,"我们的语言最初描述的乃是一幅图画"③,我们对待语言的态度应该是"不要去想,而是去看"④;德里达则声称,作为"语言游戏"的文字是"先验所指缺席"的游戏,"这种被视为先验所指的缺席的游戏并非普通的游戏,因为哲学传统为了遏制它始终对它进行限制"⑤。而"先验所指的缺席"却让文字进入一种意义无限生成的"能指游戏"中,语言的实质"与其说是直传逻各斯的言语,不如说是蒙障重重的文字","语言并不那么温顺透明"。⑥

如此说来,不独海德格尔,19世纪中后期以降的西方现代哲学与美学,有不少哲人试图对语言现象的"诗化之维"展开探索,发现并沉思语言的"诗性之真"。

① [德]弗里德里希·尼采:《古修辞学描述》,屠友祥译,上海人民出版社,2001年,第20页。
② [意]克罗齐:《美学或艺术和语言哲学》,黄文捷译,中国社会科学出版社,1992年,第41页。
③ [英]维特根斯坦:《哲学研究》,李步楼译,商务印书馆,2002年,第280页。
④ 同上,第47页。
⑤ [法]德里达:《论文字学》,汪堂家译,上海译文出版社,1999年,第69页。
⑥ 朱立元、张德兴等:《西方美学通史》(第七卷下),上海文艺出版社,1999年,第395页。

第一章 当代学界海德格尔语言思想研究概观

第一节 学界海德格尔语言思想研究的三个特点

任何一种学术研究的发生都非空穴来风,而其发展又自会形成一种文脉乃至传统,明晓此文脉及其得失是学术研究能否取得成功的关键因素之一,学界对海德格尔语言思想及其诗化语言观的研究也概莫能外。因此我们有必要在开篇处将学界的相关研究予以简要梳理与述评,而其研究得失就自然构成了本书的文脉起点。受本书研究重点与本章篇幅等原因所限,关于学界的研究现状笔者主要以国内研究为主,国外为辅,简要考察下四十余年来学界对海德格尔语言思想及其诗化语言观的相关研究。从整体上说,这些研究大体呈现如下三个特点:

一、第一个特点,当代中国学界对海德格尔语言思想的研究与整个海学研究的研究轨迹大体类似,自20世纪90年代末至21世纪初才逐渐兴盛并发展成为一个相对稳定的研究领域

也就是说,在此之前有关海德格尔语言思想的研究虽然也已经出现,但无论研究规模还是整体水平与2000年之后相比,均显得相对比较有限。检索中国知网可知,自1979年以来能检索到的研究海德格尔语言思想的论文最早出现于1987年。那年,赵越胜在《读书》杂志发表了《语言就是语言——读海德格尔晚期著作》①一文。此后,与海氏语言思想相关的研究每年都会零星地出现几篇,而持续不断的大量出现则主要发生在20世纪90年代末以后。形成这一研究局面的主要原因在很大程度上与翻译有关。其中,孙周兴的翻译工作尤其显著。

---

① 赵越胜:《语言就是语言——读海德格尔晚期著作》,《读书》,1987年第7期。

孙周兴最早翻译海德格尔的著作始于1992年,那年他在《哲学译丛》第5期翻译发表了海德格尔的《哲学的终结和思的事情》①一文。不过,他在翻译界真正开始产生重要影响始于1996年由他编选翻译出版的《海德格尔选集》②。从编译该选集起,孙周兴在此后的十几年间持续不断地翻译出版了数十卷海德格尔著作文献。以2018年由他与王庆节主持翻译的《海德格尔全集》(30卷)的出版为例,孙周兴参与翻译的著作就达到15卷之多。以孙周兴、王庆节、陈嘉映等为代表的学人通过持续不断的努力,让海德格尔的著作自20世纪90年代末以来源源不断地广传施惠于汉语学界,是中国当代"海德格尔热"出现的重要原因之一,这与90年代中期之前的翻译情形区别很大。③总体上看,90年代中期之前的翻译工作主要呈现出三个特征:第一是翻译的数量、规模相对较小;第二是受各种原因所致时断时续,没有形成翻译的连续性与持久性;第三是在对学界的推动力与研究广度上的影响也比较小。例如,90年代中期之前,海学研究主要发生在哲学界,有代表性的学者如俞宣孟、叶秀山、彭富春、陈嘉映、宋祖良、靳希平、张祥龙、张汝伦等。文学界中一小部分外语比较好的学者也曾参与,例如余虹、刘小枫等,但数量极少。这种情况在2000年后发生了很大变化,以孙周兴、王庆节、陈嘉映等为代表的学人通过持续不断的翻译与研究工作,促使哲学界、美学界、文学界、语言学界、符号学界、艺术学界甚至传播学界、建筑学界乃至科学界等各个学界的学人,广泛参与到包括海德格尔的语言思想在内的海学研究中来,形成了至今仍在延续的海德格尔研究热潮。④

二、第二个特点,当代学界海德格尔语言思想研究形成了两种研究模式——"专论"与"旁涉"

"专论"比较好理解,就是专门针对海德格尔语言思想的研究,例如,Rokert Mugerauer 的 *Heidegger's Language and Thinking*。⑤再如我们前面提到的赵越胜的《语言就是语言——读海德格尔晚期著作》。该文是20世纪80年代出现较早且"专门"针对海德格尔后期语言学说的评述性文章。文章开

---

① [德]海德格尔:《哲学的终结和思的事情》,孙周兴译,陈村富校,《哲学译丛》,1992年第5期。
② [德]海德格尔:《海德格尔选集》(上下卷),孙周兴选编,上海三联书店,1996年。
③ 关于1990年之前中国学界对海德格尔文献的翻译情况,可参见靳希平:《海德格尔研究在中国》,《世界哲学》,2009年第4期。
④ 吴兴明:《海德格尔将我们引向何方?——海德格尔"热"与国内美学后现代转向的思想进路》,《文艺研究》,2010年第5期。
⑤ Rokert Mugerauer, *Heidegger's Language and Thinking*, Humanities Press, 1988。

门见山地指出，"语言问题是海德格尔哲学的中心问题，甚至可以说是他的基础本体论的最后立足点。特别在他的后期著作中，存在(Sein)，此在(Dasien)都归宿于语言，在语言中觅得家园"。那么"什么样的语言能使存在的可能性显身？那就是诗"①。"诗歌的语言"作为"纯全的语言"构成了本源意义上的语言。此书虽是"专论"，且触及到了语言与诗的关系问题，但限于篇幅等原因所致没能展开较为深入的探析。这种"专门研究"比较有代表性的还有刘敬鲁的《语言与大行——海德格尔的语言思想批判》②、任华东的《海德格尔诗化语言观研究》③、孙周兴的《语言存在论——海德格尔后期思想研究》④等。

与"专论"相比，"旁涉式研究"并非专门针对其语言思想而作，而是在"主论"其他论题时"旁涉"或"兼及"海德格尔的语言思想问题。既然是"旁涉研究"，为什么还要把它纳入进来予以探讨？这有其特殊性，即"语言"在海德格尔哲学系统中是一个非常具有辐射性的核心概念。它与此在、存在、存在者、艺术、真理、技术、诗歌、诗意栖居、"大道(或本有)"等海德格尔哲学系统中的这些重要概念，均存在着广泛而内在的深刻关联，这使得学界在研究海德格尔的其他论题时会经常旁涉其语言学说，反之亦然。而且，作为20世纪重要的语言学说重镇，这种研究甚至经常会溢出哲学界。这导致了一个非常有意思的现象，当代学界有很多对海德格尔诗化语言思想的论述，不仅最早并非来自"专论"，而且很多来自其他学界。前者的"旁涉研究"以叶秀山为代表，后者则以余虹、刘小枫最让人称道。

叶秀山于1980年至1982年曾赴美国进修，进修期间为补现代西方哲学研究短板，开始着手研究这一领域，其中就包括对海德格尔相关思想的研究，并于1988年将这些研究成果以《思·史·诗——现象学和存在哲学研究》⑤为名结集出版。在该书的第六部分"海德格尔在'思想'的道路上"设专节探讨了其"语言""诗"和"思"的学说。以笔者所见，叶秀山对海德格尔语言思想的分析是此时期最为透彻深入的研究之一，其透彻深入性突出表现在三个方面：第一，他紧紧围绕对"此在"生存在世的细致梳理对海德格尔语言思想展开由浅入深的辨析，这与学界后来主要从"存在角度"阐释其语言学说有所不同，笔者深表赞同！原因在于，尽管海德格尔语言学说主

① 赵越胜：《语言就是语言——读海德格尔晚期著作》，《读书》，1987年第7期。
② 刘敬鲁：《语言与大行——海德格尔的语言思想批判》，《社会科学战线》，1997年第4期。
③ 任华东：《海德格尔诗化语言观研究》，复旦大学2008年博士学位论文。
④ 孙周兴：《语言存在论——海德格尔后期思想研究》，商务印书馆，2011年。
⑤ 叶秀山：《思·史·诗——现象学和存在哲学研究》，人民出版社，1988年。

要集中在后期,但他前期对此在与语言关系的阐释也非常重要。不过,这个重要性似乎一直以来没有引起学界的足够重视。叶秀山指出,"真正的本源性的'语言'是和'人'的原始状态不可分的。'语言'不是'人'的功能之一,而是'人'的本质,是与'人'作为Dasein不可分的"①。由于"Dasein"的"理解"(Verstehen)既和"理智"相关,又和"情感"(Stimmung)不可分,所以语言作为"说"(Rede Sagen),既是理智性的"分音节"(Artikulation)的符号,更是一种"心境"(Befindlichkeit),其本质因而"不是一种符号系统,而是存在系统";第二,叶秀山用"贯通性"视野看待海德格尔的语言学说并深刻指出他的后期语言思想,实际上在前期的《存在与时间》中,"已经奠定了从存在论理解'语言'的基础,只是在用语上有所不同"②。在"贯通性"视域中叶秀山认为,"从本源意义上来理解的'语言',并不需要抽象的符号体系,也不要按什么语法的公式结构起来,而是诗的语言,'诗'使语言可能,'诗'也是最原始的语言"③。叶秀山对海德格尔语言本质观的阐释最终也落脚在了"诗"上。第三,叶秀山研究的深刻之处还表现在,他并没有像当时绝大多数研究者那样止步于"述"的阶段,而是在此基础上尝试"论"之,展开一种"对话式"研究。例如关于这种"本源意义"上的语言,他在海德格尔的基础上进一步阐发道,"在这种语言中,语词的抽象意义与感性的意义没有什么裂痕,语言的'意义'、'声调'、'韵律'是结合在一起的,这就是为什么在原始民族中'诗'、'音乐'、'舞蹈'常是结合在一起的缘故。本源意义上的'人',有'话'要'说',也就是有'歌'要'唱',有'诗'要'吟'"④。这是对海德格尔诗化语言思想的创造性阐发!客观地说,在20世纪80年代末,能达到叶秀山对海德格尔语言思想研究高度的成果是非常少见的。然而叶秀山在《思•史•诗》中对海德格尔语言思想的研究也只是其在梳理现象学与存在主义哲学历史中的一个环节而已,并非专门论述而是"旁涉",但其重要性丝毫不亚于许多"专门研究"。

来自文学研究领域的研究也是"旁涉研究"的重要领域。比较有代表性成果的例如程代熙的《海德格尔:本体论现象学与文学》⑤、余虹的《诗:源始的语言——海德格尔的诗学启示》⑥及其《思与诗的对话:海德格尔诗学引

---

① 叶秀山:《叶秀山文集•哲学卷下》,重庆出版社,2000年,第193~194页。
② 同上,第191页。
③④ 同上,第200页。
⑤ 程代熙:《海德格尔:本体论现象学与文学》,《文艺争鸣》,1988年第6期。
⑥ 余虹:《诗:源始的语言——海德格尔的诗学启示》,《外国文学研究》,1991年第1期。

论》①等。这其中,刘小枫的《诗化哲学》不能不提。

1986年,刘小枫在修改其北大硕士论文《从诗的本体论到本体论的诗》的基础上出版了《诗化哲学》一书。该书在论及海德格尔的"诗意栖居"思想时曾简要论及其语言观,认为"人要重返诗意的栖居,就需要拯救语言。所谓拯救语言,即是重新摆正人与语言的主从关系。人不要自居为语言的制造者,人只能顺从语言,聆听它的要求。显然,海德格尔是在拼死反对本世纪的逻辑语言哲学,反对人工语言、计算机语言。他的诗化语言,就是指人聆听语言的要求而服从于它",而这种聆听只有在诗人创造的"诗化的语言"中才能实现,因为它"使澄明显现为纯全的澄化"。②这是笔者所见当代国内学界从"诗化"角度阐释并命名海德格尔语言思想的最早记录。不过正如前述,该书对语言的探讨并非"专论"而是旁涉,其探讨重点在于对德国浪漫美学传统的梳理,甚至该书对海德格尔"诗化哲学观"的探讨也只是其梳理德国浪漫美学传统时的一个环节而已。但不可否认的是,这种对语言的旁涉研究同样非常重要,对海德格尔语言思想研究现状的梳理不能忽视它们的存在。

不过,整体观照国内学界四十多年来对海德格尔语言思想的研究,虽然"专门研究"与"旁涉研究"几乎贯穿整个过程,但阶段性特征非常明显,即2000年之前,"专门研究"比较少,但之后逐渐多了起来,呈现出一种更加细化的"专题化态势"。而在"旁涉研究"中,无论是"研究群体"的"多元化",还是所涉"研究话题"的丰富甚至庞杂,均比2000年之前呈现出更加"广泛化"的态势。

三、第三个特点,无论是"专论"还是"旁涉"研究,由于所取研究视点的不同形成了四大研究维度

(一)研究维度之一,"存在论"视点形成的"存在论语言观维度",这是最为常见、数量最多也最具有持续性的研究领域,基本观点认为海德格尔的语言观是"存在论语言观",是存在论思想在其语言本质问题上的反映。在该研究维度中,Abraham Mansbach 的 *Beyond Subjectivism: Heidegger on Language and the Human Being*③、孙周兴的《语言存在论——海德格尔后期思想

---

① 余虹:《思与诗的对话:海德格尔诗学引论》,中国社会科学出版社,1991年。

② 刘小枫:《诗化哲学》,山东文艺出版社,1986年,第243~244页。

③ Abraham Mansbach, *Beyond Subjectivism: Heidegger on Language and the Human Being*, Greenwood Press, 2002.

研究》①、王颖斌的《海德格尔和语言的新形象》②等是比较有代表性的研究成果。《语言存在论》是孙周兴在博士学位论文基础上修改而成,最早出版于1994年,当时名为"说不可说之神秘——海德格尔后期思想研究"。第二版将题目直接修改为言简意明的"语言存在论",直揭主题,是国内最早从"存在论角度"对海德格尔后期语言思想进行系统研究的学术著作,其侧重"描述与诠证"的研究方法对20世纪90年代中期以后的学界影响很大。

由于海德格尔存在论思想具有生成性、多面性乃至神秘性等特点,学界对其存在论语言观的研究也表现出多维度化特征,可以进一步区分为不同的研究板块,例如"语言思想转向"研究,如李勇的《论海德格尔的"语言学转向"及其哲学史意义》③;"现象学语言观"研究,如李金辉的《"面向语言本身":从语用学哲学到语言现象学》④;"道说语言观"研究,如刘敬鲁的《语言与大行——海德格尔的语言思想批判》⑤;"生态存在论语言观研究",如赵奎英的《海德格尔"大道道说观"的生态文化意蕴》⑥;从存在论语言观出发的"比较研究",如那薇的《海德格尔与庄子的开拓语言之途》;受海德格尔存在论语言观启发所做的"延展性研究",如瞿继勇的《海德格尔语言哲学思想对濒危语言保护的启示》等。

与主要侧重"描述与诠证"的中国学界研究相比,从整体上看国外学界更侧重于研究的"对话性"与"批判性",而非一味地"描述"与"认同"。例如德里达站在解构主义角度直言,海德格尔的语言存在论其实"并未完全摆脱""逻各斯中心主义"传统。"逻各斯中心主义""不过是一种言语中心主义(phonocentrisme):它主张语言与存在绝对贴近,言语与存在的意义绝对贴近,言语与意义的理想性绝对贴近"⑦。再如,R.罗蒂从后期维特根斯坦"自然实用"的观点出发一方面认为"我们应感激海德格尔,因为他为我们提供了一个语言游戏",但另一方面又认为"我们不应视此语言游戏为海德格尔所做的一种超越和概括西方的方式……海德格尔风格只是海德格尔给我们的礼物,而非存在给海德格尔的礼物"⑧。即便是对海德格尔语言思想多有

---

① 孙周兴:《语言存在论——海德格尔后期思想研究》,商务印书馆,2011年。
② 王颖斌:《海德格尔和语言的新形象》,人民出版社,2015年。
③ 李勇:《论海德格尔的"语言学转向"及其哲学史意义》,《社会科学辑刊》,1999年第2期。
④ 李金辉:《"面向语言本身":从语用学哲学到语言现象学》,《哲学研究》,2010年第8期。
⑤ 刘敬鲁:《语言与大行——海德格尔的语言思想批判》,《社会科学战线》,1997年第4期。
⑥ 赵奎英:《海德格尔"大道道说观"的生态文化意蕴》,《学术月刊》,2012年第8期。
⑦ [法]德里达:《论文字学》,汪堂家译,上海译文出版社,1999年,第15页。
⑧ [美]R.罗蒂:《维特根斯坦、海德格尔与语言具体化》,刘琦岩译,《哲学译丛》,1996年Z3期。

继承的伽达默尔也立足解释学认为海德格尔后期的语言探讨是一种"无意义的探讨"。以德里达、R.罗蒂、伽达默尔等为代表的西方学界,立足不同角度对海德格尔的语言思想展开了各种批判性对话,与中国学界侧重"描述"与"认同"的阐释态度有明显区别。不过,这种情况近十年来在中国学界有所改善,显示了中国学界在海德格尔研究中逐渐走向一种批判式对话研究,例如靳希平的《海德格尔〈存在与时间〉中的"共在"概念与"缺爱现象"——兼及〈黑皮本〉的"直白称谓"》[①]等。

（二）研究维度之二:从语言作为"存在者"的维度阐释海德格尔的语言思想。海德格尔的存在论哲学是建立在区分"存在"与"存在者"基础之上的,这同样适用于语言。

学界的一般性看法认为,海德格尔是从"语言乃存在之家"的存在论高度阐释语言本质问题的,但语言的"存在者层面"及其与"存在"的关系无论如何是难以回避的话题。在这个问题上,海德格尔的语言思想留给人的是模棱两可、难以自圆其说的印象,他一方面认为任何对语言的"认识论探求"都不是对语言本质的"本源性探求",但他也并未完全或者说根本不可能否弃语言的"存在者属性",因为完全否弃的结果是,其"存在论语言观"又会再次落入他本来要批判的"传统形而上学"窠臼,让语言变成一种完全"先验化的存在"。这种模棱两可的态度一方面阻止了海德格尔对语言的"存在者层面"做深入探究,但也正好给了从事"语言哲学""语言科学"的研究者以更多的阐释空间。例如语言哲学中关于"语言的意义及指称问题"的研究,朱海斌在《海德格尔的意义与指称问题》一文中认为,"长期以来,意义与指称问题似乎总被认为只为分析哲学所独有,但实际上,在海德格尔那里依然也有某种变换了面貌的意义与指称问题"[②]再如李海平"运用海德格尔生存论语言哲学思想,对日常语言分析哲学,特别是当前语用分析哲学中的一大焦点意义与语境的关系问题,做出了本体论性的解读。由此说明意义对语境的依赖、语境对意义的制限皆源于存在与语言、在的意义与此在的生存境域的分环勾连,从而构成了语言意义的最为原初的语境条件"[③]。这一研究对"认清语言科学研究中知性思维的制限,深化意义与语境关系的理论研究中的人文关怀"带来了很大的启示。笔者也曾在十几年前的硕士论文《诗意言

<hr>

① 靳希平:《海德格尔〈存在与时间〉中的"共在"概念与"缺爱现象"——兼及〈黑皮本〉的"直白称谓"》,《伦理学术》,2018年第2期。

② 朱海斌:《海德格尔的意义与指称问题》,《自然辩证法研究》,2011年第12期。

③ 李海平:《意义与生存境域——海德格尔生存论语境对意义研究的基础性地位》,《东北师大学报》,2005年第5期。

说:透射幽暗的亮光——试论海德格尔后期语言观的悖论特征》①中,从日常语言、科学语言、诗歌语言在意义与指称方面的区别做过分析,尝试性地论述了海德格尔语言观及其表述中的"悖论性特征",着眼点也是语言的"存在者层面"。

除了语言哲学研究之外,从事语言学、符号学研究的学者对海德格尔的语言思想也展开了不少研究。例如托马斯•泽伯姆的《海德格尔和奎因:从语言主义的视角看》②,曹红的《三重语言观阐释:道说•人语•符号——由海德格尔语言观出发》。后者认为"语言的本质是道说,道说向人类传达世界的本真存在。道说是无言之言。人语是人际信息交流的媒介,道说经人类之思转化得到人语,发生在人类生存活动的现实场景之中。符号如物符、形符、音符、影像等都是人语物化而来的,可以离开具体的生存场景跨时空地进行传播,符号是传播人类文化的媒介,也是人类文化的信息载体。道说、人语和符号可以在人类思维中实现可逆性转化"③。这种阐释试图将海德格尔的存在论与符号学观念打通,是对海德格尔语言学说的延展性研究;再比如叶起昌的《语言之社会规范说与自然说——索绪尔与海德格尔语言观对比研究》④,以比较的方法将海德格尔的语言思想在本体论、认识论、方法论中潜存的"语言学因素"一点点激发出来,为学界研究海德格尔语言思想的存在者层面打开了新的局面。

(三)研究维度之三:从"生存论"角度探讨海德格尔的语言观,也是有关海德格尔语言思想究中的重要研究领域,其重要性甚至不亚于从"存在论"角度的阐释,因为只有人才是"存在"的敞开者与守护者,而只有人才拥有语言能力。因而语言在海德格尔哲学中,既是"存在之家",又是此在"生存论建构"中的一个重要环节,扮演着双重角色。尽管相比较海德格尔后期哲学而言,语言在其前期思想中所扮演的角色似乎显得不是特别突出,但如果从"贯通性角度"考察,正如叶秀山所言,海德格尔的后期语言思想实际上在前期的《存在与时间》中"已经奠定了从存在论理解'语言'的基础,只是在用语

---

① 任华东:《诗意言说:透射幽暗的亮光——试论海德格尔后期语言观的悖论特征》,山东师范大学2005年硕士学位论文。

② [德]托马斯•泽伯姆:《海德格尔和奎因:从语言主义的视角看》,《求是学刊》,2005年第6期。

③ 曹红:《三重语言观阐释:道说•人语•符号——由海德格尔语言观出发》,《哈尔滨工业大学学报(社会科学版)》,2006年第6期。

④ 叶起昌:《语言之社会规范说与自然说——索绪尔与海德格尔语言观对比研究》,北京大学出版社,2013年。

上有所不同"而已,其奠基性地位决定了对其生存论语言思想的探讨将是不可或缺的。

这方面的探讨主要围绕着《存在与时间》中的相关语言思想展开,涉及的主要话题首先是对海德格尔"话语理论"的分析,例如叶起昌的《"话语"概念的海德格尔式阐释》①。其次,"话语"作为"此在"生存在世的三个基本环节之一,与"领会""现身情态""共在"乃至"死亡"密不可分,它既建构起"此在"的"生存意义",也参与了"此在"不同在世状态的生成,所以关于"语言生存论意义"的探讨也是学界常谈的话题。例如U.蒂茨的《此在·共在与语言——海德格尔论语言的本质》②;Achim L. Oberst 的 *Heidegger on Language and Death: The Intrinsic Connection in Human Existence*③等。俞宣孟在《追寻意义》一文中认为"意义问题的核心是人的意义问题。意义离不开人的生存方式,事物的意义由人赋予"。海德格尔的研究表明,意义是通过人的活动并在语言中把事物关联起来的"关系整体"。由此他批判了意义问题上的"客观主义",认为正是它导致了"意义与价值的分离,是人格分裂、人的本质失落感等现代社会病态心理的根源"④。"话语"对"此在"生存意义的建构其实涉及"此在"如何"解释生存在世"的问题。与之相关,也有学者从解释学的角度阐释其生存论语言观。例如丁明鲜、钟学敏的《解释学语言观的逻辑发展》将海德格尔的语言哲学观称之为"本体论"化的"解释哲学语言观"⑤;蔡祥元在《语言与海德格尔思想方法的形成》一文中认为海德格尔提出的"形式显示或解释学的现象学"揭示出"人的实际生活经验本身就已经包含了理解与解释,包含了语言的可能性",认为"语言问题不仅是引发海德格尔思想方法的重要契机,而且直接关乎此思想方法的形成"⑥。

(四)研究维度之四,与"话语"作为"说"的生存在世形态相关,对"沉默""闲言""方言"等生存话语现象及其所蕴含的"生存论智慧"的探讨,也是学界常涉的话题。例如涂年根的《海德格尔的沉默观及其对叙事交流的启示》。作者认为在海德格尔语言哲学中,"沉默也是一种重要的话语形式,而

---

① 叶起昌:《"话语"概念的海德格尔式阐释》,《上海外国语大学学报》,2007年3期。

② [德]U.蒂茨:《此在·共在与语言——海德格尔论语言的本质》,《中共中央党校学报》,1991年第14期。

③ AchimL. Oberst, *Heidegger on Language and Death: The Intrinsic Connection in Human Existence*, Continuum, 2009.

④ 俞宣孟:《追寻意义》,《探索与争鸣》,1992年5期。

⑤ 丁明鲜、钟学敏:《解释学语言观的逻辑发展》,《浙江大学学报》(社会科学版),1992年第4期。

⑥ 蔡祥元:《语言与海德格尔思想方法的形成》,《现代哲学》,2015年5期。

且是更为'源始',更为本质的话语"。借助这种"话语沉默论",该文对叙事中的"叙事空白"现象做了深入剖析,认为"叙事空白之于叙事交流正如沉默之于话语。他不仅是叙事交流启动的依托和源泉,也是一种更为本质,更为深刻的叙事交流形式"。①该研究非常具有理论的延展性与启发性。

另外,与海德格尔前后期思想发展相关,学界也会涉及海德格尔前后期语言观的关系问题研究。例如孙冬慧的《从"话语"到"道说"——论海德格尔的语言观》②;任华东的《试论海德格尔"道说(Sage)"语言思想中的生存智慧》③等。后者认为,"道说"的生存论智慧是贯穿前后期海德格尔语言哲学思想的一条基本线索,在《存在与时间》对此在"本真性言谈"与"闲谈"的区分中就已经存在。叶起昌也认为"话语概念是理解和评价海德格尔思想体系的主线"④,认为不能从海德格尔思想发展的"转向"角度将前后期语言思想割裂开来。

当然从整体上看,在学界对海德格尔语言生存论维度的探讨中,主流观点还是认为其前期语言观尚未脱离"主体论语言观"。"语言乃存在之家"的观念主要就是针对这种强调生存的"主体论语言观"而提出的。

第二节 "诗化"视域中的海德格尔语言思想研究

在第一节中我们提到了当代学界在研究海德格尔语言思想时所形成的三个特点,下面我们接着探讨一下第四个特点,即从"诗"的角度所展开的研究。这些研究与本书内容直接相关,所以单独辟为一节予以评述。

新时期以来四十多年的研究中,有关"诗"与海德格尔语言学说的关系问题是海学研究中的重要领域之一,国内学界各种冠以"诗化""诗意""诗性"之名的探讨层出不穷。从时间上看,最早的研究出现于20世纪80年代中期。例如上面我们曾提到,1986年刘小枫在《诗化哲学》一书中曾简要论及其语言观,认为"海德格尔是在拼死反对本世纪的逻辑语言哲学,反对人工语言、计算机语言。他的诗化语言,就是指人聆听语言的要求而服从于

① 涂年根:《海德格尔的沉默观及其对叙事交流的启示》,《贵州社会科学》,2016年第3期。
② 孙冬慧:《从"话语"到"道说"——论海德格尔的语言观》,《东北师大学报》(哲学社会科学版),2009年第5期。
③ 任华东:《试论海德格尔"道说(Sage)"语言思想中的生存智慧》,《广西师范大学学报》,2010年第1期。
④ 叶起昌:《"话语"概念的海德格尔式阐释》,《上海外国语大学学报》,2007年第3期。

它"。如果说这种研究在20世纪80年代虽偶有出现但还没有形成潮流,那么自90年代开始尤其是2000年后,国内各种借"诗之名"的海德格尔语言思想研究便逐渐时兴起来,并在此后的二十余年中发展成为海学研究领域中的重要维度之一。

出现这种局面的原因有很多,最主要也是最直接的原因与海德格尔在阐述其语言思想时总是喜欢从"诗"的角度展开运思有关。例如他曾一度宣称,作为存在之家的语言"就是根本意义上的诗"①。他不仅常常借助对诗歌语言的分析阐述其语言观,甚至认为"词语破碎处,无物存在",并因此对诗人群体极为推崇,而且他又从"诗歌语言"领域推及"建筑""绘画"等艺术领域,认为它们的本质也在于"诗性"。最后他进一步将对"诗"的理解推进到人的"诗意栖居"领域,认为语言作为"道说"只有在"诗意栖居"中才能被聆听与传达。海德格尔对"诗"所做的"狭义""泛化"乃至"飘忽不定"的理解,并用这些理解进一步阐发语言的本质问题,他的这种运思与言说特色,会很自然地将学界对其语言观的探讨引向"诗化""诗性"或"诗意"之途。

当然,在"引向"之途中,除了上述原因之外,国内学界研究兴趣的转向及相关翻译工作的推进也是两个重要原因,并使相关研究呈现出"阶段化"发展特征。

自20世纪80年代中后期开始,受国内美学、文学等相关人文学科研究的影响,学界从美学、诗学、艺术学等角度阐释海德格尔的哲学之风逐渐兴盛起来。"海学界"的研究群体在"成分上"开始发生一些变化,即除了传统哲学界的学者之外,来自文学界以及主要由文学界学者构成的美学界诸多学者,也开始陆续参与到海德格尔思想的研究中来。受此影响,学界从"诗"的角度对其语言思想的研究,在这个意义上可以被我们视为此风气延展至语言研究领域的结果。只不过这种研究在当时主要还是以"旁涉"而非"专论"为主。学者们在阐述海德格尔的美学或艺术哲学思想时,会偶尔从"诗"或"艺术"的角度触及其语言问题。其中出现较早也比较有代表性的成果除了刘小枫的《诗化哲学》外,例如彭富春相继发表了《当代西方美学的人类学转向》《存在·真理·诗意——海德格尔的美学观》②等文,旗帜鲜明地打起了"海德格尔的美学观"的旗号。再如程代熙的《海德格尔:本体论现象学与文学》、王一川的《意义的瞬间生成》③、袁红的《对话,作为一种研究方法——〈存在

---

① [德]海德格尔:《林中路》,孙周兴译,上海译文出版社,1997年,第58页。

② 彭富春:《存在·真理·诗意——海德格尔的美学观》,《中国社会科学院研究生院学报》,1988年第3期。

③ 王一川:《意义的瞬间生成》,山东文艺出版社,1988年。

主义美学与现代派艺术得失谈〉》、W.D.欧文斯的《海德格尔的艺术哲学》①、B.巴比奇的《从尼采到海德格尔的后美学观点》②等。这些成果在对海德格尔的哲学学说做诗学、美学及艺术哲学的阐释方面做出了各自的探索。尽管这些成果现在看来有诸多值得商榷之处,例如刘小枫认为海德格尔等哲学家"大都是在哲学的散文形式下去做诗","注重以哲学之思去追寻诗的境界。他们的哲学之思诗化了"③,有将海德格尔哲学思想"诗学化"之嫌。再如彭富春将海德格尔的美学思想放在了"人类学美学"序列中给予探讨,现在来看也存在一定程度的误读,但在20世纪80年代中后期,这种诗学、美学研究视野的开启在当时却是非常新颖的。这为文学界、语言哲学或语言美学学界后来从"诗"的角度对海德格尔语言思想做专题和系统的研究打开了大门。

另外,除了学界研究兴趣的转向,海德格尔有关艺术、诗、语言等相关文献的陆续翻译,也起到了推波助澜的作用。例如秦伟、余虹翻译的《海德格尔论尼采:作为艺术的强力意志》④、彭富春翻译的《诗•语言•思》⑤、孙周兴翻译的《林中路》⑥、《荷尔德林诗的阐释(1936—1968)》⑦等。这些翻译促使更多"非哲学专业"的学者,在20世纪90年代以后陆续加入海德格尔诗化语言思想的研究中来。细究起来,根据侧重点的不同可以将这些研究大体分为三大领域:

第一个领域,从"诗学"的角度阐释海德格尔的语言观,认为海氏所推崇的本真语言是"诗歌语言"或"文学语言",诗歌或文学语言的"诗性本质"是"道说"语言的根本属性,这是最为常见的"诗学化语言观"解读。在这种解读中,国外比较有代表性的研究例如 Jennifer Anna Gosetti-Ferencei 的 *Heidegger, Hölderlin, and the Subject of Poetic Language: Toward a New Poetics of*

---

① [美]W.D.欧文斯:《海德格尔的艺术哲学》,李河译,《哲学译丛》,1990年第4期,原载《英国美学杂志》,1989年春季号。

② [美]B.巴比奇:《从尼采到海德格尔的后美学观点》,文兵译,《国外社会科学》,1990年第6期。

③ 刘小枫:《诗化哲学》,山东文艺出版社,1986年,第213页。

④ [德]海德格尔:《海德格尔论尼采:作为艺术的强力意志》,秦伟、余虹译,河北人民出版社,1990年。

⑤ [德]海德格尔:《诗•语言•思》,彭富春选译,文化艺术出版社,1991年。

⑥ [德]海德格尔:《林中路》,孙周兴译,上海译文出版社,1997年。

⑦ [德]海德格尔:《荷尔德林诗的阐释(1936—1968)》,孙周兴译,商务印书馆,2000年。

*Dasein*①、法国马克·弗罗芒-默里斯(Meurice,M.F)的《海德格尔诗学》②等。国内比较早地涉足该领域的代表性学者是余虹。

20世纪90年代初期,余虹发表了《诗:源始的语言——海德格尔的诗学启示》《思与诗的对话:海德格尔诗学引论》③等一系列成果,语言与诗或文学的亲缘性关联是他探讨的主要话题之一。这种亲缘性将余虹的海德格尔诗学思想研究与对其语言思想的阐发紧密结合在一起。例如他常采用的方法之一是"语言"与"诗"互证的循环阐释方法。他先从语言的角度阐释诗的本质,接着又以诗歌语言来阐释语言的本性,认为"正是诗第一次使语言成为可能。诗是一个历史的民族的源始语言"④。余虹对语言诗化本性的理解及其循环阐释方法,显然受到了海德格尔的深刻影响。或者说,在他眼里,海德格尔正是用"诗学"的视野看待语言本质问题的。相比较而言,余虹此时期对海德格尔语言诗化观的解读比刘小枫的《诗化哲学》要深入和系统得多。

余虹的研究对20世纪90年代后学界从"诗学化"角度研究海德格尔的语言学思想产生了很大影响,这种类型的解读此后几乎成了一种主流研究。比较有代表性的成果例如何隽的《存在家园的失落与文字的策略——海德格尔"诗化语言"与德里达"文字学"之比较研究》,该文认为"在海德格尔那里,文学语言、诗性言说才是最原始的语言。这种原始语言不是用来佐证符号与对象相符合的科学性语言,而是揭示描述性知识背后的渊源和意义"。"换言之,一切哲学、科学话语的最深的根源无不属于诗性语言","诗性言说、文学语言正是要重建人之存在的家园,重建护佑人之灵魂的神秘而温暖的家园。语言之牢房由此转变为存在之家园"。⑤再比如,雷淑娟的《语言的言说与人的言说——浅析海德格尔语言哲学与诗学》。该文认为,在海德格尔那里"诗的言说,即文学语言是人类言语行为的一个部分,是对语言的特殊运用或者说是更高层次的言语行为,它是伴随语言的运用,人类心灵不断扩大、延伸的产物。诗的言说对真理的暗示只有通过审美性才能实现,换句

---

① Jennifer Anna Gosetti-Ferencei, *Heidegger, Hölderlin, and the Subject of Poetic Language: Toward a New Poetics of Dasein*, Fordham University Press, 2004.
② [法]马克·弗罗芒·默里斯:《海德格尔诗学》,冯尚译,上海译文出版社,2005年。
③ 余虹:《思与诗的对话:海德格尔诗学引论》,中国社会科学出版社,1991年。
④ 余虹:《诗:源始的语言——海德格尔的诗学启示》,《外国文学研究》,1991年第1期。
⑤ 何隽:《存在家园的失落与文字的策略——海德格尔"诗化语言"与德里达"文字学"之比较研究》,《南京社会科学》,2001年第6期。

话说,文学恰恰以审美的语言来本真地言说存在"①。诸如此类的研究不胜枚举,不再赘述!

另外,除了直接针对海德格尔语言思想的研究,利用他的"诗学化语言观"研究诗歌或文学也成为学界尤其是文学界经常采用的方法。例如陈旭光试图利用海德格尔的诗化语言本体论思想,对中国当代"诗歌语言美学"展开研究。②陈良运则希望借助海德格尔的语言思想进行"诗学重建",加强诗歌创作的"语言自觉意识"③;刘方喜认为,"海氏开启的本体论诗学批评在现代处境中有重大的生存论意义,同时对汉民族古典诗学批评研究极具启发性。一种本体论的诗学批评可为汉民族精神在汉语言中的生成开道铺路"④。学界诸如此类借助海德格尔诗学化语言思想所作的"延展性研究"也是不胜枚举,限于篇幅,不再赘述。

第二个研究领域,学界在阐释海德格尔的诗化语言思想时,将对"诗"的理解从"诗歌或文学领域"进一步推及"审美"及"艺术"领域,认为海氏所言的本真语言是"审美化"或"艺术化"的语言,学界应该从美学及艺术学角度展开探讨。这是除了"诗学化语言观"阐释路径之外另一条重要的阐释路径。

国外比较有代表性的研究如 Tristan Moyle 的 *Heidegger's Transcendental Aesthetic: An Interpretation of the Ereignis*。⑤国内研究方面例如赵红梅认为,以海德格尔为代表的诗化语言哲学观"最终就是要走到这一步:彻底放弃主客二分的逻辑主义,回归主客不分的原始状态,在直接性体验瞬间把自我与对象,自己与他人,主体的我与客体的我直接地、完善地结合起来……可见,走向诗化的现代哲学把审美意识变成了本源性意识,同时也把本源性意识变成了审美意识"⑥。再如张贤根的《存在·真理·语言——海德格尔美学思想研究》⑦、周清平的《论审美四维空间——以海德格尔语言美学核心思想为支点》、任华东的《海德格尔诗化语言观研究》等研究也主要着眼于"美

① 雷淑娟:《语言的言说与人的言说——浅析海德格尔语言哲学与诗学》,《学习与探索》,2006年第1期。
② 陈旭光:《走向语言本体的诗歌美学——当前诗歌语言美学研究的反思和构想》,《学术月刊》,1991年第8期。
③ 陈良运:《诗意与语言——读海德格尔随想》,《创作评谭》,1998年第2期。
④ 刘方喜:《"大道"在人-言之际的双向运作——论海德格尔的语言本体论诗学观》,《华中师范大学学报》(人文社会科学版),1999年第2期。
⑤ Tristan Moyle, *Heidegger's Transcendental Aesthetic: An Interpretation of the Ereignis*, Ashgate, 2005.
⑥ 赵红梅:《从哲学的逻辑化走向哲学的诗化》,《江汉论坛》,1997年第11期
⑦ 张贤根:《存在·真理·语言——海德格尔美学思想研究》,武汉大学出版社,2004年。

学"层面的解读。任华东通过对西方"诗"这个概念的梳理,认为"诗"在海德格尔那里"在最宽泛的意义上等同于'审美或艺术'","所谓诗化语言观是指将诗性(审美性)作为语言根本特性的语言思想","海德格尔的存在论语言观就是这样一种诗化语言观"。①郑龙云认为,人在诗意栖居中的"倾听和言说"是一种"诗意言说","这种诗意的言说超越了语言的工具性,通达于无限的无蔽之存在,呈现着与人的此在具有无限关联的意义世界。这个世界因有人寓于其中而显现出诗意的、审美的境界,在这样的境界中,共在的存在者能够彼此倾听与对话"。②与任华东、郑龙云类似,杨春时在《存在显现难题与海德格尔的审美主义转向》一文中对"诗"及"诗性"的阐释也侧重于在"美学"而非"文学层面"进行解读,例如他说"审美是超越的生存方式和体验方式,使存在现身为审美意象,从而克服了现实生存的局限而领会了存在的意义。因此,后期海德格尔哲学转向审美主义,通过诗意地安居(天、地、神、人四方游戏)以及诗性语言,来使存在显现为现象,并且领会存在意义"③。

如果说上述几位学者主要是从"美学"层面阐释海德格尔的诗化语言观,那么还有些学者试图从"艺术学"层面展开探讨。例如蒋永青在《语言敞开之域——海德格尔的诗性语言探索》一文中认为,从海德格尔的"道说""对于物与世界的开启显现角度看,这一源始敞开之域的'道说'剖面,即诗或艺术。""在这一意义上,艺术也是语言,是敞开着的语言道说的种种方式,或不同语言方式的不同道说。"④"诗"与"艺术"在蒋永清那里存在着语义的相通性。与之类似的还有,张贤根将"文学语言"扩大到"艺术语言"层面,认为"海德格尔在其整个哲学背景与美学思想上,对艺术语言与技术语言作出了区分,并阐发了这种区分所蕴涵的意义。海德格尔认为,艺术语言本质上是诗意的。如果全部艺术在本质上就是诗意的,那么,建筑、绘画、雕刻和音乐艺术必须回归于这种诗意"⑤。2000年后,随着艺术学学科的不断发展尤其是2011年升格为学科门类,艺术界的学者也陆续加入对海德格尔语言思想的阐发中,使得此类研究呈现出更多"经验化色彩"。例如刘英的《论版画技术语言与海德格尔"语言"观的内在一致性》⑥;兰浩的《中国书法与"道

① 任华东:《海德格尔诗化语言观研究》,复旦大学2008年博士学位论文。
② 郑龙云:《诗意的言说——人的本真的存在与审美之境界》,《学习与探索》,2008年第4期。
③ 杨春时:《存在显现难题与海德格尔的审美主义转向》,《厦门大学学报》(哲学社会科学版),2011年第3期。
④ 蒋永青:《语言敞开之域——海德格尔的诗性语言探索》,《民族艺术研究》,2006年第3期。
⑤ 张贤根:《科学的常规性与革命性发展》,《社会科学报》,2000年10月5日。
⑥ 刘英:《论版画技术语言与海德格尔"语言"观的内在一致性》,《艺海》,2007年第1期。

说"——基于海德格尔诗学思想和语言观的相关考量》①等。尽管这些艺术学研究可能存在"过渡阐释之嫌",但不可否认的是,这些研究也同时丰富了海德格尔的诗化语言思想研究。

第三个研究领域,区别于"诗学化""美学化""艺术学化"的阐释路径,还有很多学者在阐释海德格尔所说的"诗"这个概念及其"诗化语言观"思想时,将其主要限定在"存在论哲学"框架和西方语言哲学发展视野中进行阐释,这种阐释主要发生在"哲学层面"。在这个层面上的所谓"诗化"概念,与"非逻辑化""感性化""显现化""境域化""修辞化"等概念具有哲学语义上的相通性,这种相通性主要体现在它们对西方形而上学哲学传统及其逻辑语言观的反拨,尽管这种反拨带有"审美主义"味道但没有走向美学研究,是一种带有"美学化倾向"的"哲学式"②解读。

例如张文喜认为,"以海德格尔、德里达为代表的当代哲学和其他传统哲学的关系,可以说是修辞学和逻辑学的关系,当代哲学意义上的修辞已不是'修辞手法'意义上的'修辞',而是将所有的言语行为都视为可能是修辞性的。海德格尔将语言本体论化,实际上是在攻击用逻辑、语法压制修辞的整个传统哲学"③。显然,张文喜对"修辞"概念的使用主要着眼于其"哲学"而非"诗学"以及"美学"内涵。

再如张世英先生在《两种哲学,两种语言观》中这样谈海德格尔现象学化的"诗的语言",他说"诗的语言是集合在场与不在场、显现与隐蔽的无穷尽的东西于一点而产生的意义,所以它虽然一方面不要求单纯在场的东西,但另一方面,它又不是脱离世界的,世界是由在场与不在场、显现与隐蔽的无穷尽的东西构成的"④。类似海德格尔,虽然张世英在研究中经常论及"诗",并且对诗歌的语言及其特征多有阐发,但他的阐发几乎是围绕"存在"问题与形而上学哲学传统展开的。

再比如邓晓芒在《海德格尔诗化语言观》一文中认为,"海德格尔后期走向语言哲学,其实是他在发现西方形而上学在完成后走投无路之时唯一可

---

① 兰浩:《中国书法与"道说"——基于海德格尔诗学思想和语言观的相关考量》,《天津美术学院学报》,2018年第3期。

② 我们这里是在"学术"而非"学科"层面上将"哲学"与"美学"做了区分,即从学科层面说,美学学科属于哲学学科,但在研究对象与研究方法等学术层面,两者的问题域还是有所不同的。

③ 张文喜:《修辞在多大程度上与真理相关——从柏拉图到海德格尔》,《学术研究》,2004年第5期。

④ 张世英:《两种哲学,两种语言观》,《北京大学学报》(哲学社会科学版),2000年第4期。

选择的出路。他暗示出来的是,如果我们既不想再束缚于物理学和物理学之后,又不满足于伦理学和伦理学之后,我们面前所剩下来的就只有一条路,这就是语言学或语言学之后。但'语言学之后'已经被语言分析哲学败坏了,造成了语言的逻辑功能一家独大的局面,所以只有语言的诗化功能(非逻辑功能)还是一片未开垦的处女地。海德格尔对语言哲学的看法,标志着20世纪西方哲学'语言学转向'中除分析哲学之外的另一个主要分支,即向诗化的语言哲学突进"①。

邓晓芒在这里提到了"语言的诗化功能"并把这种功能称之为"非逻辑功能",但他对这种功能的阐释并没有放在"诗学"或"美学"的层面,而是类似张世英一样将重点放在了"存在论哲学层面",并因此提醒国内学界,在海德格尔的诗化语言哲学中,"有两大门槛阻碍着他向东方哲学靠拢:第一道门槛是对'存在'的追问;第二道门槛是对存在的这种追问最后变成了对神的信仰。这两大跨不过去的门槛严重阻碍了海德格尔对中国诗学和诗化哲学的认同"②。也就是说,尽管海德格尔的语言哲学是一种强调语言"非逻辑化"功能的"诗化语言观",并因此可能带有一些"诗学化"与"美学化"的倾向,但这也仅仅只是一种"倾向而已",因为它仍然没有跳出西方的"哲学"传统。因而,学界无论是对海氏思想本身的研究,还是以比较的方式展开的中西对话研究,都需要格外注意阐释的限度问题。

也许是出于这种阐释限度的考量,有些学者在阐释海德格尔的诗化或诗意语言观时,又进一步将其本质性的"道说语言"划分了两个层次,"纯粹语言"与"诗意语言"。例如王俊的《海德格尔诗意语言思想及其限度论纲》《非诗意的语言与诗意的语言——海德格尔晚期语言批判思想再研究》③;张高宇的《论海德格尔的诗意语言》等。张高宇认为,"纯粹语言是语言的本性,诗意语言是本性的语言,作为语言本性的纯粹语言,显现和生成在作为本性语言的诗意语言中。诗意语言的本性是:首先纯粹语言作为宁静的道说,它道说出天地人神四元聚集的世界;其次诗意语言作为生成的真理自行开辟道路;最后,诗意语言把纯粹语言带向有声语言。作为本性语言,诗意语言有自身的结构:作为诸神和上帝缺席时代中的诗人,沟通神人、传达消息和显现存在的真理;诗人通过倾听和接受天地人神给予的尺度,歌唱存在的真理、命名神圣并在诗意语言中建筑"④。这种将海德格尔的"道说语言"

①② 邓晓芒:《海德格尔诗化语言观》,《南京大学学报》,2021年第2期。

③ 王俊:《非诗意的语言与诗意的语言——海德格尔晚期语言批判思想再研究》,《湖北社会科学》,2011年第9期。

④ 张高宇:《论海德格尔的诗意语言》,武汉大学2018年博士学位论文。

所做的两个层次的划分,其优点在于它用一种形而上学式的语言阐释海德格尔带有浓厚形而上学色彩的存在论语言之思,无论在哲学意蕴还是话语表述上,似乎都非常靠近海德格尔的哲学本意。区分的精细化也使得言说起来显得非常清晰,但其缺点在于"纯粹语言作为宁静的道说"似乎成了完全与"人"无关的东西,而这不仅与"天、地、神、人"四重整体的思想有所龃龉,而且似乎又重新走进了海德格尔所反对的"实体论的传统形而上学"之中。当然,因为有了"纯粹语言"的托底,研究者对"诗意语言"的探讨就基本被限定在哲学视域中了。

除了上述三个研究领域之外,还有一些学者尝试从"诗意"或"诗化"的角度阐释包括海德格尔语言思想在内的哲学话语风格。1987年12月,陈嘉映、王庆节合译的《存在与时间》出版。熊伟在中译本前言中回忆说"笔者于三十年代初听了他的课,总觉不是灌输知识,而是启人思,而且是诗意的思与诗意的说"①。这种"诗意的说"在有些学者看来反映了当代西方哲学"与诗歌合流的趋势,反映了技术化时代哲学对传统人文价值的维护"。同时,"由于其所用譬喻的有待阐释,哲学文本便在一定程度上进入了文学研究的视野"②。哲学话语的诗性化表达让其哲学思想变得更加扑朔迷离。张祥龙曾感慨,"你可体会到他文字的蕴意,但一旦要从观念上、分类上抓住其中的道理,就茫然失据了。它实在是拒绝被你条分缕析地总结出来,就是硬要去总结,也几乎都会沦为刻舟求剑之举。于是那些习惯于传统分析路数的人们,就只能以谴责海氏或海学的'非理性'来为自己的理性挫折辩护了"③。这大概是每一个研究海德格尔哲学、美学思想的人都深有同感的。套用"一千个人有一千个哈姆雷特"的说法,说"一千个人有一千个海德格尔"似乎也不过分。

中国当代学界对海德格尔"诗化"语言观的研究,之所以会出现上述几种研究思路的分野有很多原因,其中最为重要的一个原因可能在于,"诗"(dichten)这个概念在海德格尔哲学语境中具有丰富内涵,是一个极具语义延展性的概念。它既可以指诗歌(Poesie)这种文学体裁,也含有"编造,虚构"的意义,并因而与艺术创作的"发生"及审美中的"想象"有相通性。同时,海德格尔也会在"存在论"层面将其"本体化",用来指称作为本源的由

---

① [德]海德格尔:《存在与时间》,陈嘉映、王庆节译,生活•读书•新知三联书店,1999年,参见熊伟为该书所做的中译本前言。

② 冯川:《哲学之诗化及其对譬喻的使用》,《西南民族学院学报》(哲学社会科学版),2001年第3期。

③ 张祥龙:《理解海德格尔形式显示方法的语言路径》,《现代哲学》,2015年第5期。

"天、地、神、人"构成的四方世界,或者将其与"思"相对,作为"存在的显现方式之一"来看待。"诗"概念在语义上的丰富性与延展性,无疑给了学界多元化阐发的空间和可能性,使得从"诗"的角度阐释其语言观成为中国当代一个非常重要的海学研究领域,丰富与深化了学界对其语言思想的研究与认知。

如果仔细检视这些探讨我们可以发现,其背后的研究群体主要来自三大学术领域,即文学、美学与哲学、艺术学领域。有意思的是,由于从事中国当代美学、艺术学理论研究的学者又主要来自文学界,所以上述领域在研究侧重点上的不同其实反映了文学与哲学研究之间的某种学术偏好与学科差异。与哲学界相比,文学界对海德格尔诗化语言之思表现出更加浓厚和持久的兴趣。他们一方面试图从诗学、美学乃至艺术学视角阐释他的语言思想,另一方面又尝试将其诗化语言思想延展到文学、美学研究中,展开语言诗学、诗歌语言美学、文学存在论等文学、美学议题的探讨。而哲学界的学者则更喜欢聚焦其语言思想本身做"细致描述"与"多重诠证",试图将海德格尔的诗化语言之思限定在哲学框架内,小心翼翼地保持某种阐释的限度。文学界的"跨界"及其"延展性研究"无疑丰富与拓展了海氏语言思想研究,这是功不可没的。如果没有了文学界同人的持续关注与探讨,有关海德格尔语言思想的研究会黯然失色很多!当然,在此过程中也出现了不少问题,比较突出的问题首先表现在"浅层阐释"及由此带来的"过度阐释"问题,这构成了本书写作的主要动力之一。

"浅层阐释"也许与"跨界研究"有关,但没有必然联系,因为当跨界达到一定深度,也就无所谓"浅"的问题。例如有学者认为,海德格尔"视本源的语言是心境体验的显现,是朦胧模糊而又透彻澄明的精神和言语活动,他本质上无概念内容,其典型表现就是'诗'连同富有诗意的语言艺术。这就更彻底地将作为精神产物的语言归结为艺术的创造和体验"①。这种将海德格尔的语言观归结为"精神产物"的阐释有浅表化与过度阐释之嫌,很容易导致曲解与误读。针对文学界在研究海德格尔相关思想中出现的诸多误读现象,朱立元教授就曾著文指出,"八十年代中期以来,随着海德格尔基本本体论对我国学术界影响的扩大……文学、美学研究的重点正在悄悄地从认识论向本体论方向转移","然而,值得注意的是,在为数不少的论文、著作中,人们常常可以发现对'本体'、'本体性'、'本体论'等概念、术语的误解、误释和误用,并因此而造成对许多基本理论问题理解和论述上的混乱。这对于

①　李小川:《海德格尔的哲学思想与语言的诗性意蕴》,《求索》,2008年第4期。

当代文艺学、美学的发展显然是不利的"。①对此，朱立元深入辨析了五种情况的误用。

朱立元教授对当代文学与美学研究上述问题的批评与辨析，论者深表赞同，这种情况曾发生在笔者的相关研究中。余虹在20世纪90年代中期也曾指出，"国内学界有不少人将海德格尔有关诗与艺术的思考归入'美学'，这是极大的误解，因为海氏这方面的思考恰恰是反美学的"②。在我们看来，余虹的这个反思既针对学界尤其是文学界，也是对自己之前相关研究的反思。不仅如此，这种反思与批评也来自哲学界。刘悦笛曾在一次学术研讨会中批评道，当代中国"'伪诗化哲学'大行其道，一种拿哲学和各种理论去'作诗'的倾向竟愈演愈烈。在'诗化哲学'当中，文与哲的交融和对话，绝对不是'文体'或'形式'的简单趋同的问题，而是哲学思想本身带有了'审美化'的特质。这种特质的拥有者，并不是文学家和美学家，而恰恰还得是哲学家"③。刘悦笛的批评尽管听上去有些刺耳，但切中学界时弊！我们认为，针对海德格尔诗化语言观研究中的"浅层阐释"及"过度阐释"问题，学界尤其是文学界、艺术学界其实没什么捷径可走，只能进行"深度介入式"研究。这种"深度介入"一方面要借鉴哲学界"描述"与"诠证"的方法，立足文本细读与严谨分析首先对海德格尔的语言思想有一个相对客观准确的认知与阐释，另一方面则是当学界在作"延展性"与"比较性"研究时要注意"阐释限度"问题，尽量避免过度阐释与生硬比较，尤其是在向文学、艺术学领域进行延展与比较研究时要格外小心，尽量将"诗化阐释"控制在一个既有张力又有限度的合理范围内。这构成了我们撰写本书的第一个研究目的与研究原则。

当代海德格尔诗化语言观研究的另一个明显不足是缺少"整体性及贯通性视野"，表现为常常将其诗化语言之思从西方传统哲学与文化史中切割出来，将目光主要局限于语言哲学领域，因而显得深度有余而广度不足，无论是文学界还是哲学界都存在这个问题。我们认为，尽管海德格尔的诗化语言之思是一种语言哲学观念，对此当然需要展开深入的语言哲学探讨，但真正有影响力的哲学观念的提出都是对文化史传统及时代发展做出的回应，要深刻理解这个回应不仅需要探入其思想自身，更要探入产生这一思想的文化传统与时代发展中去。这便构成了本书撰写的第二个研究目的，即

---

① 朱立元：《当代文学、美学研究中对"本体论"的误释》，《文学评论》，1996年第6期。

② 余虹：《反美学：海德格尔的入诗之思》，《外国文学研究》，1995年第3期。

③ 参见刘悦笛在"诗化哲学与历史批判"研讨会上的发言，《中国图书评论》，2007第8期。

我们试图确立一种研究海德格尔诗化语言思想的"整体性视角与原则",这可以帮助我们有效拓宽对其语言思想的认知。这个"整体性视角"包含两个维度:一个是西方哲学与文明史发展的整体性维度,这要求我们把海德格尔的语言思想看作其整体发展链条中的一个环节;另一个是海德格尔哲学思想发展的整体性视角,它要求我们以一种整体及贯通的视野审视其语言思想的发展。

为此,在第一个整体性视野中,我们将引入西方"诗与哲之争"的哲学与文化史传统、西方现代文明及其符号化趋势、现代诗化语言观的形成这三个内容的分析与论证,辨析海德格尔的诗化语言思想与三者之间存在的内在思想关联。我们认为,如果不对这三个方面做深入的梳理与关系辨析,那么海氏的诗化语言之思将会成为"无源之水"。例如他为什么对语言现象如此重视?为什么格外推崇语言的诗化之维甚至将其"本体化"?又为什么会提出"诗思合一"等观念?在我们看来,假如离开了上述整体性视野是很难给出比较信服和通透的阐释的。在第二个整体性视野中,我们首先试图将海氏语言思想视为一个前后贯通的整体,坚持"只有一个海德格尔"的研究原则,试图用"诗化之维"贯通其前后期语言观。其次,与学界通常在研究其后期语言思想时会淡化"此在"及"生存论"思想不同,我们试图将"此在生存论"看作与"存在论"一样的贯穿其诗化语言思想整体的"贯通性"线索。如果抛开"此在生存论"的贯通性视野,不仅其诗化语言观是难以理解的,而且也势必将其"存在论思想"重新置于传统形而上学中,并且难以窥见海德格尔"新形而上学之思"的理论创新,甚至会肤浅地得出海氏完全丢弃了形而上学的结论。最后,对海德格尔诗化语言之思的考察也势必会在与其世界图像论、艺术观、现象学与解释学、技术观乃至神学论等相关思想的互文中展开,这种互文也是整体性视野的表现之一。

除了上述两个研究不足,目前学界在言说海德格尔语言思想的"诗"之维度时,在术语上也是比较混乱的,最常见的有"诗性""诗意""诗化"这三个概念,这三个概念中我们认为"诗化"概念最为妥当。《说文解字》释"性":"人之阳气性善者也。从心、生声。"本义指人类天然萌发的欲求,可引申为事物的性质或性能等义,例如诗歌语言所具有的性质或性能。当把该词用在"诗性语言观"这个短语中,尤其是将"诗"解释为狭义的"诗歌"或"文学"时,就很容易导致对海德格尔语言思想的误读,从而将他的语言观阐释为一种以诗歌或文学语言所具有的性质作为语言本质的思想。与之相比,"意"似乎要稍好一些。《说文解字》释"意":"志也。从心察言而知意也。从心从音。"本义指人的意向、心里的想法、愿望等,也可以将其引申为"意味""意向"等义。所谓"诗意语言观"即把具有诗意味的语言视作语言本质的思想。与"诗性"一词具有的"实体性"色彩相比,"诗意"更具有语义的张力,带有某种"趋向"而"未完成"之感。不过从语义的张力与趋向之意味说,"化"比"意"更为传神。"化"字据李学勤主编的《字源》一书认为"始见于商代甲骨文"①。在商代金文中写作"🦍",是正反两个人形。《说文解字》释"化":"从匕(huà)人,﹍亦声。""匕"本为指事字,即倒立的人。由此可知,"化"字左边为"正人形",右为"倒人形",一正一倒,本义表示变化,为动词,后被引申为通过教育使风俗、人心生变,也可引申为自然界从无到有、创造化育世间万物的过程。我们认为相比较而言,"化"这个动词所具有的"变化"之意与"意"这个词相比,更能表达"趋向""向……生成""接近又未完成""同中存异"等含义。所谓"诗化"即向诗的生成但又不同于诗,这层含义在我们看来更加贴近海德格尔的语言思想。海德格尔的诗化语言观一方面的确表现出对诗歌及文学语言的青睐,他似乎将之视为最接近语言本性的一种话语形式,但他并没有因此停留在文学语言符号层面展开认识论的探讨,而是将这种话语形式引向了"存在论"方向,并在存在论层面将语言的本性视作一种"趋向于"但又不同于诗歌或文学语言的话语生成过程,话语生成的过程即存在显现的过程。"诗"及"语言"概念在海德格尔那里因此就既不是指狭义的诗歌、文学或一种独属于人的存在者,也不是简单地作为"名词"来使用,而是被"动词化"了。语言作为"说话",海德格尔更倾向于"说"而非"话",更强调说的过程性与存在显现的生成性。因此,"化"这个词在我们看来就比"性""意"这两个词在阐释与言说海德格尔的语言思想时更具有语义的妥帖性。这就是为什么我们取"诗化"一词的原因。

　　鉴于上述对学界海德格尔诗化语言观研究现状及其问题的梳理与分析,本书拟以"诗化"为名,依循"深度介入"原则与"整体性"研究视野,对海德格尔语言思想中的诗化之维展开探析。通过此探析,我们不仅希望将其诗化语言思想作为个案在"描述与诠证"方法中展开深入的专题探讨,以便对其诗化之维有个准确系统的认知与阐释,而且我们也试图将其学说置放在宏大的西方文明史、文化史、学术史的发展视野中,借鉴多学科的研究成果,对其诗化语言思想的来源、现代诗化语言观的谱系及其发展脉络有整体性、宏观性把握,做到"既见树木,又见森林"。在宏观把握与微观探析的基础上,我们也尝试对海德格尔的诗化语言思想做"比较性"与"延展性"探讨,一方面将其思想与尼采、克罗齐等学者的相关语言思想做简要对比,另一方

---

① 李学勤主编:《字源》,天津古籍出版社,2013年,第723页。

面将其思想中潜存的"诗学内涵"做延展性"发微",让哲学、美学、诗学研究各得其所又彼此关联,保持适度的阐释张力。宏观统摄、微观探析、比较延展构成了本书写作的基本思路。

遵循上述研究原则与思路,我们倾向于对本书所使用的"诗"这个概念作"泛化"理解,即"泛诗化"或"泛审美化"。使用"诗与审美"这两个概念我们意在说明,海德格尔对语言本质问题的"诗化哲思"是与"诗学""美学"问题密切相关的,但"泛"与"化"字又意在强调,这只是一种"相关"而非"等同",带有"倾向于"或"趋向性"的语义指向,所谓"泛诗化"既不等同于"诗歌"或"文学",也不等同于"审美"。我们认为在海德格尔的语言思想中存在着一个贯穿始终的"泛诗化"语言思想维度。不仅如此,正像前面所说,不独海德格尔,19世纪中后期以降的西方现代哲学与美学,有不少哲人如尼采、克罗齐、保罗利科、德里达、后期维特根斯坦等均试图对语言现象的"诗化之维"展开探索,发现并沉思语言的"诗化之真",形成了一种切入点虽各有差异,观点也不尽相同,但研究趋向却大致相仿的"诗化语言观"学说与思潮,与"逻辑语言观"一起构成了西方现代语言哲学研究的"两种倾向"①。海德格尔的语言哲学学说便带有极其浓重的"泛""诗化语言观"倾向。

那么问题由此而来,西方现代诗化语言思想是如何形成的?它与西方"诗哲之争"的传统有何内在关联?在以"符号化"为特征的现代文化中,"符号-语言自觉意识"是如何与"审美化思潮"结合在一起催生出这种现代诗化语言观思潮的?海德格尔语言思想的"诗化之维"表现在哪些方面,具有哪些基本特点?作为一个整体,它是如何由前期向后期推进的?海德格尔的诗化语言之思为理解人、语言、世界的关系提供了一种怎样的世界观、价值观与方法论?它在西方语言哲学史上处于什么地位?它是如何走出传统的形而上学,又是如何形成一种"新形而上学"之思的?在这种提倡"新形而上学"的诗化语言观中潜存着哪些可以被进一步挖掘的"诗学"与"美学"内涵?正是这些问题构成了本书要探讨的问题链条,而对这些问题的回答不仅能够深化我们对海德格尔诗化语言思想的认知,也会进一步引发我们对语言与世界存在之谜的形而上冥思,诗化语言何以会是透射幽暗的亮光?处于"幽暗"中的世界对于人类来说到底意味着什么?诗歌、艺术、审美乃至人文研究将如何显现"存在"并同时保护它的"幽暗"?带着这些疑问与冥思让我们一起走近并领略海德格尔语言思想中的诗化景观吧!

---

① 陈嘉映:《语言哲学》,北京大学出版社,2003年,第25页。

第二章 西方现代诗化语言观的形成与文化动因

第一节 现代文明的符号化趋势及语言意识的自觉

一、现代文明的"主体性"本色

自19世纪中后期开始,随着西方诸国相继实现了比较成熟的工业化,人类由此迈入现代文明,这是人类文明进程中的大事件。如果说19世纪之前的世界,还没有哪一个文化圈或地区文明能够独霸世界,至多成为各自文明圈内的盟主,但此时以英、美、法、德等为代表的西方工业与现代文明以其横扫一切的态势成为不折不扣的世界霸主,西方世界由此开始占据人类文明的中心位置。[①]那些曾经的古老文明,包括中国、印度、埃及等一一沦陷,曾经不可一世的奥斯曼帝国(1299—1922)成为近代为数不多的能够暂时抵挡西方现代文明的力量,但这种抵挡也终于在20世纪初土崩瓦解。[②]

任何新事物的出现都不是一蹴而就的,席卷全人类的现代文明同样如此。在1687年牛顿《自然哲学的数学原理》的发表;1688年英国"光荣革命"的爆发及次年颁布的《权利法案》;1776年亚当·斯密《国富论》的出版等一系列涉及政治、经济、科学与学术等重要领域事件的共同推动下,西方文明一点点地由近代向现代推进。在此进程中,同样在1776年,英国人瓦特发明了人类历史上第一台有实用价值的蒸汽机,成为工业革命的标志性成果。在此后的半个多世纪里,蒸汽机被广泛应用到煤矿开采、陶瓷制造、棉纺纺织、火车运输等各个领域,推动人类文明步入"第一次工业革命"时代。

---

① [美]彭慕兰:《大分流:欧洲、中国及现代世界经济的发展》,史建云译,江苏人民出版社,2004年。

② [美]威廉·麦克尼尔:《西方的兴起——人类共同体史》,孙岳等译,中信出版社,2015年。

1851年，为展示工业革命的成果及强大国力，英国举办了第一次世界万国博览会，位于伦敦海得公园的"水晶宫"成为全世界瞩目的焦点。那一年，正是大清咸丰元年。刚满20岁的年轻国君爱新觉罗·奕詝(1831—1861)哪里想得到，五年后第二次鸦片战争爆发。前来挑头应战的，正是与他一起"君临天下"的大英帝国。有所不同的是，一个尚在中世纪顾影自怜，一个却领时代潮流率先迈进现代文明。至19世纪末，法国、德国、比利时、美国等西方诸强，甚至东方的日本陆续步英人后尘，加入世界现代文明进程中。

以瓦特新式蒸汽机的发明为标志的工业革命的发生，其意义绝不仅仅限于技术与经济领域，从最普遍的哲学意义上说，它深刻改变了人类与自然的关系，人类逐渐从原先的依附于自然，一步步走向脱离、对立甚至要控制自然。例如，以前工厂的设立必须要考虑河流等自然动力因素，往往会将厂址设在河流密集的农村，而新式蒸汽机的发明则让工厂的设立变得更加自由，工厂逐步向人群密集、交通便利、市场潜力更大的城市挺进，城市规模越来越大。伴随着自然的进一步"客体化"，现代文明在"主体化"甚至"人类中心化"的路上越走越远，人与自然的隔阂也逐渐变得越来越大。

换言之，现代文明是自然高度人化的"主体性文明"，是不折不扣的"人类文明"。马克思以"实践"概念为核心，以"自然的人化"与"人化的自然"为主要思想的"历史唯物主义"的诞生，便与此时代背景密切相关。1889年，法国人承办了第9届世界博览会，为此特地在战神广场修建了高达324米的埃菲尔铁塔，是当时世界最高建筑。此塔除四个脚使用了钢筋水泥的混合材料，其余部分皆由钢铁构成，故有"铁娘子"美誉。有意思的是，建塔之初，众人反对，包括著名作家莫泊桑在内的三百多位法国名人为此还专门起草了反对修建巴黎铁塔的抗议书并签名，致使当局在对外招标中不得不订了两条规矩：第一，高塔能吸引参观者买票参观；第二，世博会后能轻易拆除。众所周知，此塔不但未被拆除矗立至今，而且成了巴黎乃至法国的地标性建筑，扬名世界。其中的原因当然不仅仅是"铁娘子"能给法国人带来巨额创收，从文明史的角度说，它更是一个象征，一个几乎纯用"钢铁"打造的"现代文明"象征。它表征了人类理性的日益强大以及与自然的渐行渐远。从此，以钢铁为主要构架的现代建筑逐渐取代了传统的石制、砖木建筑。曾经庇护于自然界的巨石和参天大树下的人类，开始试图取代自然以及神的位置，让天空与大地以更加人类化的方式与形态呈现在现代文明面前。

二、主体性文明的重要特征之一："符号化"

人与动物的重要区别之一是，人能够创造并使用符号。自古至今，人类创造了各种各样的符号,如图腾与宗教符号、王权与礼制符号、数字与几何符号、地理方位与交通符号、艺术与各种形式符号、语言与文字符号等等。从符号学角度看,人类文明史就是符号的发展演变史。但无论就广度还是深度而言,人类文明的任何一个发展阶段在符号化的程度上都难与现代文明相媲美,现代社会与文明最重要的特征之一便是"符号化"。这仍与高度发达的现代"主体性"文明对人与自然关系的深刻改变密切相关。

19世纪中叶西方进入成熟的工业文明时代之前,对于绝大多数生活在农村与农业经济中的人来说,其在生存与生产中对自然界的依赖性决定了人与自然之间和谐一体的基本关系。但自16、17世纪西方进入近代以来,随着科学与技术的迅猛发展、工业革命的兴起、城市文明的扩张、市场经济的出现及由此导致的社会分工的加剧等因素所致,人与自然之间的疏离乃至对立逐渐取代了原先的和谐一体关系。人对自然的要求已不再满足于个体经济时代生产与基本生活资料的索取,而是希望其能为庞大的城市乃至全球贸易提供尽可能多的商品,以适应多元市场经济与日益专业化的社会分工需要。如果说在传统社会中,生产与生活资料的加工与交换主要体现为"物物"形态,那么1602年以荷兰证券交易所的成立为代表并发展至今的现代金融业等贸易与货币形式,则让"自然界"逐步摆脱"物"的形态而日益获得"符号化"特征。在社会生活的各个领域,现代文明需要对自然进行系统的分解与重新编码,让自然以"符号化"的形式最大限度地满足各个生活领域的需要。诚如有学者所言,"只要现代社会的主导性力量是不断肢解自然并对肢解后的碎片进行符号编码;只要资本主义市场运转和工业制造依靠不断切割和重新进行利益的编码配置——只要人作为主体出现,语言就会从主体的旁边涌出,'语言问题'就会变成现代文化的关键问题"①。

在上述符号编码进程中,近代科学与技术的发展功不可没,其贡献之一便是它更愿意用科学的观察实验精神与形式化的符号语言对自然界及其规律进行探索,而传统所惯用的各种形而上学理论与方法逐渐失去其影响力。1687年,牛顿发表《自然哲学的数学原理》是那个时代科学界的标志性事件,其标志性在于他试图用万有引力原理与数学符号语言来解释自然界的各种现象与规律,"详细的阐明了这万有引力原理和这些运动定律如何应用于地球物质的最小微粒和最大的天体、明显有规律的现象以及水的潮汐运动和

---

① 牛宏宝:《现代西方美学史》,北京大学出版社,2014年,第15页。

彗星的急疾行进等似乎没有规律的事件,委实是个了不起的成就"①。科技哲学家亚•沃尔夫甚至认为"在对当代和后代思想的影响上,无疑没有什么别的杰作可以同《原理》相媲美"②。

牛顿用力学和高度符号化的数学方法研究与描述自然现象及其规律,给后世带来这样一种启示:自然不仅仅是我们生存的世界,而且我们还可以借助力学、数学等各种科学原理和符号语言进行认识与编码的对象。自然的"客体化""表象化"与"符号化",凸显了原理以及表述各种原理的"形式化语言"的重要性,其重要性甚至超出了科学领域,辐射到生产与技术发明等其他领域。例如,传统的"生产实践→技术发明→原理提炼"模式逐渐颠覆为"原理阐释→技术发明→生产实践"模式。瓦特之所以能够改进传统蒸汽机使人类进入"蒸汽时代",很重要的一个原因是拥有数学天赋的他能够进入格拉斯哥大学,结识并经常与约瑟夫•布莱克等物理学家交流,将原理研究与实验相结合密切相关。原理阐释由此从传统文明中的衍生品,一跃而成为现代文明的主导性力量之一。

近现代科技对原理和表述原理的"符号-形式化语言"的重视催生出越来越精细化的科学语言,使得现代科学日益表现出高度的学科分化、高度数字化及由此带来的高度符号化的形态特征。其导致的结果之一便是,科学作为独立的原理与符号系统开始逐渐从传统哲学中剥离,至19世纪末20世纪初,以"相对论"和"量子力学"为代表的现代科学的诞生,让科学从隶属于哲学的千年传统中走出,与哲学最终分道扬镳。"只要人的经验知识形式彻底被符号编码的知识形式所覆盖,自然实体和事物就会被符号编码的系统所遮蔽,人的活动就会被置于符号编码的范围内。"③现代科学由此成为现代社会与文明的一个象征,当人类从与自然的传统"一体性关联"中走出并迈向城市,却又无法最终脱离它时,我们需要创造并学会一整套重新编辑自然的方法和符号,将其抽象化和形式化。现代科学技术越来越系统和精密的符号化趋势由此成为现代社会进程的一个缩影。

如果说"只要人作为主体出现,语言就会从主体的旁边涌出",语言与符号文化的强势表征的是人作为主体(Subject)的强势,那么我们可以用一句话概括近现代尤其是现代文明的本质,即"它是一种以人为中心的主体性文

---

① [英]亚•沃尔夫:《十六、十七世纪科学、技术和哲学史》,周昌忠等译,商务印书馆,1997年,第179页。

② [英]亚•沃尔夫:《十六、十七世纪科学、技术和哲学史》,周昌忠等译,商务印书馆,1997年,第179页。

③ 牛宏宝:《现代西方美学史》,北京大学出版社,2014年,第15页。

明"，其基本特征是它"把'人'这种特异的存在者（作为主体性）与其他存在者（作为客体性）区分开来，并把这种主体性理解和解释为一切形而上学真理的出发点和规定者"。①笛卡尔的"我思故我在"学说，康德的"先验统觉"观念及其有关"知性为自然立法""理性为自由立法"的论述，黑格尔对"绝对精神"的高扬等主张正是这种主体性文明在哲学与文化理论上的反映。尽管"主体性"（Subjektivitaet/subjectivity）作为人的特性是一个十分复杂的概念，例如16、17世纪有些哲学家将其理解为"灵魂（或心灵）/身体的共存体"，更多的学者将其阐释为"理性主体性（如笛卡尔等）""非理性主体性（如尼采、叔本华的意志主体）"等，但是不管将人理解为哪一种"主体性"，人必须成为理解和解释"一切形而上学真理的出发点和规定者"，"现代形而上学和现代性的本质必须从这个基点出发才能获得理解"。②

于是，在存在者范围内"人成为主体"，而世界则由原先的"人的居所"变成"人的图像"，本来居于自然之中并作为自然一部分的人从众多存在者中脱颖而出，开始站到自然对面将其"客体化"为人类认识或意志的对象，并对之进行系统分解与重新编码，使之能够满足现代社会各个领域的需要。这种人与世界、自然的关系迥异于之前的西方文明，因为无论是古希腊、古罗马的"自然本体论"时代，还是中世纪基督教的"神学本体论"时期，在人们的普遍观念中，人与自然中的其他存在者其实并没有本质区别。在那些时代，"作为存在者的'人'的特异性还没有被主题化，人被视为与其他存在者，如房子、马、石头、艺术品同样的东西"③。人要么不过是对各种存在者之"存在"的传达者，要么不过是上帝创造的众多存在者中的一分子，人与其他存在者尽管有诸多不同，例如有理性、会使用语言等，但在本质上没有根本区别。在西方传统文明与社会形态中，人的主体性能力的发挥始终笼罩在自然及宗教力量的巨大阴影中。莫说古希腊哲人柏拉图、亚里士多德等，即便是近代的康德等哲人，虽然创造了惊人的哲学与科学学说，并高举人之"理性主体"大旗，但依然保持着一种对自然如"物自体"的敬畏。那个时代属于自然与神，一切皆是它们的创造。这在某种程度上意味着，当人站在自然对面并对之进行系统分解与符号编码时，实属僭越与大不敬行为。也就是说，倘若西方文明没有发生由"自然王时代"向人作为中心的"主体性文明"的转变，人之"符号-语言冲动"也许就难以成为时代的主题，带有普遍性的现代社会的"符号化"特征也就难以形成。

---

①②③　俞吾金：《形而上学发展史上的三次翻转——海德格尔形而上学之思的启迪》，《中国社会科学》，2009年第6期。

三、"符号-语言"意识的自觉在学术与艺术中的表现

在前述近现代科技的突飞猛进、工业革命的勃兴、城市规模的扩大与社会阶层的分化、现代经济运行规律等共同作用下,以人为中心的"主体性"文明终于在19世纪末20世纪初形成,"符号化"成为现代文明与社会生活的重要特征之一。它既是人类文明突飞猛进发展的结果,而当其高度成熟时也会带来符号反向操控人类的异化现象。在卓别林拍摄于20世纪30年代的电影《摩登时代》中,其高度编码的工业流水线生产对人性的变异,可视为上述异化在电影艺术中的反映。但不管怎么说,人类的现代生活开始进入一个被各种符号包裹起来的生态中,诚如"近年来所宣称的'数字时代''信息时代',其实都可以看做是符号编码的凯旋。我们也可以通过自身生活中按钮的增加来体会这一进程"①。而且,这一进程在未来的人工智能时代也许会愈演愈烈。这种趋势表现在现代学术与艺术等人文思想中,使其呈现出普遍性的"符号-语言"自觉意识倾向。

(一)在语言学研究中的表现

在语言学研究中,"符号-语言自觉意识"主要体现在两件事情上,一件是19世纪初建立在实证主义基础上的"比较语言学"的诞生。该学派发展至19世纪70年代随着以德国语言学家卡尔·勃鲁格曼(1849—1919)、奥斯特霍夫(1847—1907)等为代表的"新语法学派"将"比较意识"推进至"历史比较"阶段,语言学研究才真正探索清楚它的研究对象的性质,彻底从传统依附于"逻辑"和"文献考据"的"语法研究"和"语文学研究"中独立出来,"建成一门真正的语言科学"②。

另一件事情是20世纪初索绪尔"共时语言学"的出现。1916年,瑞士语言学家德·索绪尔的《普通语言学教程》出版,这是索绪尔去世三年后由他的学生沙·巴利等人依据课堂笔记和部分索绪尔个人札记编辑整理而成的一部著作,出版后在语言学界引起巨大轰动。西方的语言学研究开始从"历史比较语言学"向"结构主义语言学"转向。通过对语言与言语、符号的能指与所指、共时与历时等一系列重要概念的区分和阐释,索绪尔不仅提出了"语言符号连接的不是事物和名称,而是概念和音响形象"即"所指和能指",③而且指出"能指与所指"的结合是"任意的",也就是它们的结合遵循"符号任意

---

① 牛宏宝:《现代西方美学史》,北京大学出版社,2014年,第15页。
② [瑞士]索绪尔:《普通语言学教程》,高名凯译,商务印书馆,1980年,第21页。
③ 同上,第36页。

性原则"。①在此基础上,他将此"任意性原则"从"符号"的形成推广至"支配着整个语言的语言学",从而将建立在探讨"语言与世界"关系地基上的传统语言学研究,推进到建立在符号"差别"地基上并作为"系统"而存在的现代语言学研究阶段。索绪尔认为,"语言系统是一系列声音差别和一系列观念差别的结合"②,"语言是形式而不是实质"。他甚至认为"我们的术语中的一切错误,我们表示语言事实的一切不正确的方式,都是由认为语言现象中有实质这个不自觉的假设引起的"③。索绪尔的贡献在于,他推翻了人们原有的对语言与世界之间存在"相似性关系"的判断,将语言从对"物的世界(无论是物质实体还是观念实体世界)"的附属中解放出来。语言作为一个以"差异性原则"建立起来的"独立系统"第一次呈现在世人面前。这个贡献虽然发生在语言学界,但也适用于哲学界。尽管这种对语言本质的理解过于强调了语言的"自主性"与"系统性",但其强烈的"符号-语言自觉意识"为人们理解人、语言、世界三者之间的关系提供了一种新的阐释视角,关于这点我们会在后面做进一步探讨。

(二)在文学-艺术创作中的表现

除了语言学领域,在文学艺术创作与研究领域也发生着类似"符号-语言意识自觉"的现象。首先在创作上,这种意识主要体现为作家、艺术家对文学艺术"审美本体语言"的重视,即各门文学艺术形式对自己所特有的诸如语言-文字符号,点线面构成与色彩符号,乐音及其旋律、和声、节奏符号等艺术"形式媒介"的执着探索。他们的一个共同特征是,都非常强调各门艺术类型在审美本体语言上的独立性,有一种强烈的与其他领域进行区分的"划界冲动"。

例如作为西方传统文学与现代文学分水岭的象征主义诗歌,其主将如爱伦·坡(1809—1849)、叶芝(1865—1939)、保尔·瓦莱里(1871—1945)等诗人在《湖一致一》《白鸟》《海滨墓园》等诗歌中所呈现的曲折隐幽却又充满韵律感的语言风格,很大程度上来自他们对诗歌语言形式的极端重视与探索。与传统的现实主义或浪漫主义文学区别明显的是,语言在象征主义创作中几乎具有了"本体论"色彩。例如瓦莱里在《论纯诗》中认为"在创造一个诗意的世界的诸多方式中,在将其再创造、丰富的方式中最古老的、可能也是最受尊崇,但也是最为复杂、最难以利用的方式便是语言。在这里,我意在

---

① [瑞士]索绪尔:《普通语言学教程》,高名凯译,商务印书馆,1980年,第102页。
② 同上,第167页。
③ 同上,第169页。

使人们感到或理解到,在现代的纪元里,诗人的使命是何等的微妙,又会是多么的困难重重"①。"纯粹意义上的诗本质上却纯属于语言方式的使用。"②与瓦莱里相似,叶芝同样认为,"任何人也将无法否认所有种类的形式的重要性,因为虽然你可以阐述一个观点,或描写一个事物,当你的词语选取不精当,你便不可能赋予理性之外的某种事物以外形,除非你的词语像一朵花或一个女人体那样,微妙、迷离、充满神秘的生命"③。在此基础上,叶芝将诗分为"真诚的诗歌形式"(类似瓦莱里所倡导的"纯诗")与"通俗诗歌"两类,认为"真诚的诗歌形式绝不像'通俗诗歌'",它"必须具备不可解析的完美,微妙到每天都会产生新的含义,它必须具备所有这些"。④

其实严格说,象征主义诗歌只是西方由传统文学向现代文学转型过程中的过渡时期的文学流派,但即便如此,它对语言形式探索的重视已大大区别于前,带有明显的现代文学特征。与象征主义文学对语言问题的重视类似,西方现代文学的其他流派例如以法国作家马塞尔·普鲁斯特(1871—1922)《追忆逝水年华》为代表的"意识流小说";以瑞典剧作家J.A.斯特林堡(1849—1912)《去大马士革》为代表的"表现主义戏剧";以法国作家安德烈·布勒东(1896—1966)的《娜嘉》为代表的"超现实主义"写作等西方现代文学诸流派,都非常强调文学创作的"语言本体"与"形式探索"意识。其实,这种符号-语言自觉意识不仅仅发生在文学领域,在其他如绘画、音乐、舞蹈等艺术领域中也有类似情况。只是这种符号由文学中的"语言-文字符号"变成了各门艺术中各种特殊的媒介符号,如绘画中的线条与色彩符号、音乐中的旋律与和声声音符号等。

尽管对西方何时进入现代艺术阶段,学界有不同观点,但"最普遍的选择,也许是在1863年,那年马奈(1823—1883)在巴黎的落选作品沙龙里首次展出了他的《草地上的午餐》"⑤。这幅作品之所以落选,在于传统讲究"透视"并善于制造"幻觉现实主义"的"古典田园式主题",被追求"二度表面"素描创作与理念、具有"现代意义"的形象语言代替了。1870年后,随着马奈将注意力转向室外绘画,试图用油画速写技法适应更大形象的构图,以饱满的

---

① [法]瓦莱里:《论纯诗》,参见潞潞主编:《准则与尺度——外国著名诗人文论》,北京出版社,2003年,第8页。

② 同上,第7页。

③ 叶芝:《诗歌的象征主义》,参见潞潞主编:《准则与尺度——外国著名诗人文论》,北京出版社,2003年,第328~329页。

④ 同上,第329页。

⑤ [美]H.H.阿纳森:《西方现代艺术史》,邹德侬等译,天津人民美术出版社,1994年,第1页。

色彩去捕捉自然光线时,他与莫奈(1840—1926)、雷诺阿(1841—1919)等后来被称之为"印象主义"的画家们便建立了更为密切的联系,并成了这群画家的精神领袖。此后,一个更具有标志性和戏剧性的事件则是,莫奈在1872年创作了《印象,雾》这个油画作品,表现了笼罩在阳光与雾中的港口给画家造成的视觉印象,一切都朦胧迷离却又转瞬即逝。该作品彻底激怒了职业批评家们,于是批评家勒鲁瓦在《喧哗》周刊撰文,从莫奈作品中取出"印象"一词,本意为嘲讽该作品及其群体创作理念,却不料竟为此流派做了命名,西方现代艺术的大幕由此在"印象派绘画"这里开始被徐徐拉开。此后注重笔触、色彩等绘画审美本体语言形式探索的立体主义、表现主义、未来主义、抽象艺术等现代艺术流派与形式一一登场。正如美国学者阿纳森所评论的,"印象主义"标志着"这样一个时刻的到来:一群艺术家在这个时刻开始了一种半有意识、半无意识的主张,即把绘画自身当作一种以它自己的属性来进行创作的对象。它有自己的结构,有自己的规律,它超越和不同于对人类和自然界的任何幻象和模仿的属性",并因而成为以"透视幻觉"为基础的"文艺复兴传统的结束,和二十世纪探索色彩表现、立体主义和抽象主义的主要起点"。①

审美本体语言的自觉意识与划界意识同样发生在西方音乐艺术领域中。一般认为,西方现代音乐开始于20世纪初以奥地利作曲家阿诺尔德·勋伯格(1874—1951)及其弟子A.贝格为代表的表现主义音乐。在勋伯格的《月迷的皮埃罗》、单人剧《期待》及A.贝格的《沃采克》《露露》等作品中,他们放弃了传统音乐崇尚"调性"的主音、属音等观念,把八度中十二个半音给以同等的价值,创造了更加自由的"无调性"音乐,扩大了音乐的表现领域,从而为表达孤独、绝望、荒诞等现代审美感受在音乐语言上开辟了一条新路。同文学、绘画艺术领域相似,以表现主义为代表的现代音乐的诞生也不是一夜之间就出现的。几乎与象征主义文学同步并深受印象主义艺术观念影响,19世纪末以法国音乐家德彪西(1862—1918)的钢琴曲《意象集》、拉威尔(1875—1937)的《西班牙狂想曲》为代表,"印象主义音乐"出现了。尽管"印象主义的音乐的一头,与后期浪漫主义思潮相关",但它的"另一头又导致了20世纪新音乐的诞生",从而成为"连接两个世纪艺术的'重要通道'"。②在这个通道中,西方现代音乐对传统音乐语言的革新以及对音乐审美本体语言的实验探索已经越发闪亮。德彪西既很讨厌以贝多芬为代表的德国音乐

---

① [美]H.H.阿纳森:《西方现代艺术史》,邹德侬等译,天津人民美术出版社,1994年,第22页。
② 修海林、李吉提:《西方音乐的历史与审美》,中国人民大学出版社,1999年,第328页。

传统,因为他们总是喜欢用音乐表达深刻的哲理性思考,也不太喜欢浪漫主义(主要是前期)对戏剧性心理感受的表现。与表现主题相应,传统音乐在艺术语言上惯用"大-小调体系",强调"调性规律",追求古典和声与旋律表达,结构与审美上常常表现出整饬、严谨,轮廓线分明等古典审美特征。德彪西认为传统"大-小调体系"的创作程式扼杀了生命的自发性。于是他尝试摆脱这种程式并在音乐语言上做了崭新的探索。例如在音阶运用上,他将五声音阶、全音阶、大-小调混用;在和声上,不以古典和声原则作为创作依据,而是通过和声以及音色创造音乐的意境;在旋律上弱化旋律表现,有时甚至听不到轮廓;在配器上,将弦乐部分进行分组并加上弱音器等。德彪西对新的音乐语言的实验探索传达出这样一种新的美学观,"音乐不存在理论,用两耳谛听就够了"。

像许多同时期的印象主义艺术家一样,德彪西在艺术上"只相信感觉,同时他相信感觉与感情具有同样的趣味"①。对声音自身美感的强调势必带来对音乐审美本体语言(例如旋律、和声、节奏等)的推崇与探索,而这种对音乐本体语言的符号自觉意识是20世纪西方现代音乐的基本特征之一。在这个意义上说,虽然高举印象主义大旗的德彪西"是站在浪漫主义音乐发展末端的跨世纪人物",但"他同时也可称为20世纪'现代'音乐起步时期的一位发轫者。在他之后,西方音乐进入了一个综合的、实验的、探索的极致,也有不断地追溯古典主义、浪漫主义音乐传统却不断有所创造的时代"。②

除了文学、绘画、音乐艺术,其他的艺术形式如雕塑、舞蹈甚至传统上隶属于工艺美术的"陶艺"等艺术类型,也同样呈现出崇尚艺术本体语言探索的"符号自觉意识"。例如"陶艺",作为一门古老的手工艺品,传统中一般将其归类为"工艺美术范畴"。但20世纪初,随着高更(1848—1903)、毕加索(1881—1973)等现代艺术家的介入,尤其是在美国艺术家杰克逊·波洛克(1912—1956)的现代抽象表现主义艺术的影响下,原来被视为"工艺美术"的陶瓷制作终于在20世纪50年代初形成了"现代陶艺"潮流。③该潮流淡化陶瓷的"实用性",强化陶瓷在材质、釉料、装饰与造型、烧炼等方面的审美本体语言,并有意识地进行系统的形式语言探索,强化陶瓷的"艺术性"品格。于是,一种迥异于陶瓷传统古典美,追求非对称性、抽象性、陶瓷肌理表达甚至"以丑为美"的现代陶瓷之美形成了。④此后随着"现代陶艺"在全世界的兴起,人们不再简单地将"陶艺"归为"工艺美术范畴",而是进行更加精确的

①②　修海林、李吉提:《西方音乐的历史与审美》,中国人民大学出版社,1999年,第329页。
③④　任华东:《现代陶艺的兴起于中国现代陶瓷审美理论的建构》,《文艺研究》,2015年第2期。

分类,开始将以"现代陶艺"为代表,追求陶瓷艺术性表达的"陶艺"归到"艺术范畴"中。例如英国绘画史论家赫伯特·里德(Herbert Read,1893—1968)认为"毫无疑问,陶器(此处的陶器指的是'现代陶艺')是衡量一个国家艺术的标准。陶器是纯艺术,是一门不带有任何模仿意图的艺术。也许正由于这一点,在用形式来表达人的意愿时,雕塑比陶器更具有局限性,陶器在本质上是一门最抽象的造型艺术"①。总之,在陶艺由"工艺美术"向"艺术形态"的转型过程中,现代陶艺对自身如材质与工艺、釉料、装饰与造型等陶瓷艺术本体语言的探索始终是其基本审美特征之一,带有强烈的"形式语言"探索冲动和艺术符号自觉意识。

(三)在文学、艺术理论研究中的表现

文学-艺术创作领域对审美本体语言符号、各种艺术符号媒介的推崇反映在文学-艺术理论研究上是许多文学-艺术理论派别也都极为重视从"语言-形式"的角度阐释文学作品,最有代表性的要数"俄国形式主义"与"英美新批评"文论。他们发现,自幽微曲折的象征主义诗歌以降的现代文学对审美语言形式的探索,已经远远超出了传统文论的阐释范围,面对"失语"的窘境,他们必须建构一套新的理论话语。

当1916年索绪尔的《普通语言学教程》出版之际,俄国形式主义文论代表学者之一的什克洛夫斯基(1893—1984)先后于1914年、1917年发表了《词语的复活》《作为手法的艺术》两篇文章,提出了"事物本身并不重要",重要的是文学艺术在"改变其形式而不改变性质"的情况下,借助使用语言与形式的各种技巧,让事物变得"陌生化"了,认为"艺术是体验事物的艺术性的一种方式"。②由俄国形式主义文论发展而来的"布拉格学派"代表性学者罗曼·雅可布森(1896—1982)则提出了著名的"文学性"和"符号自指性"理论,认为"文学科学的对象不是文学,而是'文学性',也就是使一部作品成为文学作品的东西"③。这种"文学性"主要体现在文学语言是一种具有"符号自指功能"(即"诗性功能")的语言,这是语言所具有的六种功能之一。与普通语言不同,雅可布森认为文学语言符号虽然一方面指向符号的"所指",表达一定的所指内容,但另一方面更重要的是它指向"自身",也就是符号的"能指",即符号能指的"具体性"与"形象性",并"通过符号的具体性和可触

① [英]赫伯特·里德:《现代艺术的真谛》,王柯平译,中国人民大学出版社,2004年,第18~19页。
② [俄]什克洛夫斯基:《作为手法的艺术》,参见拉曼·塞尔登编:《文学批评理论:从柏拉图到现在》,刘象愚等译,北京大学出版社,2003年,第274页。
③ 朱立元主编:《当代西方文艺理论》,华东师范大学出版社,1997年,第49页。

知性(形象性)而加深了符号同客观物体之间基本的分裂"。①这种符号的"自指性",就是语言所具有的"诗性用法",是文学文本不同于其他例如科学语言、日常语言等语言文本的基本属性,这种性质又带来了文学语言其他方面的特征例如"不透明性""多义性"等特点。②

与俄国形式主义面临的情形类似,如何解读"难懂"的现代文学也是摆在其他理论流派面前的时代问题,发端于英美的"新批评"派也尝试对文学作品的语言层面展开系统探讨。1919年,诗人T.S.艾略特(1888—1965)发表了《传统与个人才能》,提出"诚实的批评家和敏锐的鉴赏不是指向诗人而是指向诗歌",因为通过"诗歌"细致完善的语言及各种形式中介,才"使特殊的具体的或多种多样的感受自由地形成新的综合"③。这一主张"使文学研究转向以文本为中心"④。20世纪二三十年代,随着理查兹的《文学批评原理》(1924)、《实用批评》(1927),燕卜逊的《含混的七种形式》(1930),布鲁克斯的《现代诗歌与传统》(1939)等一系列理论文章与著作的发表,"新批评"作为一个理论流派影响越来越大。1941年,美国批评家约翰·克罗·兰色姆(1888—1974)出版了《新批评》一书,从此为该流派做了定名。至20世纪50年代后期,该流派开始遭到诟病,逐步走向衰微。新批评的基本观点是,他们"视文学作品为独立的客体,注重作品的内部研究,对传统研究方法大加挞伐,以除旧布新为己任"⑤。如上所述,他们"使文学研究转向以文本为中心",在对文本的"细读"研究中,深入探讨了语言文本中的"悖论""隐喻""张力""反讽"等语言现象,提出了"结构-肌质""本体论批评""意图谬误"等重要理论术语,成为符号-语言自觉意识在现代文学理论中的另一个重要表现。

与西方现代文学理论类似,艺术理论研究领域也同样表现出对艺术审美本体语言(各门艺术所特有的艺术符号及其形式要素)的自觉意识与推崇,例如爱德华·汉斯立克(1825—1904)的音乐理论。汉斯立克于1854年出版了《论音乐的美》一书,旗帜鲜明地反对浪漫主义有关"音乐是表现情感的艺术"的观念,认为"音乐美是一种独特的只为音乐所特有的美。这是一种不依附、不需要外来内容的美,它存在于乐音以及乐音的艺术组合中。优美悦耳的音响之间的巧妙关系、它们之间的协调和对抗,追逐与遇合,飞跃

---

① [俄]雅可布森:《结论发言:语言学与诗学》,参见赵毅衡主编:《符号学——文学论文集》,百花文艺出版社,2004年,第180页。
② 支宇:《语义多重与符号自指》,《四川外语学院学报》,2006年第6期。
③ [英]T.S.艾略特:《传统与个人才能》,参见[英]拉曼·塞尔登编:《文学批评理论:从柏拉图到现在》,刘象愚等译,北京大学出版社,2003年,第311页。
④⑤ [美]约翰·克罗·兰色姆:《新批评》,王腊宝、张哲译,江苏教育出版社,2006年,第3页。

与消逝——这些东西以自由的形式呈现在我们直观的心灵面前,并且使我们感到美的愉快",并进而提出了"音乐的内容就是乐音的运动形式"①的主张。这些主张很容易让我们想到先于他半个世纪前德国哲学家康德在《判断力批判》中对鉴赏或审美判断活动所具有的四个基本特征的概括。在那里,康德提出了"规定鉴赏判断的愉悦是不带任何利害的"②,"鉴赏判断只以一个对象(或其表象方式)的合目的性形式为根据"③,因此"我们必须对事物的实存没有丝毫倾向性"④。在康德那里,审美对象的"形式特征"的重要性被凸显出来。康德的美学理论对后世的艺术理论与艺术创作的影响是巨大的,汉斯立克关于音乐形式的理论,从某种程度上可以被视为康德的美学理论在音乐艺术理论中的呼应。只要我们稍加对比就能够看出这种相关性,例如汉斯立克认为"'美'是没有什么目的的,因为美仅仅是形式","观看美好的事物可能使观者发生愉快的情感,但这些情感是与美好的事物本身,就其本身而论,没有什么关系"。⑤这些美的形式表现在音乐中,就是构成音乐的基本符号语言,"乐音""旋律""和声"及由此构成的"节奏"。他认为"音乐是由乐音的行列,乐音的形式组成的,而这些乐音的形列和形式除了它们本身之外别无其他内容"⑥。尽管汉斯立克也并不否认音乐中存在着内容与意义,但他强调音乐中的意义,只能是"音乐的意义",是通过音乐语言表现出来的内容。此后,对音乐审美本体语言即上述"乐音""旋律""和声""节奏"的实验探索,不仅仅常为理论家所乐道,也成了西方现代音乐的基本特征之一。1952年,美国先锋音乐家约翰·凯奇(1912—1992)创作了无声音乐《4分33秒》,夸张地将"休止符"设置为4分33秒,始于无声终于无声。对于该乐曲,我们既可以将之视为对音乐形式语言的极端化处理,当然也可以将其视作音乐与行为艺术语言的融合。

　　行文至此,我们需要稍做总结,现代文明的符号化趋势是现代文明的基本特征之一,表现在科学技术、日常生活、经济运行、城市扩张等各个领域中,是人类高度发达的"主体性"文明发展的结果。而人文学术及文学艺术创造领域的"符号-语言自觉意识",正是现代文明的符号化趋势在各种意识形态与形式上的反应与呼应。正如伊格尔顿所言,"语言连同它的问题,秘

---

① [奥]爱杜阿德·汉斯立克:《论音乐的美》,杨业治译,人民音乐出版社,1978年,第39页。

② [德]康德:《判断力批判》,邓晓芒译,人民出版社,2002年,第38页。

③ 同上,第56页。

④ 同上,第39页。

⑤ [奥]爱杜阿德·汉斯立克:《论音乐的美》,杨业治译,人民音乐出版社,1978年,第3页。

⑥ 同上,第105页。

密和含义,已经成为20世纪知识生活的范性与专注的对象"①。对于我们的研究而言,当这种"符号-语言自觉意识"与现代"诗本体"观的出现及其审美精神相结合时,现代诗化语言观便呼之欲出了。

第二节　从诗哲之争传统到现代诗化语言观的形成

通过上一节的梳理我们认为,由多种因素共同作用形成的西方现代文明的符号化趋势,是导致其人文艺术领域出现"符号-语言自觉意识"现象的深层历史动因,而学术界所惯称的"语言学转向",则是这个深层历史动因在哲学领域中的表现。其影响之强大,以至于让"西方最重要的哲学流派都走上了通向语言的道路",甚至有"不少论者认为20世纪哲学和对语言的哲学探讨成了同义语"。②

当然,从严格意义上说,语言哲学只是西方现代哲学的一部分,而我们这里要探讨的"诗化语言哲学"又是这一分支中的一个方面而已。同其他语言哲学流派的形成一样,它的出现一方面离不开上述西方现代文明的符号化趋势及其导致的"符号-语言自觉意识",但有所区别的是,除此之外它又与西方现代文明的另一个重要文化动因即"非理性主义思潮"密切相关。如果说现代文明的符号化趋势唤起了哲学家们探讨语言的普遍兴趣,引发了对语言现象的多元化阐释,那么现代"非理性主义"文化思潮则将这种兴趣导向了对语言审美化或诗化本质的追问。不仅如此,当我们进一步将视野从现代回溯到发端于古希腊文明的西方传统文明时更会看到,现代诗化语言观的形成其实也是西方由来已久的"诗与哲之争"在现代语言哲学中的延续与表现之一。

一、由现代"非理性主义"思潮向古希腊"诗哲之争"的回溯

经过"文艺复兴""启蒙主义运动"等三百多年孕育积淀而成的现代文明,是一种"主体性"(Subjektivitaet/subjectivity)文明。在这种文明中,人迸发出强大的改造自然、重组社会的力量。人作为一种特殊的存在者逐渐从众多存在者中脱颖而出并承担起为世界立法的重任,现代文明的符号化趋

---

① [英]伊格尔顿:《二十世纪西方文学理论》,伍晓明译,陕西师范大学出版社,1986年,第121页。

② 陈嘉映:《语言哲学》,北京大学出版社,2003年,第15页(当然,除了这个历史深层原因之外,促成西方哲学发生语言学转向的原因还有很多)。

势即是这种力量的显现之一。这种文明形态反映在哲学与文化思想中便是，以"主体性"为特征的"认识论"哲学逐渐取代了传统的"本体论"观念。哲学史一般认为，法国学者勒内·笛卡尔(1596—1650)"我思故我在"命题的提出是这一取代的标志性思想。其标志性在于，"在存在者范围内人成为主体，而世界则成了人的图像。现代形而上学和现代性的本质必须从这个基点出发才能获得理解"①。

　　但仅仅指出这一点并不能充分理解现代性的本质及其多面性，因为"'主体性'作为人的特性乃是一个十分复杂的概念"，存在着诸如作为"灵魂(或心灵)/身体共存体"的主体性、作为"理性/非理性(本能、情感、意志和欲望)共存体"的主体性等区别。②而且即便是在"理性与非理性共存体"中，哲学家们对人之主体性的认识和侧重点也不尽相同。事实上，以笛卡尔、康德、黑格尔等哲学家为代表的近代哲学主要标举"理性主体性"，强调人的"理性存在"对"非理性存在"诸如"身体""意志""情绪与情感""想象""直觉""体验""无意识"等的支配，而进入19世纪即将迈入现代社会的叔本华、尼采则更加推崇人的"非理性"存在。例如叔本华认为"我首先把意志设定为自在之物，是完全原初之物；其次，我把躯体设定为它的纯粹的可见性，客体化；最后，我把认识设定为纯粹是这个躯体之一部分的功能"③。叔本华将非理性的"意志""身体"设定在前，让"认识"从属于前者，是对"理性主体"的颠覆。而尼采则更进一步将"权力意志"归属于"身体"，"越来越确定地把身体健康问题置于'心灵'问题之前"④。

　　像叔本华、尼采一样，19世纪中期之后，越来越多的哲学家、美学家、心理学家如克尔凯郭尔、狄尔泰、柏格森、弗洛伊德、克罗齐、荣格、海德格尔等都倾向于从"非理性"角度阐释人的存在。与之几乎同步，前述在文学艺术领域以印象派绘画及音乐、象征与表现主义文学等为代表的文学艺术流派对艺术感性形式语言的探索；对艺术家表层情绪情感、想象、意识流及深层无意识心理的表现；文学艺术作品对非对称性的丑、现实世界的琐碎与无常、超现实的梦境与呓语等人类非理性存在的呈现，均体现出强烈的"非理性主义"色彩。在上述人文艺术与学术领域的共同作用下，自19世纪中后期开始，"非理性主义"逐渐发展成一种辐射力极为广泛的文化思潮，成为现代文明的又一个重要文化特征。例如有学者指出，"随着黑格尔为代表的德

---

①② 俞吾金：《形而上学发展史上的三次翻转——海德格尔形而上学之思的启迪》，《中国社会科学》，2009年第6期。

③ [德]叔本华：《自然界中的意志》，任立等译，商务印书馆，1997年，第35页。

④ [德]尼采：《权力意志》(上卷)，孙周兴译，商务印书馆，2007年，第466页。

国古典哲学的终结,理性主义开始衰退,叔本华、尼采非理性主义的唯意志论问世,使传统的人文主义与科学、理性之间出现裂痕,为20世纪人本主义与科学主义的对立埋下了伏笔。进入20世纪,人本主义哲学和文论中非理性主义逐渐占了上风。这就是所谓的'非理性转向'"①。

以叔本华、尼采的哲学思想为代表的非理性主义文化思潮的出现与兴起,是西方现代文化的重要特征之一,有其深刻的社会历史与思想史原因。从社会历史原因看,由工业革命、科学技术、市场经济、城市文明的崛起等多种因素编织而成的现代文明及其文化经验,主要是一种"分析性的、工具性"的文化经验,人与世界之间体现为"一种纯粹认知关系",这种关系是对传统社会与文化经验的取代。而传统的文化经验属于"农耕——手工劳作的文化经验系统,它的轴心原理就是身体劳作的'生存意象性'与物的物性的'交互转让'",由此"自然的神性和灵性"就构成了传统文化经验的"真正宗教底蕴"。②尽管强调分析性、工具性、对象性乃至征服性的"现代文化经验",在18世纪尤其是19世纪中叶后逐渐取代了"传统文化经验",但身体、情感、想象等非理性因素及其与自然乃至神性的天然渊源并不会被彻底消灭,它会以各种方式显示自己的存在。例如19世纪后期兴起于英国并波及美国等现代化国家的"工艺美术运动"(The Arts and Crafts Movement),一般认为它是对现代工业化设计的改良运动,但从深层上看我们也可以认为,它是向"身体劳作为轴心"的传统文化经验的某种复归。

从思想史角度说,现代非理性主义文化思潮的出现与兴起也是西方"诗与哲之争"的文化传统在现代的延续,以"诗"为代表崇尚感性的审美主义文化,终于在现代发展成一种可以与传统理性主义相对抗的势力。柏拉图在《理想国》第十卷中有言,"哲学和诗歌之间自古以来就存在争论"③。一般认为,柏拉图所说的这场争论是公元前6世纪和公元前5世纪希腊两派人之间发生的一次真实冲突。④以赫拉克利特(约前540—约前480)和塞诺芬尼(约前570—约前470)为代表的哲学家公开嘲笑诗人没有智慧,缺乏对自然知识的了解,以至于他们连昼与夜本为一体都不晓得。不过,对于哲人的指责,诗人们并没有理会太多。毕竟在"前苏格拉底"时代,由泰勒斯(约前624—约前546)、阿那克西曼德(约前610—约前545)等哲学家开启的哲学"相对于诗人们在宴会和剧场的歌声来说","显然太微弱了,因而这并不是一

---

① 朱立元主编:《当代西方文艺理论》,华东师范大学出版社,1997年,第6页。
② 牛宏宝:《现代西方美学史》,北京大学出版社,2014年,第4页。
③ [古希腊]柏拉图:《理想国》,刘丽译,台海出版社,2016年,第411页。
④ 张奎志:《西方历史上的"诗与哲学之争"》,人民文学出版社,2016年。

场势均力敌的较量。诗人们并没有理会哲人们的非议,继续享受着人们的尊崇"。[1]也就是说,那时的赫拉克利特、塞诺芬尼对诗人的批评尚无法撼动有着三百多年历史以荷马、赫西俄德为代表的诗歌传统。不过,泰勒斯、赫拉克利特等哲学家的出现却意义非凡,因为他们不再用"传统的宗教的说法来解释万物的起源,即不把万物看做是由神所创造的"。例如泰勒斯提出"水为万物的始基,实际上就是企图用物质来说明世界的统一性"[2]。我们尽可以用现在的眼光批评他们是直观素朴的唯物主义,但在公元前7世纪末前6世纪初,他们却正在开启一种不再依凭想象而是寻求观察与思考的新文化思潮。

历史发展至公元前5世纪末前4世纪初,这种局面开始发生根本性的变化。尽管面对哲学家的指责,以"喜剧之父"阿里斯托芬(约前448—前380)为代表的诗人也展开了有力反击,例如他在喜剧作品《云》中就把哲学家苏格拉底写了进去,并对其进行了尖刻的嘲弄。但诗人们的反击似乎作用不大,"诗"强于"哲"的形势很快发生了根本逆转,促成这个逆转的是柏拉图(前427—前347)。他在广为人知的《理想国》第十卷中借苏格拉底之口对诗歌发动了强悍的批评并对诗人下了驱逐令。批评与驱逐的理由一方面延续了赫拉克利特的主张,即诗人没有智慧,因为他们所创造的模仿性诗歌与真理"隔着三层";另一方面由于诗模仿灵魂中的"劣等部分",例如"欲望、痛苦和欢乐","诗歌会给这些激情浇水施肥,而不是让它们枯萎;她让这些情感占据主宰地位,尽管人类如果想要增加幸福和美德的话就应该控制这些情感"。[3]不加控制进而放纵的结果是,不利于国家统治。在柏拉图看来,诗歌不为政治服务,不履行伦理教化的职责是不可思议的。为此,他并没有简单地"一刀切"将所有诗人都逐出理想国,而是将他们做了区分。他认为有两种诗人,一种是"诗神和爱神的顶礼者"即"缪斯的追随者"(mousikos);一种是"模仿的艺术家"即诗者(poiētikos)。前者在理想国中属于"第一流"的人,而后者属于"第六流"。[4]他要驱逐的是后者,而对于前者,柏拉图的态度是暧昧的,他甚至隐而不宣表达了一种"诗哲结合"而非"诗哲相争"的理想。因为第一流的诗人,既是"爱美者"又是"爱智者","诗"与"哲"似乎并非完全不容。陈中梅认为,"诗与哲学的'结合'是柏拉图'隐而不宣'的心愿。在西

---

[1] 黄赞梅:《"诗与哲学的古老争议"及其现代融合》,《南昌大学学报》,2000年第10期。

[2] 全增嘏主编:《西方哲学史》(上编),上海人民出版社,1983年,第34页。

[3] [古希腊]柏拉图:《理想国》,刘丽译,台海出版社,2016年,第410页。

[4] [古希腊]柏拉图:《斐德若》,朱光潜译,参见《朱光潜全集》(第12卷),安徽教育出版社,1991年,第108页。

方人文发展史上,是柏拉图第一次把这一类'愿望'纳入了学术研讨的范围"①。但他的愿望终究还是落空了,"当年他费了九牛二虎之力试图有所突破的难题今天仍然困扰着学人的思考",因为"有些问题从本质上来说不好解决,它们的价值在于永远只能作为问题存在"。②

现在来看,柏拉图站在教化与真理角度对诗的指责恰恰是诗的长处,但这种指责造成的杀伤力也实在巨大,远非他的前辈赫拉克利特所能比。不仅一举扭转了之前哲学的劣势,正式拉开了西方哲学与文化史上"诗哲之争"的序幕,而且柏拉图几乎为后世争论中哲学长期占据上风与主导地位奠定了基调。

二、社会与文化转型中的"诗哲之争"传统

关于柏拉图开启的"诗哲之争"传统及其历史发展过程非本书论述重点,不便在此详论。中国学者张奎志的《西方历史上的"诗与哲学之争"》③、美国学者罗森的《诗与哲学之争》④、马克•埃德蒙森的《文学对抗哲学——从柏拉图到德里达》⑤等著作均有细致梳理可供参考。我们在这里着重谈一谈这场争论发生发展的社会历史与文化转型动因。

关于这场自古至今的争论的动因与实质,学界提出了多种不同的看法,普遍观点认为这是由"智慧之争"引起的。例如吉尔伯特、库恩认为诗人"自命为独自拥有智慧之源","诗人也象哲学家那样,试图对整个生活作真实的解释",并且在历史上"诗人不醉心于预言,不负起智者的使命,这样的时刻在人类历史上从未有过"。⑥也有学者在此基础上将"诗与哲之争"进一步上升为"人类对本源之真的追求",认为"这是来自生命之源的原欲"。⑦这些解释当然不无道理,但我们认为诗哲之争不仅仅是发生在两种具体意识形式之间的争论,它更是社会历史发展与文化转型在艺术与学术领域中的表现。

公元前8世纪—前6世纪是希腊建立在血缘关系基础上的氏族社会进一步瓦解的时期,新的政体即"城邦制度"形成的关键时期。经过之前数百

①② 陈中梅:《诗与哲学的结合——柏拉图的心愿》,《外国文学评论》,1995年第4期。

③ 张奎志:《西方历史上的"诗与哲学之争"》,人民文学出版社,2016年。

④ [美]罗森:《诗与哲学之争》,张辉译,华夏出版社,2004年。

⑤ [英]马克•埃德蒙森:《文学对抗哲学——从柏拉图到德里达》,王柏华、马晓冬译,中央编译出版社,2000年。

⑥ [美]凯•埃•吉尔伯特、[德]赫•库恩:《美学史》(上卷),夏乾丰译,上海译文出版社,1989年,第10页。

⑦ 黄赞梅:《"诗与哲学的古老争议"及其现代融合》,《南昌大学学报》,2000年第10期。

年的海外扩张,以血缘为基础的氏族社会在希腊人的"跨海移民"、海外建立起来的更加开放的"城堡"等多种因素作用下,"以一个城市为中心的独立主权国家"的"城邦制度",①至迟在公元前8世纪末率先在希腊本土之外的小亚细亚形成了。"城邦制度"削弱了氏族时期人们的集体意识与神话思维,原先分散的部落纷纷向城邦集结,小家庭也逐步形成,随之而来的是个体意识与情感的增强。由"血缘制"向"城邦制"的社会历史转型,使得小亚细亚成为这个时期希腊文明的中心。也正是在这个时期末叶,西方哲学的开创者泰勒斯诞生了,毕达哥拉斯、赫拉克利特、德谟克利特之后也相继出现。这些哲人均是希腊本土之外的小亚细亚人。同样受社会历史转型影响,在文学中"以往侧重于表现集体意识的史诗渐渐没落",而以萨福(约前612年—前?)的创作为代表的"适合于抒发个人情感的抒情诗就流行开来"。②赫拉克利特对诗人"没有智慧"的最初指责就发生在这个时期末叶,即公元前6世纪左右。

　　放在社会历史转型的时代背景下我们会发现,由泰勒斯等哲人所开启的所谓"爱智慧之学–哲学"的出现是一个重大文化事件,它在某种程度上标志着一种新的文化形态与思潮即"理性主义文化"的形成。而奠基于氏族社会神话传说之上的"想象性"的旧文化传统——"诗性文化",开始受到这种新型文化势力的挑战。也就是说,随着个体意识与理性的日益强大,人类文化从"想象性"的由神话与诗主宰的世界,开始向依靠"观察与思考"的"理性化"的哲学世界过渡。而诗由"史诗"向"抒情诗"的发展,也在昭示着一种由有关"神的叙事"向"人的言说"的让渡,这种让渡给了哲学家们以"可乘之机"。

　　如果说赫拉克利特对诗人的指责还相对比较温和的话,那么随着公元前6世纪以后希腊文明的中心由小亚细亚向希腊本土转移,城邦制由"贵族寡头政制"向"主权在民"的"民主政制"发展,雅典逐渐取代了小亚细亚成为希腊乃至整个地中海沿岸的政治与文化中心。③"主权在民"的"民主城邦制"一方面进一步强化了雅典公民的独立意识与理性思辨力,让论辩与标举理性成为一种风气,另一方面又将这种理性与思辨力从"前苏格拉底时代"哲学家们对"自然"的关注,逐渐导向以苏格拉底为代表的哲学家对"城邦政治"与"社会伦理"的关注。"'所谓苏格拉底把哲学从天上唤到人间'指的就

---

① 顾准:《希腊城邦制度——读希腊史笔记》,参见《顾准文集》,中国市场出版社,2007年,第34~57页。

② 郑克鲁主编:《外国文学史》,高等教育出版社,1999年,第14页。

③ 顾准:《希腊城邦制度——读希腊史笔记》,《顾准文集》,中国市场出版社,2007年,第六章。

是理智开始明显的转向对于'道德'的关注。"①于是我们看到,当柏拉图在《理想国》中对诗人进行讨伐时,他就不但要讨伐自赫拉克利特延续下来的诗人对于"自然知识"的无知,更要讨伐诗人对于"政治与国家治理"的无益。"柏拉图沿着理智主义的发展方向发展出了真正的'道德哲学'",这种新兴的道德哲学既不满意传统诗歌有关"自然"的叙述,更"对其诗性教化感到不满,试图全面夺取教化的主导权"。②

通过上述分析我们认为,始于古希腊的"诗与哲之争",不仅仅是两种意识与文化形式有关"谁是智慧的拥有者之争",更是社会历史发展与新旧文化思潮转型在艺术与学术领域中的反映。即伴随着古希腊文明由"氏族社会"向"城邦政体"的社会历史转型,文化上也发生了由受制于"神话思维"、由"想象"所主导的"非理性主义"旧文化,向以"思维"为主导的"理性主义"文化思潮的转型。"诗与哲之争"以及哲学最终在柏拉图那里占据主导地位,正是这种新旧社会与文化思潮转型在人文学术领域中的表现。从这个意义上说,并不是柏拉图以一人之力扭转了哲学的劣势,而是时代大势使然,柏拉图只不过顺应了时代主题而已。以此观之,柏拉图之后"中世纪"哲学(主要表现为神学)对诗的压制;"文艺复兴"时寻求与哲学具有同等价值的"为诗辩护"潮流;"启蒙主义运动"时期既有对"诗"作为低级认识形式的贬低,又有从学术角度予以承认的矛盾态度;"浪漫主义"对诗的高举,凡此种种"诗与哲之争"在各个时期的表现,均从深层上受制于各个时期社会历史与文化转型的制约,受制于篇幅不再赘述。

从上述意义上,我们同样将19世纪中后期兴起的非理性主义文化思潮视作"诗哲之争"传统在现代文明中的延续和发展。在现代论争中,以"诗"之地位的提升甚至翻转为特征的非理性主义文化思潮的兴起,仍然是近代社会向现代社会发展与转型在文化上的体现。现代文明强调人对自然的征服,在哲学文化上将世界变成了人的"对象"乃至"图像",把传统的"主客二分"推向了极端的"主客二元对立"。将"理性"极端化的结果也催生了另一种文化即"非理性主义"文化的出现,尼采对"诗"与"艺术"的高扬正是这种文化的表现。尽管自古希腊以降至现代,西方各个时期中"诗"与"哲"的内涵相较柏拉图的时代已发生了很大变化,但核心问题并没有变。"诗与哲之争"从来不是纯粹的只关涉这两种具体意识形态的争端,而是社会历史与文化转型在具体意识形态中的反映,因而势必会将科学、政治与伦理、宗教、工

---

① ② 詹文杰:《教化与真理视域中的诗——重思柏拉图对诗的批评》,《世界哲学》,2012年第5期。

艺与艺术等诸多社会历史因素牵涉进来，这从"诗""哲"内涵在历史上的演变即可见出一二。下面我们尝试以"诗"为例探讨一下它在西方传统文化中的几种含义，以此管窥它与社会历史及文化转型的关系。

三、"诗与哲之争"传统中"诗"的"多义性"与"象征性"

"诗"（Poetry）在19世纪之前的西方文化史上大致有四种含义：

第一个含义指"制作"，源于古希腊。在希腊文献中，"我们通常用'诗'来翻译希腊语的'ποίησις'，该词是出自动词'ποιέω'（制作，做）的抽象名词，广义上指'制作'、'创作'"[①]。从这个意义上说，"诗"作为制作的一种类型，与陶瓷制作、木工制作等其实没有本质区别，相当于我们现在所说的"工艺"。"工艺"的"技术"内涵与"程式化"制作赋予了"诗"以浓重的"理性化"色彩，即诗的制作是有"理"可循的。以此而论，"诗人"即"匠人"。

第二个含义指"有韵"的"作为整体的文学"，也源于古希腊，即"ποίησις"的"狭义用法"，包括"抒情诗歌、史诗和戏剧（悲剧与喜剧）"三大文类，亚里士多德在《诗学》中主要着眼于这个用法，所谓"诗"即有韵的、想象性的"文学"。此种观念影响至今，如法国当代学者达维德·方丹的《诗学》，开篇即指出"诗学指文学的整个内部原理"[②]，其副标题为"文学形式通论"。在这个含义的基础上，发展到现代，"诗"的所指有进一步"专业化"和"狭窄化"的趋势，主要用来指"抒情诗歌"。这是现代文学理论对亚里士多德有韵（想象性文学）和无韵（散文，非想象性的如历史和哲学）的二分法进一步细分的结果。例如雷纳·韦勒克（René Wellek,1903—1995）认为，"大部分现代文学理论倾向于废弃'诗与散文'两大类这种区分方法，而把想象性文学（Dichtung）区分为小说（包括长篇小说、短篇小说和史诗）、戏剧（不管是用散文还是用韵文写的）和诗（主要指那些相当于古代的'抒情诗'的作品）三类"[③]。但诗不管是"作为整体的文学"，还是狭义的"抒情诗"，这两个含义都主要着眼于文学领域，这是对"诗"这个概念最为常见的用法。

第三个含义指以绘画为代表的"艺术"（Art）。英语中"艺术"一词最早源于拉丁文"Artem"，意指"技术"（Skill）。17世纪末之前，"艺术"这个词没有专门的定义，被广泛应用于各个领域中，譬如数学、医学甚至钓鱼等。中世纪大学课程里所谓的"七艺"（Seven Arts）就包括了文法、逻辑、修辞、算

[①] 詹文杰：《教化与真理视域中的诗——重思柏拉图对诗的批评》，《世界哲学》，2012年第5期。

[②] ［法］达维德·方丹：《诗学》，陈静译，天津人民出版社，2003年，第2页。

[③] ［美］雷纳·韦勒克、［美］奥斯汀·沃伦：《文学理论》，刘象愚等译，江苏教育出版社，2005年，第268页。

术、几何、音乐与天文学。直到17世纪末，"艺术"才逐渐开始有了专门所指，用来指称之前不被认为是艺术领域的绘画、素描、雕塑，但一直到19世纪这种用法才最终被确立。①与之相应，到18世纪末时，"Artist"一词已专门意指绘画、素描、雕塑②等领域里的"艺术家"。而"Artisan"则专门意指技术纯熟的"手工艺者"，已无学术性、想象力与创造力的意涵。③"诗"与"艺术"这两个词语含义的融合正是发生在这个时期。

尽管在柏拉图那里，他也常常将"诗"与"绘画"在"模仿"的意义上放在一起借以考察真理、现象、画或者诗之间的关系，但"诗"与"绘画"逐渐脱离"工艺"范畴得以聚拢于"艺术"一词，则是近代才发生的事情。其主要原因在于，绘画、素描、雕塑等"艺术"所具有的"想象性与创造性"价值，经过文艺复兴的洗礼直到近代才越来越被认可，地位才逐渐日隆。例如培根认为，"诗歌以想象为主，而想象是不受事物的法则的限制，所以自然中本为分割的东西，想象可以任意联合起来，自然中本为联合的东西，想象亦可以任意分割开；因此，诗歌便使事物的联合同离异，都有背于自然的法则；'画家和诗人'（pictoribus atque poetis）在这一点上正是相同"④。再如黑格尔认为，正是"艺术的想象"而非"观念"使"诗"成其为"诗"，"因此，诗也可以不局限于某一艺术类型；它变成了一种普遍的艺术，可以用一切艺术类型去表现一切可以纳入想象的内容。本来诗所特有的材料就是想象本身，而想象是一切艺术类型和艺术部门的共同基础"⑤。诗与艺术在情感、想象等方面具有本质相通性，是近现代美学的共识性之一。

"诗"的第四种含义是近代意大利学者维柯（1668—1744）在18世纪初出版的《新科学》中确立的。与培根、黑格尔类似，维柯同样推崇"想象"，但他走的要更深远！他没有局限于仅仅将"想象"视作"诗歌"或"绘画"等诸艺术形式的共同基础，而是将视野探向人类文明的起源处，将"感官"尤其是"想象力"视为人类文明最早阶段即"巨人时代（神话时代或童年时代）"的原始人所具有的带有"文化源发性"的"最初智慧"，维柯将之称为"诗性智慧"。他这样描述这种智慧，虽然"这些原始人没有推理的能力，却浑身是强旺的感觉力和生动的想象力。这种玄学就是他们的诗，诗就是他们生而就有的

---

①③ ［英］雷蒙•威廉斯：《关键词：文化与社会的词汇》，刘建基译，生活•读书•新知三联书店，2016年，第63~67页。

② 不包含雕刻，那时新成立的皇家学院不认为雕刻家是艺术家。

④ ［英］培根：《论学术的进展》，第2卷第4章第1节，参见《崇高论》，第118页，转引自将孔阳、朱立元主编：《西方美学史》（第三卷），第27页。

⑤ ［德］黑格尔：《美学》（第三卷），朱光潜译，商务印书馆，1981年，第13页。

一种功能(因为他们生而就有这些感官和想象力)"①。这种想象化的"诗性智慧"不仅体现在人类最初的诗即"神话"中,认为"能凭想象来创造"的人即"诗人",而且也体现在原始社会人类各个领域如"经济""政治""伦理",甚至"物理""天文""时历""地理"等各个方面,正是这种智慧让原始人的各种社会活动都染上了"想象化"的"诗性特征"。维柯认为"在世界的童年时期,人们按本性就是些崇高的诗人"②。以"诗性"或"想象性"为基本范畴,维柯建构起了一个对人类原始文化起源与基本特征进行系统解读的理论体系。

显然,在维柯那里,"诗"有广狭义之别。狭义的"诗"指世界进入"人的时代"后诞生的诸种文学形式,它是用"约定俗成"的、"书写的或凡俗的语言(即人的语言)"③写成的;广义上的"诗"即"想象本身",这是人在"神的时代"诞生的最初智慧,这种智慧让"神的时代"的"经济""政治""伦理"等各种文明形式处处充满了"诗性"或想象化色彩。人类的原始文明是一种"诗性文明"。正如朱光潜的评价,"由于把诗归原到想象,把原始民族的一切想象的产品都看成带有诗的性质,维柯对于诗的理解是取'诗'这一词的最广泛的意义"④。

与"诗"类似,"哲学"(Philosophy)在19世纪以"科学"(Science)为代表的各门科学形态逐渐从其"所指"中被剥离出去之前,其含义也是广义上的,这种广义上的哲学也源自古希腊。在古希腊语中,"哲学"(Φιλοσοφία)作为一种"爱智慧之学",比"今天所谓'哲学'要广义的多,它毋宁指称一种泛泛的'理智主义'。历史、天文、地理、医学以及早期的自然哲学都从属于这种理智主义"⑤。造成"诗"与"哲学"概念具有"多义性"特点的原因很多,例如古代人类各门艺术与知识形态的不够发达导致人们尚无法对其进行精确区分。但"多义性"特点也是前述历史实情的反映,即"诗与哲之争"从来不是纯粹的只关涉这两种具体意识形式的争端,而是各个时期的社会历史与文化转型在具体意识形式中的反映。因而势必一方面会将制作性的工艺、想象性的纯文学与艺术、原始人的生存智慧、各门自然与社会科学形态等诸多社会历史与文化因素牵涉进来,使得"诗"与"哲"的概念出现"多义化"的特征;另一方面,社会历史与文化转型又决定了"诗与哲之争"中优势与劣势的

---

① [意]维柯:《新科学》,参见《朱光潜全集》(第18卷),朱光潜译,安徽教育出版社,1992年,第218~219页。

② 同上,第156页。

③ 同上,第153页。

④ 朱光潜:《西方美学史》,人民文学出版社,1963年,第328页。

⑤ 詹文杰:《教化与真理视域中的诗——重思柏拉图对诗的批评》,《世界哲学》,2012年第5期。

转换。从最概括的意义上说,西方文化存在着两种主要精神与文化类型,一种是高举感性乃至非理性的"审美主义文化",另一种是崇尚理性的"逻辑主义文化"。如果说"前苏格拉底时代"是"审美主义文化"占主流的时代,它决定了诗哲之争中,诗是占主导性的,那么自柏拉图以降至19世纪以前,则是崇尚理性的"逻辑主义文化"的大行其道。在此时期,哲学占据统治地位。①

因此,从最概括的意义上说,"诗"与"哲"概念的内涵及其争论就具有了"象征性"意味,它是两种文化与精神类型之争的象征与隐喻。两种文化类型之争在进入19世纪以后,随着以"身体""情感""想象"乃至"无意识"主导的"非理性势力"的日益强大,"审美精神"逐渐获得了与"逻辑精神"平起平坐乃至超越性的地位。"诗与哲之争"似乎又进入了下一个周期。

四、"诗"之地位的翻转与"诗本体观"的确立

如果说在19世纪之前的诗哲之争传统中,由苏格拉底、柏拉图所奠定的强大的"理性主义"文脉使哲学占据了绝对性优势,那么自19世纪初以来,随着西方文明由传统向现代阶段的过渡,"诗与哲之争"开始出现重大转向,即"哲学不但要在科学面前为自己存在的合理性辩护,而且还要向诗输诚,借用诗的语言和主题来武装自己。不是诗向哲学靠拢,而是哲学向诗靠拢"②。这种靠拢体现在争论的三个方面:"一是沿续着诗与哲学属于两种不同认知方式的思路,继续区分诗与哲学两种不同的认知方式,这其中以狄尔泰为代表;二是受当代西方反逻辑、反理性、反传统思潮影响,对理性、哲学发动全面的反击,在这种反抗中解构和颠覆诗与哲学的论争,或是强调诗取代哲学,或是沿着亚里士多德的传统试图追求诗与哲学的融合,这其中以尼采、海德格尔、德里达等哲学家为代表;三是让诗和艺术入侵到哲学领地,使诗和艺术担当起哲学的使命,这其中以萨特、卡夫卡等作家为代表。"③从这三个方面我们大致可以看出"诗"在与"哲学"之争中的强势,它不再满足于在近代获得的与"哲"平起平坐的地位,甚至要"取代哲学"或让艺术"担当起哲学的使命"。于是,在施莱格尔、诺瓦利斯、柯勒律治、雪莱、尼采、克罗齐、海德格尔等哲人与艺术家的推动下,"诗"进一步向哲学"发难",呈现出一种"超越性"态势。在此态势中,一种新的观念即"诗本体观"逐渐形成。这是除了"符号-语言意识自觉"原因之外,西方现代"诗化语言观"得以形成的另

---

① 中世纪的神学,其方法论也是由逻辑学主导的。并且,即便是文艺复兴以来的近代,虽然"诗与艺术"的地位有所提升,但仍然无法从整体上撼动"哲学"的支配性地位。

② 黄赞梅:《"诗与哲学的古老争议"及其现代融合》,《南昌大学学报》,2000年第10期。

③ 张奎志:《西方思想史中诗与哲学的论争与融合》,黑龙江大学2007年博士学位论文。

一个关键性因素。

18世纪末19世纪初,以施莱格尔、诺瓦利斯等为代表的德国早期浪漫派哲学美学家们不再仅仅将"诗化"看作工艺、文学、艺术、人类原始文化等"某个特殊领域"的经验属性特征,而是进一步将其视为包括人类在内的世界的"本源"乃至"先验本体","诗意的"生存在世于是成为通向这个本源的最佳通道。例如作为德国早期浪漫派主将之一的施莱格尔(1772—1829)认为,"诗的应有任务,似乎是再现永恒的、永远重大的、普遍美的事物"①。另一位代表人物诺瓦利斯(1772—1801)也认为,"诗通过与整体的一种奇特的联系来高扬每一个个别,如果说哲学通过自己的立法使理念的效能广被世界,那么同样,诗是开启哲学的钥匙,是哲学的目的和意义,因为诗建立起一个美的人世——世界的家庭——普遍的美的家园"②。我们发现,"诗"的概念在施莱格尔尤其是诺瓦利斯那里似乎具有了"本体论"色彩。这是一种区别于柏拉图"理念本体"的"诗化本体"。由"诗"所建立的"普遍的美的家园"竟成了一向以"求真"为最高要务的哲学的目的和意义。张玉能认为,"诗"在诺瓦利斯那里"不再是一种无谓的创造,而是一种真正本原世界的创造,是人的自我生成"③。

尽管施莱格尔、诺瓦利斯、雪莱等浪漫派美学也会在狭义上用"诗"指称"诗歌或者文学",并与"绘画"等艺术形式进行比较,但更多时候,他们所言的"浪漫"的"诗"是广义上的,在很多时候等同于"艺术"。例如英国浪漫主义诗人雪莱在《诗之辩护》中就认为"诗人们,亦即想象并且表现这万劫不毁的规则的人们,不仅创造了语言、音乐、舞蹈、建筑、雕塑和绘画;他们也是法律的制定者,文明社会的创立者,人生百艺的发明者,他们更是导师,使得所谓宗教,这种对灵界神物只有一知半解的东西,多少接近于美与真"④。在雪莱看来,"一个诗人混然忘我于永恒、无限、太一之中;所以在他的概念中,无所谓时间、空间和数量——雕塑、绘画和音乐的创作,则是更加明确的例子了"⑤。中国学者曹俊峰认为,"在施莱格尔的行文中,'艺术'与'诗'常常是

---

① 伍蠡甫主编:《西方文论选》(下卷),上海译文出版社,1979年,第327页。

② [德]诺瓦利斯:《诗歌散文选》,1975年德文版,第479页,转引自刘小枫:《诗化哲学》,山东文艺出版社,1986年,第29页。

③ 张玉能:《德国早期浪漫派的美学原则》,《厦门大学学报》,2004年第6期。

④ [英]雪莱:《诗之辩护》,参见章安祺编:《西方文艺理论史精读文献》,中国人民大学出版社,1996年,第444页。

⑤ [英]雪莱:《诗之辩护》,参见章安祺编:《西方文艺理论史精读文献》,中国人民大学出版社,1996年,第444~445页。

同一的,他的诗论在很大程度上就是一般艺术论"①。将"诗"或者"艺术"聚拢在一起的是"美的本原世界",而当美的世界的创造成了"本原世界的创造","诗人"或"艺术家"的"审美创造"乃至"诗意生活"便被赋予了"本原世界创造者"的内涵。

如果我们将浪漫派美学对"诗"的带有"本体论(或存在论)"色彩的解读看作西方文化史上有关"诗"的第五个含义,那么我们就不难发现这一含义与"诗"的前述第三和第四个含义存在着密切关联。也就是说,文艺复兴以来艺术地位的提升与维柯的诗化思想,为"诗本体论"的出现做了很好的铺垫。前者将"诗"与"艺术"联系在一起,后者则赋予"诗"这个概念以"本体论"色彩。例如,仔细考察维柯的《新科学》我们会发现,其中隐含着一种对原始文明的"存在论"解读。即维柯将"诗"阐释为原始人的"想象本身"或"诗性智慧",认为这种"想象式的存在"使人类原始文明的各个方面带有了"诗性化"特征。这种"存在论式"的解读便很有可能赋予近代所推崇的"诗或艺术"以更普遍的"哲学意义",使后世的学者们可以进一步越出"原始文明"的视界,从更为一般的"哲学意义"上理解人类的"诗化"或者"审美化"存在。浪漫派美学就是这么干的,稍后的尼采、海德格尔等也是这么干的。例如海德格尔认为"语言本身即根本意义上的诗(Dichtung)"。Dichtung在德语中除了表示"做诗"外还表示"创造"。海德格尔并非在文学意义上使用该词,而是将其理解为包括人在内的万事万物的一种"本真与本源存在状态"。而进入当代社会,维柯的影响还在持续发生着效力。例如刘成纪认为,"当代钟情于《新科学》的一批学人,他们除了试图借维柯的理论描述历史之外,往往还被激励起一种更伟大的野心,这就是以诗性智慧为核心重新整合人类的知识体系,重建一种跨学科、跨领域的新诗学,并将诗性世界作为人类最终要走向的未来"②。

我们认为,19世纪以来西方哲学与美学界对"诗"的"本体论(或存在论)"解读,无论是着眼于"传统本体论"思路(如尼采),还是侧重于"现代存在论"阐释(如海德格尔),都在酝酿或推动着形成一种新的文化与学术风气即"现代审美主义思潮",让哲学研究呈现出一种"审美化"态势,而这种态势是现代诗化语言观出现的另一个重要动因。

① 曹俊峰:《西方美学通史》(第四卷),上海文艺出版社,1999年,第379页。
② 刘成纪:《维柯与当代文化诗学》,《南京师范大学文学院学报》,2003年第1期。

五、诗化语言观的出现：语言学转向与审美化趋势的合流

通过前面的梳理我们认为，现代文明的符号化趋势以及在此趋势中形成的"符号–语言自觉意识"和受"诗哲之争"传统影响的"现代诗本体观"的确立，是西方现代诗化语言观形成的两大深层历史与文化动因。如果说"符号–语言意识的自觉"唤起了哲学家们的"语言哲思"，那么"现代审美主义思潮"的兴起则将部分"语言哲思"导向了"诗化语言哲思"方向。"符号–语言意识的自觉"在哲学中最重要的表现便是所谓"语言学转向"。

1967年，美国学者理查德·罗蒂将他的一本哲学论文集命名为"语言学转向"。①此后，越来越多的学者都乐意称20世纪为"语言学"的世纪。其实，"语言学转向"最初的意思只是用来指称发生在19世纪末20世纪初的"分析哲学"运动。以罗素、摩尔、早期维特根斯坦为代表的哲学家们发现，"哲学史上有很多问题一直争论不休，这并不是因为它们太高深，而是因为它们本身就没有意义，它们是由于误解语言而产生的"，因此"哲学的一项重要任务是'语言分析'"。②基于这种观念，在罗素等分析哲学家的参与推动下，西方哲学关注的问题逐渐由近代的"认识论"转化成现代"语言论"问题。

通过前面的梳理我们可以发现，这种转向表面看是由"分析哲学"开启的，但其深层更是现代文明的"符号化"属性在哲学领域中的反映。这就不难理解，现代哲学对"符号–语言"的关注其实并不止分析哲学一家。例如20世纪西方哲学的另外两个传统，一个是"现象学–解释学"，另一个是"实用主义"都对语言问题产生了浓厚兴趣。尤其是"现象学–解释学"传统，其从"现象学"这个名号转变为"解释学"即可看出这一流派对语言问题的重视。鉴于此，有学者指出，20世纪的"语言学转向"不仅属于分析哲学传统，因为"由胡塞尔、海德格尔、伽达默尔等人所代表的现象学–解释学传统也经历了这一转向"③。也就是说"西方最重要的哲学流派都走上了通向语言的道路，当可说现代西方哲学发生了'语言转向'"，甚至有"不少论者认为20世纪哲学和对语言的哲学探讨成了同义语"。④

与哲学中的"语言学转向"类似，在其他人文学术领域如文学理论研究中也有类似"语言–文本化"的学术转向。前述"俄国形式主义"、英美"新批评"等理论流派，都非常重视文学研究中的语言符号问题。尤其是前者，到

---

① Richard M.Rorty, Linguistic Turn: Eassys in Philosophical Method, The University of Chicago, 1967.

② 全增嘏主编：《西方哲学史》(下册)，上海人民出版社，1985年，第614页。

③④ 陈嘉映：《语言哲学》，北京大学出版社，2003年，第15页。

了20世纪20年代末，他们进一步将索绪尔的语言学理论运用到诗学研究中，形成了"布拉格学派"，一度让语言学研究与文学研究呈现出一种合流的趋势。这种趋势在之后的英美新批评、结构主义等理论派别中表现得也非常明显，他们大都乐意将符号、语义、结构、文本等语言要素作为研究的中心。文学研究由此发生了由传统的以"世界"（如文学再现论）及以"作家"（如文学表现论）为中心，向以"语言-文本"为中心的转移。有学者认为，"俄国形式主义及其后继者布拉格学派，主张以科学方法研究文学内在规律，揭示文学之为文学的'文学性'；分析美学从语义学角度对审美活动和审美经验作了别开生面的研究；20世纪中叶达到鼎盛的结构主义美学以及与之相关的符号论美学，注重研究与作者无关的文学文本本身及其构造关系，以凸显文学文本表层结构下的深层意义。稍后的解构主义虽致力于消解结构主义，但在细读文本、从文本语言入手展开解构批评的思路上与结构主义一脉相承"①。

当哲学研究发生"语言学转向"时，随着前述19世纪左右"诗本体观"的形成，将"诗或艺术"之"美"推向"本体地位"，一种新的文化动向即"现代审美主义思潮"逐渐形成，这让哲学研究呈现出越来越显著的"审美化"态势。这种变化让"审美"的性质与使命均发生了重要变化，即"审美"不再仅仅是一个"美学"事件，它甚至变成了通向世界本源的"存在"事件。"美学"概念由此从"狭义"走向"广义"，有了"小美"与"大美"之分。对于广义上的"美"以及"审美精神"，刘小枫认为，与传统不同，"审美精神"在现代主要"是一种生存论和世界观的主张，它体现为对某种无条件的绝对感性的追寻"。因此，"从某种意义上说，'美学'不是一门学问（甚至不应是一门学科），而是身临现代性社会困境时的一种生存论态度"。这种精神"是18世纪末至19世纪初在德国兴起的那场现代性思想转折的果实。一种独具特色的现代性精神从此诞生"②。

在这种现代性精神中，"诗"与"哲"概念的内涵及其争论就颇具"象征性"意味：它是以崇尚"审美化"的"感性主义"乃至"非理性主义"与崇尚"逻辑化"的"理性主义"这两种"本体世界"与"生存在世类型"之争的象征。在此象征中，"诗""艺术""美"诸词在"本源"或"本体"层面上获得了相通的含义，以区别于"哲学"的"真理本体"，例如柏拉图的"理念"、黑格尔的"绝对精神"等。而"诗化的""诗意的""艺术性的""审美化的""感性化的"诸词则在

① 朱立元：《现代西方美学二十讲》，武汉出版社，2006年，第2页。
② 刘小枫编：《人类困境中的审美精神》，东方出版中心，1994年，第1页。

"生存论"与"方法论"层面上有着互通的内涵,即它们是通往最高的"诗本体世界"的"在世精神"与"生存途径",以区别于"哲学化"概念所具有的"理性化""逻辑化"等内涵。尽管"诗""诗化"的具体内涵在西方不同历史时期有不同含义,但在"现代本体论层面"与"生存论层面"上,以"诗"与"诗化"代称对"美的本体世界"与"审美化"的"感性精神"的张扬,则构成了与"逻各斯"中心主义所倡导的"真理"与"逻辑化"的"理性精神"传统相对的另一极存在。从这个角度看,有学者将西方"诗与哲之争"的本质视作两种"话语方式""认知方式""生存方式""世界本源"之争是不无道理的。①这种"象征意味"之所以在现代变得格外突出有一个很重要的原因,即"主客体"以及主体中的"感性与理性",在近现代由"二分"逐渐走向了"对立"。当理性认知及其诸种科学形态被推向神坛,它也必将同时孕育"反对造神"甚至制造"新神话"的运动。这些运动表现在人文艺术及学术的各个领域中,"西方现代诗化语言观"即是其中之一。当现代"符号-语言意识自觉"及其推动的哲学的"语言学转向",与孕育于传统的"诗哲之争"并在现代走向"审美主义"的思潮相结合时,一种具有现代性的"诗化、审美化语言观"②便呼之欲出了。

我们认为,所谓"现代诗化语言观"是指自19世纪中期以后,在哲学的"语言学转向"与"审美主义思潮"的结合中所形成的、侧重于从"非逻辑化"角度阐释语言本质的语言哲学学说及其思潮,带有非常浓重的"泛诗化"或"泛审美化"倾向。在"泛诗化"或"泛审美化"意义上,"诗"以及"诗化"概念与"逻辑"以及"理性化"相对,并因而与"美的本体世界""艺术与审美化""感性精神""非理性乃至反理性""修辞化""隐喻性""游戏化"等词取得了含义上的相通性,形成了一个由诸多语词组成的现代诗化语言观"相似性大家族"。从最概括的意义上说,"现代诗化语言观"与从传统发展至现代并在"语言学转向"中走向极致的"逻辑语言观"相对,二者构成了西方现代语言哲学审视语言本质与特征问题的两种基本学术倾向与风气。我们认为,包括海德格尔诗化语言思想在内的尼采、克罗齐、后期维特根斯坦、理查兹、伽达默尔、保罗·利科,乃至德里达的语言学说都是这个"相似性大家族"的成员,他们在不同程度上、采用不同的策略参与了"现代诗化语言观"的生成。

---

① 张奎志:《西方历史上的"诗与哲学之争"》,人民文学出版社,2017年,第2章至第4章。
② 赵奎英:《混沌的秩序》,花城出版社,2003年,第3页。

第三章　海德格尔前期诗化语言之思的开启与策略

　　我们在第二章中考察了西方"现代诗化语言观"出现的两个深层历史动因,对这两个动因的梳理为我们接下来展开有关海德格尔语言哲学思想的探讨,提供了开阔的学术史背景与基本的阐释视野。我们认为,作为20世纪西方重要的语言哲学重镇之一,在海德格尔的语言哲学思想中不仅存在着一个重要的并且连贯的语言思想维度即"诗化语言观"之维,而且这一维度也是西方现代诗化语言观传统发展中极为重要的一个环节。无论是对理解海德格尔的语言乃至哲学学说,还是对重建语言、人与世界的关系这个语言哲学关注的核心问题,甚至是对中国当代语言哲学与语言诗学研究来说,都有着极其重要的意义。下面我们将尝试对此维度展开深入剖析。

第一节　诗化之思的开启:"把语法从逻辑中解放出来"

　　在20世纪50年代同日本哲学家手冢富雄的谈话中,海德格尔曾简要描述过他早期对语言的思考历程。1907年,正在上高级中学的海德格尔从忘年交康莱特·格勒倍尔博士那里获赠了一本书《论亚里士多德哲学中的"存在者"多重含义》。海德格尔称,正是这本书引发了他最初的语言之思。其后,在1915年的授课资格论文《邓·司格特的范畴和含义学说》中,他开始尝试探讨语言问题。"含义学说","意指在语言与存在的联系中对语言做形而上学的思考"。①尽管海德格尔声称"所有这些关系当时对我来说还是不明确的",但此种不算成熟的尝试为语言在《存在与时间》中的正式出场做了必要准备。

　　无论对海德格尔,还是对西方哲学乃至西方文化圈来说,1927年都是个

---

① ［德］海德格尔:《从一次关于语言的对话而来》,参见《在通向语言的途中》,孙周兴译,商务印书馆,1997年(2004修订版),第91页。

不平凡的年份。那年,《存在与时间》出版了。这并不是一本专门探讨语言学说的书,毋宁说有关语言的思考只是该书的一个环节而已,但若放在海德格尔整个语言学说架构中则就完全不同了,他的语言思想及其"诗化之维"主要从这里正式开启。在该书中,他为自己安排了一个任务,即"Befreiung der Grammatik von der Logik(把语法从逻辑中解放出来)"①。何为"语法"(Grammatik)? 语法是怎样被逻辑(Logik)"囚禁的"? 怎样把语法从逻辑中解放(Befreiung)出来? 海德格尔认为,要回答这些问题必须从古希腊人指称语言现象的"λογος"(即 Logos)这个词开始说起。

通过对古希腊语"λογος"的词源学考察,海德格尔认为,"希腊人没有语言这个词,他们把语言这种现象'首先'领会为话语(Rede)"②,"λογος 的基本含义是话语"③。在德语日常用法中,"话语"这个词有"讲话,演讲;说话,谈话;言语,引语"等基本含义,指人的言说活动。但海德格尔对作为"话语"的"λογος"的阐释并不局限于上述用法。他认为在古希腊人那里,"λογος"有如下四个基本含义与特征:第一,"λογος"作为话语"就是 φωνη[发出语音]",因为"在具体的话语过程中,话语(让人看)具有说的性质——以语词方式付诸音声"。话语的"说"既离不开"说话人",也离不开"音声"的载体"语词";第二,"λογος"作为话语"是让人看某种东西(φατνεσθατ)",即在以语词方式付诸声音时"让人看话语所谈及的东西,而这个看是对言谈者(中间人)来说的,也是对相互交谈的人们来说的"④;第三,在希腊词中"φατνεσθατ 意味着:显示自身(显现)"⑤。因此,所谓话语"让人看某种东西"也同时意味着"某种东西的显示自身"。第四,由于 λογος 在以语词方式付诸声音时"让人看"话语所谈及的东西,让某种东西"显示自身",所以在"λογος"的言谈中就既包含"言谈者",也包含"相互交谈的人",更离不开在交谈中显示自身并与其他东西"共处"的"某种东西"。所以 λογος 作为话语"具有 συνθεστζ[综合]的结构形式"⑥,即在"话语言谈"中,"言谈者""交谈的人","与物共在"并显示自身的"某种东西"被聚集在一起。

---

① Martin Heidegger, *Sein Und Zeit*, Max Niemeyer Verlag Tübingen, 1960, p.165. 中文译本参见[德]海德格尔:《存在与时间》,陈嘉映、王庆节译,生活·读书·新知三联书店,1999年,第193页。

② [德]海德格尔:《存在与时间》,陈嘉映、王庆节译,生活·读书·新知三联书店,1999年,第193页。

③ 同上,第37~38页。

④ 同上,第38页。

⑤ 同上,第33页。

⑥ 同上,第39页。

考察了"λογος"在古希腊语中的上述含义后，海德格尔不无遗憾地指出，"λογος 这个词含义的历史，特别是后世哲学的形形色色随心所欲的阐释，不断遮蔽着话语的本真含义"①。"λογος"作为"话语"的上述原初含义及其基本特征逐渐失落于后世。在诸多遮蔽中，最为强大的一种力量来自命题（Aussage）与"逻辑"（Logik）。他说，自柏拉图以降的"哲学思考首先把λογος 作为命题收入眼帘，所以它就依循这种逻各斯为主导线索来清理话语形式与话语成分的基本结构了。语法在这种逻各斯的逻辑中寻找它的基础"②。

按照海德格尔的说法，古希腊以降的哲学传统不是把"λογος（Logos）"即"语言现象"视作"有所显示（φατνεσθατ）"的"话语"活动，而是首先把它作为"命题"收入眼帘，即"把λογος 的意义领会为命题"。当这样阐释语言的意义或本质，尤其是"一旦把命题又领会为'判断'"，并将"判断"导向"理性、概念、定义"时，就"可能使λογος 的基本含义交臂失之了"。③因为如此理解的"判断"不过是人们凭借理性借助逻辑（Logik）论证对世界之真（本体论哲学时期主要表现为某种实体性"本源"；认识论时期主要表现为"本质"）的认识活动，"命题"即是这种认识活动的符号性表达。从作为"命题"的角度理解并阐释"λογος（Logos）"的意义意味着，语言不过是"世界之真"的"符号载体"或者人借以认识它的"工具"而已。这样一来就有可能遮蔽"λογος"作为"话语"的本来意义了。

遗憾的是，在海德格尔看来，西方哲学传统的确就是这么做的。他们依循作为"判断"的"命题"这种"逻各斯语言形式"（即已经被逻辑化了的Logos，而非 Logos 的原初含义）为主导线索，阐释并清理语言的"话语成分"与"话语形式"的基本结构即"语法"（Grammatik），将语言的"语法结构"附属于命题的"逻辑结构"，并将这种"逻辑结构"等同于世界的"本体存在"。这样一来，在"逻辑"命题中所揭示的"世界之真"就成为理解并阐释语言意义或本质存在的基础了。也就是海德格尔所说的，哲学对"λογος（Logos）"的思考倾向于在"逻各斯的逻辑中"寻找"语法（Grammatik）"的基础。他举例说，这从哲学家们常常将"λογος""'翻译'为，也就是说，一向被解释为：理性、判断、概念、定义、根据、关系"④就能看出来。按照这种理解，语言存在的意义便是对真理的显现或者说语言是真理的符号化显现。对语言的"语言学研

①③④　[德]海德格尔：《存在与时间》，陈嘉映、王庆节译，生活·读书·新知三联书店，1999年，第38页。

②　同上，第193页。

究"便被纳入以追求"真知"为要务的"哲学研究"套路中来。从西方语言学、哲学发展历史及其关系来看,海德格尔的说法不无道理。

学界一般认为,"西方语言学与哲学的关系难分难舍:西方语言学萌芽于古希腊哲学,语言问题是在哲学范围内讨论的"①。一直到19世纪时,包括"语言学"在内的多种科学才从"哲学"中分化出来,"发展成为一门独立的科学"。也就是说,对包括"语法""词汇"等研究对象在内的"语言学研究"在很长的历史时期里是附属于"哲学研究"的。英文"Philosophy"保留了哲学"最早期、最普遍的意涵。最接近的词源为拉丁文 philosophia、希腊文 philosophia——意指'爱智';它被视为对事物及其起因的研究与了解"②。按照理查•罗蒂的说法,在"哲学"初创的古希腊时期,它"并不是一门学科、一门学术科目或一门思想专业的名称。相反,这个词指的是由受人尊重的个人——智者所持的意见总和。这些意见有关于今日或许会被称作'科学的'问题(例如物理的、化学的或天文的主题),以及有关于我们应称作'道德的'或'政治的'问题"③。还有关于世界"终极原因和原则"的探讨,亚里士多德称之为"第一哲学",即后世所熟知的"形而上学"(metaphusike)。④而且对上述问题的研究又常常是杂糅在一起,不成系统的,它有时甚至仅仅是一种"意见"或"了解"。但无论哪种研究或了解,哲学追问的基本精神却是大体一致的,即它是"对事物及其起因的研究与了解",是对事物"起源"及其"本质"的理性化追问。

在此过程中,语言("λογοζ")承担起了对事物"起源"及其"本质"的符号化显现任务,甚至被赋予了某种神秘力量。哲学家们不但"相信事物就像我们所思想的那样"⑤,而且相信"语言"或者"文字"能够真实地反映与表达我们的"思想",并成为"事物"的"符号化对应物"。例如在《克拉底鲁篇》中,柏拉图借苏格拉底之口说"正确给予的名称是与它们所表示的事物相同的,名称是事物的形象"⑥。再如亚里士多德认为,"口语是心灵的经验的符号,而

① 周利娟、郭涛:《哲学思想与西方语言学》,《北京师范大学学报》,2000年第4期。
② [英]雷蒙•威廉斯:《关键词——文化与社会的词汇》,刘建基译,生活•读书•新知三联书店,2016年,第399页。
③ [美]理查•罗蒂:《哲学和自然之镜》,李幼蒸译,生活•读书•新知三联书店,1987年,第11页。
④ 有时亚里士多德又将之视为研究"作为存在的存在"的学问。故有学者认为,"形而上学的同义语是'本体论'"(参见张志伟主编:《形而上学读本》,中国人民大学出版社,2010年,第4页)。有时亚里士多德还将"第一哲学"看作研究超越可感实体的"理性神"的神学。
⑤ 张志伟编:《形而上学读本导读》,中国人民大学出版社,2010年,第6页。
⑥ [古希腊]柏拉图:《克拉底鲁篇》,参见《柏拉图全集》(第二卷),王晓朝译,人民出版社,2003年,第131页。

文字则是口语的符号"①。"言语是正确的还是错误的,取决于事实如何"②。在亚里士多德看来,语言与文字的真实性取决于"事实"。在"事实"—"心灵"—"语言"—"文字"之间形成了一种"对应-反映关系",即语言-文字是事实的符号化显现,对语言学的研究被导向对世界之真的探索。所以有学者指出,"古希腊哲学家对语言的研究是出于哲学上的思考,是为了通过对语言的认识达到理解思想乃至世界这一哲学上的目的"③。语言学附属于哲学研究的结果之一是,一种"逻辑化语言观"逐渐形成了。

海德格尔认为,这种将语言(λογος)存在的意义或本质看作反映"世界之真"及人类观念思想的"逻辑化语言观",自古希腊以降形成了强大持久的学术传统,以至于它"过渡到后世的语言科学中,并且至今还从原则上提供尺度"④。例如17世纪以来,由于受笛卡尔唯理主义哲学的影响,以包泽(Beauzee)、威尔金斯(John Wilkins)、阿尔诺(AntoineArnauld)和兰斯洛(Claude Lancelot)等为代表的唯理主义语言学日益强大起来。他们普遍认为,"语言的功能是传达思想,任何自然语言都是人类思维的内部机制的外部表现。人类思维具有共性,因此语言中存在普遍法则。语法的基本任务是反映这种普遍法则"。这些唯理语法学家甚至"企图创造出一种最理想的语言,以便人们使用同样的词汇,清楚简洁地表达思想"⑤。这种观念发展到19世纪末20世纪初,尽管以罗素、维特根斯坦为代表的早期分析哲学家们已经发现,我们日常所使用的语言"其表面的语法形式往往跟它们的真实的逻辑形式不一致"⑥,但分析哲学家们依然幻想着发明一种接近逻辑理想的"人工语言"。在这种语言中,"每一个语词都有意义,每一种句型都符合逻辑句法,用这种语言作为标准化的衡量工具,用它来鉴别什么句子是有意义的,什么句子是没有意义的"⑦。如果说"逻辑语言观"在"本体论哲学"时期主要表现为语言反映世界之真即"实体世界"的"语言符号论",那么它在17世纪以来的"认识论哲学"中则主要表现为语言可以传达人类思想观念即"真理"的"语言工具论"。这两种倾向是"逻辑语言观"在不同历史时期的不同表现。

<hr>

① [古希腊]亚里士多德:《范畴篇解释篇》,方书春译,商务印书馆,1959年,第55页。
② 同上,第18页。
③⑤ 周利娟、郭涛:《哲学思想与西方语言学》,《北京师范大学学报》,2000年第4期。
④ [德]海德格尔:《存在与时间》,陈嘉映、王庆节译,生活·读书·新知三联书店,1999年,第193页。
⑥ 全增嘏主编:《西方哲学史》,上海人民出版社,1985年,第614页。
⑦ 同上,第645页。

那么将语言的存在意义或本质阐释为"逻辑化的"语言学说有什么问题吗？海德格尔的回答是，"逻辑语言观"最主要的问题就在于它"奠基于现成事物的存在论"①。"现成事物"(das Vorhandene)在德语中是其形容词"vorhanden"的名词化形式，"vorhanden"的基本含义是"手头有的、现存的"，表示事物"预先存在"的一种存在状态。海德格尔认为，当哲学思考将语言的意义或本质理解为"实体世界"的"符号化对应物"或人类表达"真理"的"符号化工具"时，它内含了"实体(包括真理)""认知主体""语言"之间具有这样一种关系，即"实体"是独立于认知主体和语言而预先存在的"现成事物"，它似乎是可以脱离人的参与而预先客观存在的。相比实体的"先在性"，人与语言的存在具有"后在性"特征，这种关系就是一种"现成性"(vorhanden)关系。具体言之，"逻辑化语言观"内含了三个基本认定：第一，在人与世界的关系上，它认定"现成存在"着一个独立于人之外的客观"实体世界"，例如柏拉图的"理念"、黑格尔的"绝对精神"、叔本华的"意志"等；第二，在语言与世界的关系上，实体世界的"现成性"决定了，无论是"自然派"还是"约定派"语言哲学学说，它们大都承认在"语言符号"与"实体世界"，也就是在语言符号的"意义"及其"语法结构"与实体世界的"真实存在与结构"之间存在一种"对应性"或"反映性"关系。正如前引亚里士多德所言"口语是心灵的经验的符号，而文字则是口语的符号"，"言语是正确的还是错误的，取决于事实如何"；第三，在人与语言的关系上，基于上述"现成性""对应性"关系，语言对于人来说在某种程度上也变成一种"现成事物"：语言要么作为现成的"实体世界"的"符号化对应物"，似乎与人的存在无关②，语言要么成为人们表达与指称作为本质而存在的"真理"的现成符号工具。③语言与人之间存在一种基于"现成性""对应性"的"工具化"关系。

海德格尔认为，把"语法"囚禁在"逻辑"中的"逻辑化语言观"最主要的问题就在这里。由于它"奠基于现成事物的存在论"，对语言本质的理解就由语言原本是一种具有"交谈性""显现性""综合性"的人的生存在世的话语生成活动，变成了人们依靠"理性"(即认知主体)，借助"逻辑"与"命题"

---

① [德]海德格尔：《存在与时间》，陈嘉映、王庆节译，生活·读书·新知三联书店，1999年，第193页。

② 主要表现在古代本体论哲学时期。如果按照前引张志伟所说"古代哲学在一定程度上尚未从理论上将思维与存在区别开，哲学家们相信事物就像我们所思想的那样"，那么命题化的语言就不仅仅是认知主体表达真理的工具，而且世界在语言中的出场就是其真实存在本身，语言似乎是一种独立于人之外的实体世界的符号化存在。

③ 主要表现在认识论哲学时期。

对预先存在的"实体或真理"进行表达的"现成性"工具了。语言作为"话语"的"生成性存在"被语言作为"纯粹符号"的"现成性存在"取代了。在这种取代中,海德格尔提醒人们注意其中的三个简化或遮蔽:第一,世界被简化为"实体"与"本质",也就是海德格尔在《存在与时间》中所说的,"存在"被当成了"存在者"。在本体论哲学时期,这个"实体性"的存在者以独立于人的姿态表现为各种不同形式的"本体";在认识论哲学时期,这个存在者则主要作为世界的"本质即真理"而存在,其结果是"存在"被遮蔽了,这是导致海德格尔写作《存在与时间》的最主要动机;第二,与世界被简化为"实体"或"本质"相关,人也被置于世界的对面,被简化成"认识主体",与作为"认识客体"的世界相对。人的本质被解释成"理性化"或"逻辑化"的存在,这鲜明体现在笛卡尔"我思故我在"的命题中;第三,语言的本质被简化成具有先天的"逻辑性"及与之相关的"工具性"存在,语言指称世界的"对应-反映性"与"工具-符号化"特征便被无限放大。这种简化一方面表明,西方哲学对语言的逻辑认知功能及其与世界所具有的亲密关系的深刻认知,正如柏拉图所说"名称是事物的形象",但另一方面当西方哲学将这种简化了的理解作为语言的本质时,它便混淆了"语言"与"世界",语言的"意义"与"指称物"之间的区别。

19世纪以来语言学从哲学中分化独立出去的一个重要特征是,"语言"与"世界"的切割及其带来的对语言"意义"与"指称物"的深入辨析与剥离。在此之前,对"意义"与"指称"的区别在西方语言哲学史上经历了一个漫长而曲折的过程。从古希腊哲学最初强调"词"的"意义"与事物及其概念的对应,到17世纪唯理主义语言学将其推进到"词组"与事物及概念的对应,再到现代语言学中对"语言意义"进行"语境"的考察,历时两千余年。[①]尽管亚里士多德早就注意到语言的"语法结构"与其所指称的"客观真实性"之间不一定具有完全的"对应性关系",例如"符合语法的句子并不一定具有真实性",因此应该"区分语法正确性和真实性这两个不同的概念",[②]但语言学附属于哲学的传统格局使得学界对语言"意义"与"指称物"(语言与世界)之间的区别与关联难以得到深入的辨析与科学化切割。这种局面只有到了19世纪后随着语言学逐渐从哲学中分化出去成为一门独立的学科才得到根本改观。

---

① 关于此过程,可参见周利娟、郭涛:《哲学思想与西方语言学》,《北京师范大学学报》,2000年第4期。

② 周利娟、郭涛:《哲学思想与西方语言学》,《北京师范大学学报》,2000年第4期。

在语言学领域,现代结构主义语言学的奠基人索绪尔在《普通语言学教程》中提出了"语词符号连结的不是事物和名称,而是概念和音响形象"①的观点。也就是说,语词符号是由能指(音响形象)和所指(概念)组成,与"事物(指称对象)"并不存在天然的对应关系,并由此提出了"任意性原则"(关于这一点,我们将在后面给予详细探讨)。在哲学界,以弗雷格、罗素为代表的分析哲学深入辨析了语言"意义"与"指称物"之间的复杂关系。例如,一个命题中可能存在无意义的语词,像"上帝""绝对"等,因为无法证实,所以不合逻辑。再比如,一个语句虽符合语法,但不一定符合逻辑,如"太阳是黑颜色的"。据此这些哲学家们认为,导致哲学上出现一些始终争论不清的问题的根本原因在于"对语言的误解"。也就是"我们日常所使用的语言,其表面的语法形式往往跟它们的真实的逻辑形式不一致,这好比在句子的逻辑形式外面披上了语法形式的外衣,由于这层外衣的掩盖,很多实际上有着不同的逻辑形式的句子看上去竟成了相同的句子,而很多在逻辑形式上相同的句子看上去竟成了不相同的句子"②。因此,要澄清这些问题,就必须对哲学命题进行语言分析。于是,弗雷格在《论涵义与所指》(1892)中区分了"涵义"与"所指对象",认为一个语词有涵义但不一定有指称的客体,语言的意义与世界存在本身有着巨大的差异。这种辨析意识此后不独为分析哲学所有,其他流派学者如瑞恰兹、卡西尔、胡塞尔、海德格尔③等哲学家都曾在此方面做过深入探讨。

对语言"意义"与"指称物"的辨析与剥离之所以成为以索绪尔为代表的现代语言学关注的重要话题之一,重要原因之一来自其欲脱离哲学寻求学科的独立与科学化发展。而对于现代哲学来说,尽管动机有所不同甚至相悖,例如分析哲学更多出于进一步完善传统"逻辑语言观"的目的,④而以尼采、克罗齐、海德格尔等为代表的语言哲学学说却试图要批判这种传统观点,即"要把语法从逻辑中解放出来",但是无论动机为何,他们对语言"意义"与"指称物"的辨析证明了这样一种实情,即语言自有其独特的意义系统及语法形式,它并不简单地与世界的实存具有同构关系。对海德格尔来说,语言与世界的关系不能简化为一种"现成性"的"对应—反映关系",而它与人

---

① [瑞士]索绪尔:《普通语言学教程》,高名凯译,商务印书馆,1980年,第101页。
② 全增嘏主编:《西方哲学史》,上海人民出版社,1985年,第614页。
③ 他曾试图区分"Sinn"即"意义"与"Bedeutsamkeit"即"意蕴"的不同,关于这点我们后边还要展开,故不在此详谈。
④ 在分析哲学中,维特根斯坦非常值得关注,他由前期的"逻辑语言观"走向了后期的"语言游戏观"。

的关系也不能简化为一种基于"现成性"的"符号-工具性关系"。这种简化构成了对语言作为"话语"的遮蔽,它遮蔽了语言所具有的"交谈性""显现性""综合性""生成性"的本质及其特征,这些特征只有在生存在世的人的言谈中才能显现出来。于是,"把语法从逻辑中解放出来"的任务,就不仅仅是关系到语言的事情,它从根本上涉及对人即此在与存在的重新阐释。

第二节　诗化之思的策略:解放到"Dasein"的生存论地基上

在海德格尔看来,传统的"逻辑语言观"把语言的本质视为"实体世界"的"符号对应物",或人们用以表达观念与真理的"符号性工具",遮蔽了语言作为"话语"的本质。我们在上一节中探讨了这种遮蔽及其问题所在。那么,如何去除这种"遮蔽"还语言以本来面目。海德格尔给出了这样的回答,"倘若我们反过来使话语这种现象从原则上具有某种生存论环节的源始性和广度,那么我们就必须把语言科学移置到存在论上更源始的基础之上"①。按照这种说法并结合我们在第一节中的论述,海德格尔认为建立在"现成性关系"基础之上的"逻辑语言观",从"存在论"(Ontologie)根基上说还不够"源始"。而要想对语言进行更本质的思考,我们就必须将地基移置到"存在论上更源始的基础之上(auf ontologisch ursprünglichere Fundamente)"②。只有在这个地基上才能清理出语言的"先天基本结构"(apriorischen Grundstruktur)。这个地基便是关于"Dasein"的存在论,即对"Dasein"生存在世的先验存在论建构。那么何为"Dasein"?

"Dasein"在德语中主要有两种词性,作为"不及物动词"表示"有,存在;到场,在场";作为"中性名词"表示"生活,生活条件;存在,生存"。该词作为一个哲学范畴最早出现在德国古典哲学中。在康德、黑格尔那里,它表示"自然事物的存在"。但稍有区别的是,在黑格尔那里"Dasein作为某(Ding)已经不是孤零零的某物,而是绝对概念自身运动的一个环节"③。发展到海德格尔这里,他赋予了"Dasein"以新的内涵,指"人这种不断超出自身的存在

---

① [德]海德格尔:《存在与时间》,陈嘉映、王庆节译,生活•读书•新知三联书店,1999年,第193页。

② Martin Heidegger, *Sein Und Zeit*, Max Niemeyer Verlag Tübingen, 1960, p.165.

③ 王庆节:《解释学、海德格尔与儒道今释》,中国人民大学出版社,2004年,第88页。

者"①的存在。关于该词的翻译至今仍尚无定论,在这里我们暂且采用陈嘉映先生的译法"此在"。海德格尔对作为"此在"的人即"Dasein"所作的新阐释究竟"新"在哪儿?这种阐释对语言的研究带来了哪些影响?我们不妨追随着他的思路首先梳理一下传统哲学对"人"这种特殊存在者的阐释。

海德格尔认为,西方哲学自柏拉图、亚里士多德以降,习惯于"把ζωον λογου εχον这一人的定义解释为:animal rationale,即理性的动物"②。这一定义的问题是,它"始终遗忘了这种存在者的存在问题;人们毋宁是把这种存在理解为不言而喻的,其意义等于其它受造物的现成存在"③。海德格尔指出,"在这里,ζωον的存在方式是在现成存在和摆在那里这种意义上加以领会的"④。如此对"人"的理解在海德格尔看来即是"传统本体论"(实体论)及"认识论"视野中的"人"。他们将"某个概念"例如"思维""感性""意志"等确定为人之存在的"本体或本质",而这种本体或本质是实体化的、永恒不变的东西。这样理解的人的"本质"就成了一个"现成的"且"永恒的"抽象"存在者",人的"存在"也就是人在世界中带有"生成性"特征的"生存在世"便被遮蔽了。不仅人的本质被这样规定,人之外的其他存在者也是这样被纳入西方传统哲学研究中来的。这样一来,"人与世界"的关系就被简单地归结为"概念与概念""实体与实体""现成存在者"与"现成存在者"之间的关系。人区别于其他存在者的存在的独特性问题始终没有得到应有关注。换句话说,在古典哲学的视野中,人除了"有理性"这点特征之外,与其他存在者并没有本质区别,他们不过是两个现成存在物之间的差别。海德格尔认为,当柏拉图及其后人孜孜不倦地寻找"人"与"其他存在者"背后的"理念"时,人与世界的这种"现成性关系"便开始了。

中世纪时,"神"代替了"理念","欲望"在与"理性"的对抗中完全处于下风。作为先觉者,近代的康德曾尝试为人类的经验世界开辟出一块领地来。但遗憾的是,康德所谓的经验世界其实依然是人类思维与认识活动的场所。即便在最具人间气息的道德实践领域,他也在人类的头顶悬置了一个至高无上的"道德律令"。康德调和"经验"与"先验"世界的努力并不成功,其原因大致有二:第一,康德是以"知""情""意"三者"先验的区分"为前提展开理论探讨的,就其"先天性"而言,三者皆是"现成性存在",彼此之间注定是一种"现成性关系"。当然,康德并没有否认三者之间存在密切关联,但其"相

---

① [德]海德格尔:《存在与时间》,陈嘉映、王庆节译,生活·读书·新知三联书店,1999年,第498页。

②④ 同上,第57页。

③ 同上,第58页。

关性"却是以"区分性"为前提的。按照这种逻辑,康德是不可能从根本上弥合人与世界,以及人的感性与理性之间的裂痕的;第二个原因在于,"有限与无限""感性与理性"的矛盾并非只是一个"理论"问题,更是切切实实的"生存在世"问题,因而在理论的世界内永远无法解决这个冲突。这就像"白马非马"的名实之辩。以"名"论,"白马"的确非"马"。但以"实"论,不妨把它拉出来"看看",一"看"便知。例如发生于庄子与惠施之间的那次有名的"濠梁之辩"。表面上看,庄子似乎处于下风,被拖入了惠施严密的逻辑中。但庄子说"我知之濠上也",我是在濠水的桥上"看"到的呀!庄子似乎在说,"看"与"逻辑"是两码事。虽然庄子在逻辑上被带到了惠施编织的思辨之网中,但他在立于"濠梁之上"的"看"中所体会到的快乐,以及由此去想象鱼也是快乐的,却又不是逻辑能够简单否定的。这里存在着人的两种在世状态的区别,一种是惠施的"认知在世",一种是庄子的"生存在世"。两种在世状态对世界的感知是有很大差别的,正如"白马"在名辩中的确不是"马",但这并不妨碍人们在生存在世中见了它仍呼其为马。即便是到了黑格尔那里,人也只是"绝对理念"运动的结果和载体。而到了叔本华、费尔巴哈、尼采那儿,人却被置放到另一个极端——"感性存在",或以形而上的非理性意志存在,或以纯然感性的自然生物体的面目出现,实际上仍然把人的存在给"现成化"了。

在上述诸学者中,尼采对海德格尔的影响很大,海德格尔厚厚的两大卷《尼采》便很能说明问题。在反对形而上学简单地将人的本质束缚在"理性"这一点上,尼采的批判可谓振聋发聩。他所谓的"上帝"在我们看来并不单单指宗教意义上的至高无上的神,也有其哲学上的意图,即"理性"对人的统治。对这样的理性统治,尼采以"超人"对付之。"超人"是一个具有"强力意志"的先验存在。他无视一切权威所架设在人类脖颈上的"永恒价值",提出要"重估一切价值"。这种"价值",常常以永恒的类似于"主义"的姿态对人类发号施令,但其本身却往往在人的现实生存中扼杀人的生命。尼采的重估并不是发生在书斋里,而是在人的实际生存中进行。在尼采看来,人作为"强力意志"的本质是"感性具体"的,而非"抽象"的。在这一点上,海德格尔同意尼采的观点。但海德格尔又指出,尼采将人的本质定格在"意志"上,实际仍然没有摆脱传统形而上学的思维方式,只不过是"颠倒了的柏拉图主义"[①]。

---

① ［德］海德格尔:《海德格尔选集》,孙周兴选编,上海三联书店,1996年,第1244页。

综合上述诸位的"人学"思想,他们的共同之处在于,无论是"古代本体论"哲学的"主客二分"①,还是"近代认识论哲学"的"主客二元对立"②,他们都将人的存在问题各执一端的抽象化、现成化了。这种思维方式即"形而上学"的思维方式,人的在世么是一种"理性存在",要么是一种"感性存在"。针对这个问题,马克思从对传统哲学尤其是黑格尔与费尔巴哈的反思出发,并在对资本主义生产关系的批判中提出,人的本质在其现实性上乃是"一切社会关系的总和",这个"总和"是在人类不断的"实践活动"中形成的。通过人类的实践活动,世界历史一方面是"人的自然化"过程,另一方面则是"自然的人化"演进。在此进程中,人与自然不但须臾不可分,而且在人类的实践活动中,二者不断地互动,呈现出开放生成的发展态势。也就是说,人与自然都不是静止摆在那里的、现成性的抽象存在,既非作为"理性"的抽象,也非作为"感性"的抽象,而是在人的实践活动中相互依存,互相转化,因而其存在的意义是不断生成,运动发展的。

　　马克思的高明之处在于,他不再像康德、黑格尔、费尔巴哈等哲学家那样在"现成性"思维层面思考人的存在问题,而是抽身一跃到人的历史性生存在世的实践活动层面上思考问题。从这个意义上说,只有到了马克思这里,人作为"认识主体"与世界作为"认识客体"、人的"感性与理性"之间的二元对立才真正在"实践活动"中统一起来,在这种统一中,一方面发生了"人的自然化",另一方面是"自然的人化"。"自然化"与"人化"即是历史的一体两面。③也正是在这一点上,海德格尔似乎受到了马克思的启发。他曾表示,"据我看来,萨特也没有在存在中认识到历史事物的本质性,所以现象学没有、存在主义也没有达到这样的一度中,在此一度中才有可能有资格和马克思主义交谈"④。海德格尔不再把人理解为单纯的"思维主体",把人生存于其中的世界视为"思维客体",而是将人还原到空间性与历史性并存的生存在世空间中,从而提出了人"在世界中存在"(In-der-Welt-sein)的命题。

---

① 主客二分是人类认识世界的前提,但在西方古代本体论哲学时期,主客二分尚未发展到"对立化"阶段,因为在他们看来,世界就正如他们所思想的那样,主客还是一体化的。

② 自近代笛卡尔的"我思故我在"开始,西方哲人发现世界的真实存在与人的认识并不完全是一回事,主体与客体的对立开始出现,一部分哲学家仍然坚信有一个先验世界存在,而人类也有先验理性,认为世界的本体或人类对世界本质的认识来自于先天,而另一部分哲学家则宣称知识来自于人的后天经验,不存在先验性的东西,这便是近代的理性主义与经验主义之争。

③ 关于马克思实践观的存在论内涵这个问题,可参见朱立元:《走向实践存在论美学》,苏州大学出版社,2008年。

④ [德]海德格尔:《海德格尔选集》,孙周兴选编,上海三联书店,1996年,第383页。

正是在思维方式的反形而上学以及将目光转向人的"如何在世"这个关键问题上,海德格尔与马克思达成了共识。不同的是,二者切入的角度有所区别。马克思并不单单依靠对形而上学的批判而是同时借助政治经济学、社会学切入传统哲学,因而具有浓厚的历史感。而海德格尔则纯粹的多,他的批判主要集中在传统哲学领域,形而上意味更胜于历史感。

如前所述,形而上学总是试图将人的本质以及其他存在者的存在归结为某一个"现成概念",并将这个概念"永恒化",这种做法将人与其他存在者的存在简单化了。在海德格尔看来,"人"既非黑格尔的"绝对理念",也非尼采的"强力意志",也不是像康德那样在认识论视野里对人的存在进行"知、情、意"的理性切割。与这些都不同,海德格尔眼里作为"此在"的"人的存在"是一个"生存在世界中"却又能在"本真领会"中筹划自己的"能在"以避免沉沦于世的存在,用他的话说便是"此在在生存论上就是它在其能在中尚不是的东西"①。如何理解海德格尔对人的这样一个规定呢? 我们可以从如下三个方面进行透析:

第一,作为"此在"的人不是与认识客体相对的现成认识主体,而是首先"在世界之中"②生存的"存在者","在世界之中"就构成了这种存在者生存在世的基本规定,即所谓"此在在世"。这种在世一方面是"空间性"的,另一方面同时又是"时间性的"。为了表达人的这种存在方式,海德格尔甚至自创了一个新词"Da-sein",这个词是对"此在"的改造。他在 Da 与 sein 之间加上一条短横线意在强调"Da"的时空意蕴。"Da"在德语中是一个表示时间、空间的副词,表示"这时,那时;这儿,那儿"。陈嘉映的中译文于是将"Da-sein"译作"在此"或"此之在"。Dasein 便是以处在某个特定时空中的"在这里或那里"的方式"生存在世界中"的人。海德格尔认为"生存在世界之中"意味着,人既要"操劳"于"物"又要"操持"于"人";既要以某种情绪状态现身于世,同时又在此种状态中不停地"想着(领会)"或"说着(话语)"。此种生存在世便是海德格尔所说的"共同在世"(Mitsein)。让我们看看他是如何理解人在世界中的"共同在世"的。

先看与"物"的交往。海德格尔在《存在与时间》中区分了两种物,一种"物"是与人相对的作为认识对象的"物",它是现成的作为"手前状态"(Vorhandenheit)而存在的;另一种"物"是在生存在世的人对它的使用中,处

---

① [德]海德格尔:《存在与时间》,陈嘉映、王庆节译,生活·读书·新知三联书店,1999年,第170页。
② 同上,第73页。

于"上手状态中"（zuhanden）的"物"。海德格尔将处于人的"上手状态中"的"物"呼作"工具"（Zeug），并认为人的"共同在世"首先是与作为"工具"的物的交往。他说"工具本质上是一种'为了作…的东西'。有用、有益、合用、方便等等都是'为了作…的东西'的方式"①。而"物"本身之所以具有"为了作"的存在方式，乃是依靠其"天然所是"。海德格尔指出，这种物自身的"天然所是"并非是"仅仅对物的具有这种那种属性的'外观'作一番'观察'，无论这种'外观'多么敏锐，都不能揭示上手的东西"。物自身的"天然所是"乃是在"人与其打交道的活动中"，而非在"认知性"的"认识活动"中才显现出来。他以"锤子"为例，"用锤子来锤，并不把这个存在者当成摆在那里的物进行专题把握，这种使用也根本不晓得用具的结构本身。锤不仅有着对锤子的用具特性的知，而且它还以最恰当的方式占有着这一用具"②。也就是说，"锤子"的效用只有在"锤"的活动中方能显现。"同用具打交道的活动使自己从属于那个'为了作'的形形色色的指引。这样一种顺应于事的视乃是寻视（Umsicht）。"③并且，此种"寻视"不单单指向"某个"工具。海德格尔进一步指出，"严格地说，从没有一件用具这样的东西'存在'。属于用具的存在的一向是一个用具整体。只有在这个用具整体中那件用具才能够是它所是的东西。……这各种各样的方式就组成了用具的整体性。在这种'为了作'的结构中有着从某种东西指向某种东西的指引"。例如"书写用具、钢笔、墨水、纸张、垫板、桌子、灯、家具、窗、门、房间。这些'物件'绝非首先独自显现出来，然后作为实在之物的总和塞满一房间……'家具'是从房间方面显现出来的，'家具'中才显现出各个'零星'用具。用具的整体性一向先于个别用具就被揭示了"④。人与某个工具打交道的同时会牵引出某个"工具整体"，即"此在"生存在世的整体性存在空间。也就是说，人不仅仅要顺应于某个工具的"自身所是"，并且还要受到这种工具整体关联的"指引"（verweisen）。海德格尔将这种在与人生存在世打交道的过程中形成的"整体性关联"称作"因缘"（Bewandnis）⑤，并将"这些指引关联的关联性质把握为赋予含义（be-deuten）"⑥。

---

① ［德］海德格尔：《存在与时间》，陈嘉映、王庆节译，生活•读书•新知三联书店，1999年，第80页。
② 同上，第81页。
③ 同上，第82页。
④ 同上，第80~81页。
⑤ 同上，第100页。
⑥ 同上，第102页。

"bedeuten"是德语"Bedeutung"的动词形式,表示"意谓着,其含义是"。海德格尔故意将其动词形式拆开写作"be-deuten","以突出强调这个词的及物性质或给予性质"①。在这种"赋予含义"中所显现的含义即"意蕴Bedeut-samkeit"。在海德格尔看来,这里的"赋予含义"并不是"人"的赋予,而是"因缘整体"的赋予。这正是他为什么要在该词中间加一条短横的缘故。因为在"Bedeutung"作为"意谓着,其含义是"的原义中,带有明显的"主体论"意味,而通过这种拆词,海德格尔要将赋义的主体转移到"事物自身"上去。"此在"在与周围之"物"打交道中所领会的含义,实际上来自事物本身的"给予",是对事物本身的"天然所是""顺应"的结果。对此种意蕴的言谈便是"话语"。所以他说,"此在之为此在向来就是这样一种东西:上手东西的联络本质上已经随着它的存在揭示出来了。只要此在存在,它就已经把自己指派向一个来照面的'世界'了;此在的存在中本质的包含有受指派状态(Angewiesenheit)","此在向来已经熟悉意蕴"。②于是,此在虽然总是在自己的"目之所击""耳之所闻""口之所言"中揭示自己的能在,带有浓重的"经验性"乃至"主体性"色彩,但由于他的存在总是受制于这种"受指派状态",所以此在的存在与言说并不是一个纯粹"经验性""主体性"的存在与言说。对"事物自身"及其"因缘整体"意蕴的领会与言说,就因而表现出一种超出"个体"与"主体"的"超越性"特征。当然,要做到这一点关键还在于"此在"首须要以"守护者"而非"主体性"的身份置身于其中,关于这一点我们将在后面给与关注。

实际上,当海德格尔将"人与物的共在"作为人的存在论规定时,"人与人的共在"也在其中了。他说"此在本质上总已在其中的这个世界的如此这般组建起来的世界性,让周围世界中上到手头的东西以如下方式来照面:即他人的共同此在也随着这种寻视操劳所及的东西一同照面。在世界之为世界的结构中有下述情况:他人并不作为飘飘荡荡的主体现成摆在其它物件之侧,而是以它们操劳于周围世界的存在方式从在世界中上手的东西方面显现出来"③。他举例说,"例如我们沿着一片园子的'外边'走,(因为)它作为属于某某人的园子显现出来,由这个人维护的井井有条;这本在用着的书是从某某人那里买来的,是某某人赠送的,诸如此类。靠岸停泊的小船在它的自在中就指引向一个用它代步的熟人;即使这只船是'陌生的小船',它也

---

① ② ［德］海德格尔:《存在与时间》,陈嘉映、王庆节译,生活•地方•新知三联书店,1999年,第102页。
③ 同上,第80~81页。

还指向其它的人"①。

因此,上面提到的作为"因缘整体"的"意蕴"同样适用于人与人的"共在"。无论是"人与人"还是"人与物"的共在,海德格尔都意在强调这种带有"空间性"特质的"共在"的存在论规定,即它是人的"被抛在世"。无论一个人愿不愿意、喜不喜欢,他都要这样存在。正是这种"共同在世"将人与人、人与物"系"在一起,创造并形成了海德格尔所说的"公众世界"(öffentlichen Welt)。海德格尔有一段描述"公众世界"的话非常精彩,现抄录于此:

> 操劳活动所制作的东西就是为人而上手的。承用者和消费者生活于其中的那个世界也随着这种存在者来照面,而那个世界同时就是我们的世界。操劳所及的工件不仅在工场的家庭世界中上手,而且也在公众世界中上手。周围世界的自然随着这个公众世界被揭示出来,成为所有人都可以通达的。在小路、大街、桥梁、房舍中,自然都在一定的方向上为操劳活动所揭示。带顶篷的月台考虑到了风雨,公共照明设备考虑到了黑暗,也就是说,考虑到了日光间有间无的这种特殊变化,考虑到了"太阳的位置"。在钟表中则考虑到了宇宙系统中的一定的星辰位置。当我们看表的时候,我们不知不觉地使用了"太阳的位置",官方天文学就是按照"太阳的位置"来调整时间量度的。在使用当下而不显眼的上手的钟表设备之际,周围世界的自然也就共同上手了。任何消散在最切近的工件世界中的操劳都具有揭示功能。这种揭示功能的本质就是:按照消散于工件世界的方式,那个工件中——亦即在起组建作用的指引中——被连带指引出的世内的存在者总是在种种不同的明确程度上、在寻视所突入的种种不同深度上保持其为可揭示的。②

通过以上梳理不难发现,海德格尔对人的认识和阐释呈现出迥异于传统形而上学的特色。从观念上说,他所理解的"人"是一个"在世界中"并同周围的"人与物"不停打交道的"生存在世"的人,或者说这种世界就是在"人"与其他人或物的互动交往中形成的世界,而人的这种存在方式即"此在"。以今天的眼光看,此种观点似乎并没有什么新意。例如马克思早已指出,人"在其现实性上乃是一切社会关系的总和",他无非是说出了一个常识

---

① [德]海德格尔:《存在与时间》,陈嘉映、王庆节译,生活·读书·新知三联书店,1999年,第137页。

② 同上,第83~84页。

而已。但在海德格尔的时代,当大多数哲学家仍然习惯于将人从"共同在世"中抽取出来,思索并提炼人的"抽象本质"时,他却从对人的抽象本质的探求中掉转方向,返归到人是"如何"在与周围世界的物和其他人的共在中生存在世的,并将这种共同在世给"描述"出来。

在我们看来,海德格尔对西方人学思想的贡献与其说是在观念层面上,不如说是在如何提出问题的"思维方式"及其"言说方式"上。他不再像传统的"形而上学"那样仅仅把人视作一个"认识对象",将人的本质概括为某一个"先验概念",然后从某个概念出发阐释人的存在,而是采用"描述"或"展示"的方法将人生存在世的情形"展示"出来让大家看,从而避免了先验的形而上学方式所可能带来的任何抽象化、永恒化的困境。因为对人的任何一种先验化的抽象概括,都是对人的"生存在世"的简单切割。并且由于此种在世是"共同在世",所以海德格尔的"此在"学说并没有走向一种"主体化"的"唯我论"。仍以"锤子"为例,人们对"锤子"的使用受制于它所具有的"锤打"的天性。人在使用中的"寻视"同时是对"锤子"之"自身所是(诸如锤子之'硬')的顺应。此种顺应在海德格尔看来乃是物对人的"指派",并非是人们任意为之。同理,此在的生存在世既是"个体"的,又是"群体"的在世。这是一个由"自己的此在""物""他人的此在",由人与自然、社会共同组成的世界。其实也就是马克思所主张的,世界历史是人在与"自然"及"他人"互动的各种物质与精神实践活动中形成的,是"人的自然化"与"自然人化"的统一。

正如海德格尔所言,"靠岸停泊的小船在它的自在中就指引向一个用它代步的熟人;即使这只船是'陌生的小船',它也还指向其它的人"。实际上,尽管他没有使用"社会"这个词,但他所言的"公众世界"就已经带有一定的"社会学"意味,暗含着一些"社会学"的内涵了。不过很长时期以来,由于学界过多地关注此在的"个体性"特征而常常忽视了对此在的"群体性"方面的研究,以至于许多学者认为,海德格尔所讲的"此在"依然是胡塞尔的"先验主体",从而得出结论将"此在"学说视作唯心主义、相对主义。这实在是对海德格尔思想的误读和皮相之谈。当然,海德格尔毕竟不同于马克思。他们思想的重要区别之处在于,前者是在"存在论"的思辨哲学层面而非"社会学"领域里探讨人类以及人类与社会、自然的关系,所以显得更加空灵,在空间和时间上似乎更具有哲学概括力,但在历史感上却逊于马克思。

第二,由于"此在"的生存在世乃是"共同在世",海德格尔指出这往往意味着此在首先并会经常消散于"共同在世"中,被枚平为一个个大同小异的"常人"(das Man),从而遮蔽了其"本真性"(eigentlich)存在,导致"沉沦在世"

（Verfallen）。"共同在世"首先意味着"沉沦在世"。

在海德格尔看来，"沉沦在世"并非是否定的、须加以批判的一个伦理学概念，因为它是此在的存在论环节和在世状态之一，即不管一个人愿不愿意、喜不喜欢，他总已经处在"沉沦在世"中。他说"沉沦""这个名称并不表示任何消极的评价，而是意味着：此在首先与通常寓于它所操劳的'世界'。这种'消散于'多半有消失在常人的公众意见中这一特性。此在首先总已从它自身脱落、即从本真的能自己存在脱落而沉沦于世界"①。"沉沦"因此具有两面性：一方面，沉沦为我们参与世界以及创造新的世界提供了条件。他说，"一切真实的领会、解释和传达，一切重新揭示和重新据有，都是在公众讲法中、出自公众讲法并针对公众讲法进行的——公众讲法的统治甚至已经决定了情绪的可能性，也就是说，决定了此在借以同世界发生牵连的基本样式。人们先行描绘出了现身情态，它规定着我们'看'什么，怎样'看'"②。"这种'不是他自己存在'是作为本质上操劳消散在一个世界之中的那种存在者的积极的可能性而起作用。这种不存在必须被领会为此在之最切近的存在方式，此在通常就保持在这一存在方式中。"③例如，语言以及对语言的使用乃是人类最重要的文明成果和活动之一，是人类文化传播与交流中最重要的一种载体。在海德格尔那里，言说甚至是人类最基本的生存方式。言说每一个语词都承载着丰富的文化信息。在每一个语词中，它的能指与所指形成一种较为稳固的、约定俗成的关系。这种关系成为维系文化、社会的重要手段。正是这种现成关系首先将人抛入"常人"（das Man）中。对于一个生存在特定世界中的人，要想听懂别人并且学会说话首先就要接受现有语词以及文化系统的规定，做一个"常人"，即"此在首先总已从它自身脱落、即从本真的能自己存在脱落而沉沦于世界"；但另一方面，倘若人只是一味地沉溺甚或陶醉其中，那么他学会的也将只是人云亦云的说话，并"在闲言中以及在公众讲法中宁愿让他本身有可能在常人中失落"。④

海德格尔谈道，"只要人说过，只要是名言警句，现在都可以为话语的真实性和合乎事理担保，都可以为领会了话语的真实性和合乎事理担保……事情是这样，因为有人说是这样……闲言还不限于出声的鹦鹉学舌、它还通

①③　[德]海德格尔：《存在与时间》，陈嘉映、王庆节译，生活·读书·新知三联书店，1999年，第204页。

②　同上，第197页。

④　同上，第206页。

过笔墨之下的'陈词滥调'传播开来"①。此种对陈词滥调的陈陈相因,有可能使此在"驶向渐次增加的无根基状态",即"引诱、安定、异化、与自执中"。此在将因此永远无法体验到创造的快乐,永远无法窥测到"他的存在"作为"可能性的"面目! 也就是说,作为"常人"的"个体"貌似在用自己的大脑思考,在用自己的嘴巴言说,但"所思所说"均非从自己本身的"生存"中来,而是来自某种现成的、公共化的模式。因为"随大流"的常人式生存是最安全稳妥的生存在世方式,一旦出了问题追究起责任时,他可以不必负责。此种生存实际上是以"我"之名行"常人"之实。于是,在"常人"苟同的平均化共处中,"我的眼睛""我的嘴巴"成了"别人"的眼睛与嘴巴,而那种真正独立却又彼此依赖的自主性个体失落了。

第三,如此一来,生存在世的"此在"如何能够返归本真存在,向自己的"能在"突进呢? 海德格尔在《存在与时间》中的回答是"向死而生或向死存在(Sein zum Tode)"。

"死亡"(Tod)在海德格尔那里有两层含义,其浅层含义指人是一种有限性的存在,每个人都终有一死,这是生物学意义上的"死亡";深层含义指生存的"可能性"或进入生存在世的"能在"(Seinkoennen)状态,也就是在注定要有一死的有限性存在中,"此在"能够自由地将自己筹划向无限的"可能性"生存中去。海德格尔说"死作为此在的终结乃是此在最本己的、无所关联的、确知的、而作为其本身则不确定的、不可逾越的可能性"②。作为"可能性"或"能在"的死亡是存在论哲学意义上的。在这里,海德格尔区分了两种"向死而生",一种是"非本真的向死而生",即"常人"对死亡的筹划。常人将死亡仅仅看作尚未到来的东西,一种生物学意义上的确知的、未来的"死亡"。他信奉死亡是将来的事,眼下可高枕无忧。在海德格尔看来,这是对死亡的闪避,是在对自己"死亡"的貌似确定可知中表现出来的对"无"的恐惧。他不敢过多地去想自己终有一天将要化为"无",化为"虚",只是不停地把自己筹划到当前的忙碌中去,并以此种方式闪避死亡带来的恐惧。另一种是"本真的向死而生",即一种作为"可能性"的死亡。他并不惧怕而是主动学会去领会死亡。死亡虽是确定可知的,人的生命虽是有限的,但正是因为这种确定和有限,他才学会本真地筹划自己"如何去生存",如何在有限的生存中不断向无限的可能性筹划自己的存在。海德格尔所谓的"本真的向

---

① [德]海德格尔:《存在与时间》,陈嘉映、王庆节译,生活·读书·新知三联书店,1999年,第196页。
② 同上,第297页。

死而生"，实际上是要唤起"此在"向自己的"本真在世"即"能在"的"筹划意识"。只有真正领会了作为"能在"而存在的"死亡"含义的人，才能真正学会如何去"生"；只有真正懂得了"死"的有限性的人，才能真正懂得作为"能在"的生。"本真的向死而生"即是向着"可能性"筹划自己的生存，即是人生存的本真状态。

为什么说向着"能在"筹划自己的生存即是人生存的本真状态？在海德格尔看来，人的本真存在"不是为了成为什么东西而存在，而是'为存在本身而存在'"①。这里涉及对"存在"作为"无"（Nichts）的理解。②如果说"存在"即作为"可能性的无"的话，而"死"即"虚无"，那么"向死而生"的此在即是向"无"的趋近，人的本质就在于不断地趋向于"能是（存在）"，"能在"即是"无"。也就是说，人的本真生存应该是一种作为"可能性"的"无"之生存。海德格尔说，"此在不是一种附加有能够做这事那事的能力的现成事物。此在原是可能之在。此在一向是它所能是者；此在如何能是其可能性，它就如何存在。此在的本质性的可能之在涉及我们曾特加描述的种种对'世界'的操劳和为他人的操持。而在这一切之中却也总已经涉及向它本身并为它本身之故的能在了"③。

何谓"可能性"呢？海德格尔说"可能性作为表示现成状态的情态范畴意味着尚非现实的东西和永不必然的东西。这种可能性描述的是仅仅可能的东西"。由于"本真的向死而生"最能唤起人的"能在"意识，而人的"能在"就是"向一种可能事物存在……有所操劳的汲汲求取一种可能事物"④。所以，具有"本真死亡"意识的人并不惧怕脱离某种"现成东西"的依靠，脱离"常人"安全的港湾，而是无畏的挺进"尚非现实的东西和永不必然的东西"即"无之中"。因此，"真正的'死'并不是那种停留在人生旅程的末端、即将来临而又尚未来临的'终点'，'死'标志一种生存在世之不可能的可能性。在面对死亡之际，一切'现实的东西'都失去了原先的价值，消隐不现。也就是说，这时不再有任何可供逃避的地方可去……'死'是逃不脱的，或迟或早，人总要被'死'的震颤所唤醒。在死神逼近之际，人类方能反观洞见生存

① 王庆节：《解释学、海德格尔与儒道今释》，中国人民大学出版社，2004年，第60页。
② 关于这一点，后有论述，不便在此处展开。
③ ［德］海德格尔：《存在与时间》，陈嘉映、王庆节译，生活·读书·新知三联书店，1999年，第167页。
④ 同上，第299页。

的本质——立足于自身而在世,返回到本真的能在上去"①。"存在(是)"的显现就是向着某种永不必然的"无"的挺进。正是它开启了存在新的维度。

实际上,所谓唤起人们的"死亡意识"即是要人在生存中学会"领会"进入"能在之无"中,实现对"现成世界"的"超越"。人的本真在世是一种追求"创造性""超越性"的在世。在海德格尔看来,"领会是这样一种能在的存在:这种能在从不作为尚未现成的东西有所期待;作为本质上从不现成的东西,这种能在随此在之在生存的意义上'存在'"②。人能"领会"意味着人能"筹划",于是各种"可能性"便在此种"筹划"中显露出来。"只要此在存在,它就筹划着。此在总已经——而且只要它存在着就还要——从可能性来领会自身。领会的筹划性质又是说:领会本身并不把它向之筹划的东西,即可能性,作为专题来把握。这种把握恰恰取消了所筹划之事的可能性质,使之降低为一种已有所意指的、给定的内容;而筹划却在抛掷中把可能性作为可能性抛到自己面前,让可能性作为可能性来存在。领会作为筹划是这样一种存在方式——在这种方式中此在恰恰就是它的种种可能性之为可能性。"③也正是因为这种筹划,人才是自由的存在。"此在是自由的为最本己的能在而自由存在的可能性。在种种不同的可能的方式和程度上,可能之在对此在本身是透彻明晰的。"自由存在的"可能性"是对"现成性"的否定,是对"超越性"的追求。人能不断突破现成的东西,不断突入丰富潜存的"能在"领域。人这种存在的自然的力量便是"创造"。诚如有学者所言,"一生反对遵循什么绝对标准的海德格尔最终还是提出了一个真正绝对的标准,即'首创性标准',这个标准可以称为反对一切绝对的绝对标准。一切的'真'、一切的'美',都并不在于遵循已有的什么,而在于重新的创造。创造是冲突、是痛苦,但惟有在创造中,才能让真理敞亮,与存在对话;惟有创造,才带来一个又一个全新的世界,才真正的进入了历史"④。因此也无妨说,人是一个不断"超越"自身、"去创造"的存在者。

综上所述,我们认为海德格尔"人"学思想的创建性主要体现在两个方面:在观念层面上,人的"存在"既不是"这个什么"也不是"那个什么",而是不断"超越"自身,不断向"能在之无"挺进的"创造过程"。其实,关于人的"创造"本性并非是海德格尔的独创,前人已早有论述。例如康德、卢梭、尼

---

① [德]海德格尔:《存在与时间》,陈嘉映、王庆节译,生活·读书·新知三联书店,1999年,第71页。

② 同上,第168页。

③ 同上,第169页。

④ 王庆节:《解释学、海德格尔与儒道今释》,中国人民大学出版社,2004年,第85页。

采、克尔凯郭尔等哲学家都曾有过精彩探讨，但这里却存在重大差别：他们所讲的"创造"是人发挥"主体性"的创造，而海德格尔的创造观虽也离不开人的参与，但他更加强调所谓创造其实是人与世界的"共谋"，是他们共同完成的，带有明显的"非主体论"色彩。不仅如此，这样的创造理论也带有鲜明的文化、社会批判意味。他设想的人是一个具有"创造"能力的人。这样的人不满足于现成既有的一切，不满足于沉沦在常人的陈词滥调中，而是被一种不断创造的"可能"意识推动着。创造的"结果"当然重要，但在海德格尔看来，更重要的是不断返归向创造的"路途"。这种倡导"创造性"的人学思想时值至今依然是让人振聋发聩的。在"思维方式"层面上，海德格尔将"人"拉回到生存世界中，并将此世界看作"共在性存在"，有效破除了形而上学的思维方式，真正解决了有限与无限、感性与理性、现象与本质之间的二元对立矛盾，完成了康德所提出的"融合主客体"的任务。当然，海德格尔"人"学思想的创建性对我们的研究来说则意味着，他对此在生存在世的存在论阐释为其语言学说提供了新的存在论根基，而我们就是要寻着这个根基找到含蕴在其中的"诗化语言观"意蕴。

第四章　诗化语言之思由前期向后期的转向

第一节　前期"Dasein"生存论地基上的诗化"言说"（Rede）

通过上一章对海德格尔语言学说的梳理我们发现,在海德格尔看来,把语言从逻辑中解放出来这一任务既不是"语法学"也不是"逻辑学"的事情,而是需要重新寻找更加"始源性"的存在论根基,这个根基便是有关"此在"的存在论建构,即对此在生存在世的先天基本结构的分析。也就是海德格尔所说的,"把语法从逻辑中解放出来这一任务先就要求我们积极领会一般话语这种生存论的先天基本结构"①。只有先清理出此在生存在世的先天基本结构,才能一窥语言作为"话语"或"言说"的本质。对我们的探讨而言,海德格尔语言思想的"诗化之维"也扎根于这一地基上,在这一地基上我们会发现,语言与生存在世界中的此在的"说""听"及"情绪现身""本真领会";与"看"及在看中显现的"现象";与"时间"的"诗化心理意味"密切相关。这些方面赋予海德格尔的语言观以浓重的诗化色彩,下面我们尝试一一探讨之。

一、"说""听"及"本真领会"中的"言谈"（Rede）

前面我们曾简要提及作为"话语"或者"言谈"的"语言"所具有的四个存在论特征,其中第一个特征即"言谈"首先是生存在世的"此在""发出语音"的"说"。

"说话"或"言谈"是人特有的一种在世活动或文化现象。这种活动的发生既离不开人借助"口"的发音,也离不开在口之发音中出场的语言符号。也就是说,此在之"说"一方面要借助语词符号的"能指"才能实现出来,另一方面语词符号的"能指"及其"所指"却必须要在"此在"口之"言说"中才能

---

① ［德］海德格尔:《存在与时间》,陈嘉映、王庆节译,生活·读书·新知三联书店,1999年,第193页。

"到场"。语词符号与此在之"说"是难以分割的。因此,仅仅从"符号学"的角度看待语言的本质是难以奏效的。语言的"符号性"特征只是提供了一种语言出场的潜能,而这种潜能能否显现出来必须要借助人类的"言说活动"。海德格尔在这里将"语言存在"与"人的存在"紧紧地捆绑在了一起,体现出一种"语言现象学"倾向。从这个角度说,以索绪尔为代表的现代语言学将语言理解成一套自成体系的、封闭的符号系统是行不通的。不能将"语言"与"言语"简单地切割开来,在一种各自"现成性"的思路中展开研究。这是海德格尔将对语言本质的理解从"逻辑"中解放出来,并将其置放到新的地基即"此在在世"的第一步。

从学术史角度看,将语言与人结合起来展开对语言的探讨,并非什么新的创见,乃至这几乎可以被视为一种不言自明的"习见"。但在此基础上,海德格尔进一步指出,"语言的存在"作为人的"言说性存在",这种存在活动并非是"人"众多活动中的一种特殊活动,而是"此在"生存在世的基本规定,是"此在"生存在世的先天基本结构之一,即"言说"始终伴随着人的各种在世活动的展开而展开,与人的生存在世须臾不可分。以至于在海德格尔那里,"沉默"甚至也被视为一种言说。当海德格尔从"存在论"的高度阐释语言与人的关系时,其真正的创建才凸显出来。

生存在世的"此在"有各种各样的"言说活动",例如在日常生活世界中的言说、科学认知活动中的言说、宗教活动乃至审美活动中的言说等。从第二章第二节的分析中可以发现,海德格尔在《存在与时间》中对"此在"生存在世活动的探讨,主要集中于对其在"生活世界"中的在世活动的一般性概括,而其他各种专门化的活动,尤其是那些带有"认知性""理论性"的活动,在海德格尔看来都不是"此在"最原初的活动,或者说它们都是从"此在"最切近的"生活世界"中衍生出来的。"在世界中存在"首先是"此在"在"此时""此地"的"生活世界"中的存在,它既是"空间化"的并因而与周围世界结成一个"因缘整体",又是"时间化"的,在"向死而生"中追求一种"能在"的本真性在世。

海德格尔之所以要在"此在"(Da-sein)中加上一条短横,即是为了强调"此在"之"Da"的"此时;此地"的"时间化""空间化"意味。所谓"把语法从逻辑中解放出来",并将其置放到"此在生存论"的地基上,其意义也在此。语言在"逻辑"中的出场并非是其最原初的出场,因为传统哲学所追求的"逻辑结构"及其"普遍语法形式",其实说到底是一种脱离了此在生存在世的"时空性"的"抽象性"存在。或者说,逻辑化的、理性化的"言说"是一种从语言的原初在世中衍生出来的一种语言形态。对"语言本质"的理解必须回到

"此在"在生活世界中的生存在世中来。在这个世界中,就像我们前面指出的,"此在"在"操心""操持"等各种活动以及与之相伴随的"怕""畏"等各种情绪现身中,"或沉沦""或本真"地生存在世以及言说着。在此过程中,此在的"言说"也呈现出两种基本倾向。一种倾向指向"经验化"与"沉沦化";另一种则指向"本真性"与"超越性"。这两种倾向都伴随着某种"情绪现身性"及其"感性化"特质,前者在"说"的同时往往是伴随着"看""听"乃至表情、身体等的各种感性活动的,并指向一种"泯于众人"的"安全感";而后者却在对"能在"的"筹划"中走向真正的"无畏",这种"向死而生"的"无畏"带有强烈的诗性意味,为海德格尔后期走向对"诗"以及对"诗人"的推崇埋下了伏笔。

正如人生在世免不了要"沉沦"一样,"言谈"也常常首先在沉沦中到场。沉沦的言谈即是"闲谈"(Gerede)。人每天都在说着话。人用自己的嘴巴说话。这给人一种印象,好像我们所说的都是"自己"的话,谁也管不了我怎样说以及说什么。其实不然!情形倒恰恰相反,我说出的话很多时候其实都是"别人"的话、"常人"的话,都是"现成话"。"常人"怎样说我们就怎样说,"常人"怎样想我们就怎样想。有时候使用的是同样的语词,有时候虽然使用的语词不同,但意思却大同小异。"常人是什么人?""常人"什么人也不是,不存在"常人"这个人,但生活中又处处有它的影子。本应当是"我"的生存在世,是我的目之所见、耳之所闻,但说出的却总是"我们"的话,是"大家"的话,是与"自己"的日常生活无关的话。明明"我"生活在这里,但"话说"的却是别处。昆德拉将其称之为"生活在别处"。人常常"生活在别处",生活在一种人所共知的常人的"闲谈"中。

为什么会这样呢?其原因正如海德格尔在探讨此在生存的"共同在世"时所说的,"共同在世"即意味着人的"沉沦",而这种"沉沦"也有语言上的共谋。在每个语词符号中都有一个约定俗成的、相对稳定的"所指",它一方面保证了人们的交流得以进行,另一方面却也有可能使言说走向沉沦。因为"说话的时候,所说的语言已经含有一种平均的可理解性,按照这种平均的可理解性,传达出来的话语可达乎远方而为人领会和理解,而听者却不见得进入了源始领会话语之所及的存在。人们对所谈及的存在者不甚了了,而已经只在听闻话语之所云本身。所云得到领会,所及则只是浮皮潦草的差不离。人们的意思总是同样的,那是因为人们共同的在同样的平均性中领会所说的事情"①。一种常见的现象是"断章取意"。符号还是那些符号,可

---

① [德]海德格尔:《存在与时间》,陈嘉映、王庆节译,生活·读书·新知三联书店,1999年,第196页。

意思却发生了变化,甚至是根本的变化。海德格尔在分析命题的结构时曾论及了"符号"本身的沉沦性质。在那里,他将命题的结构分为三层:第一层,"命题首先意味着展示……让人从存在者本身来看存在者";第二层,"命题也等于说述谓"①;第三层,"命题意味着传达,意味着陈述出来……这一含义上的命题是让人共同看那个以规定方式展示出来的东西"。第一层是语言的深层;第二、三层可以视作语言的浅层,因为从"述谓"开始,语言的"符号性"开始凸显出来,"述谓加以勾连的环节,即主语和述语"。在这种主述的符号连缀中,第三层"让人共同看"才得以实现。凭借符号的作用,"他人可以自己不到伸手可得、目力所及的近处去获得被展示、被规定的存在者,却仍然能同道出命题的人一道'分有'被道出的东西,亦即被传达分享的东西……在风传中,展示的东西可能恰恰又被遮蔽了"②。"传达不让人'分享'对所谈及的存在者的首要的存在联系;共处倒把话语之所云说来说去,为之操劳一番。对共处要紧的是:把话语说了一番。"③中国诗人于坚曾描述过这样一幅场景,这幅场景与海德格尔的学说有异曲同工之妙。他说,"最初,世界被命名为一种声音,那个最初的人看见了海,他感叹到,嗨!之后,这个最初的人把'嗨'!通过字和读音转达给一个'嗨'!不在他目前的人,第二个人。想开始了,元隐喻的时代结束。之后是第三个人,第四个人,第五个人,直到那些一生都不会见到大海的人,根据'海'这个音节想象大海"④。

当然,海德格尔并非是要否定语言的符号特性。显而易见的是,作为展示的言谈仍然要以符号为载体。他只是想强调虽然符号作为高度文明发展的产物对人类具有极为重要的意义,但是单纯作为"符号"的语言并非是语言的本真存在,其本身具有遮蔽事物存在的"沉沦"特性。问题的关键在于,如何回到"本真的言谈"呢?

海德格尔认为,语言作为言谈虽然离不开"说",但"本真的言说"其实首先是一种"听"。这种"听"不单单是一种凭借"耳朵"听到某个符号能指的物理–心理现象,而是"领会"或"领悟"(Verstand)。他指出,心理学对"听"的研究并没有切中这种现象的本质。因为"比较起人们在心理学中'首先'规定为听的东西亦即感知声响,听到声音倒更原始些。我们从不也永不首先听

---

① [德]海德格尔:《存在与时间》,陈嘉映、王庆节译,生活·读书·新知三联书店,1999年,第181页。

② 同上,第182页。

③ 同上,第196页。

④ 于坚:《拒绝隐喻》,云南人民出版社,2004年,第125页。

到一团响动,我们首先听到辚辚行车,听到摩托车"①。"这是现象上的证据,证明此在作为在世的存在一向已经逗留着寓于世内上手的东西,而绝非首先寓于'感知'——此在作为本质上有所领会的此在首先寓于被领会的东西。"因此,"听"不单单是此在"声之于耳"的纯粹感知活动。"听"总是有所领会地揭示世界的"作为什么"的意蕴。从这个意义上说,"听"与"沉默"具有本质相关性。海德格尔认为"话语的另一种本质可能性即沉默也有其生存论基础。比起口若悬河的人来,在交谈中沉默的人可能更本真地'让人领会',也就是说,更本真地形成领会"。但"沉默却不叫黯哑","真正的沉默只能存在于真实的话语中。为了能沉默,此在必须有东西可说,也就是说,此在必须具有它本身的真正而丰富的展开状态可供使用"。②如此理解的"听与沉默"即是"领会","说"与"听"其实是一体的。海德格尔认为,"听与沉默这两种可能性属于话语的道说。话语对生存的生存论结构的组建作用只有通过[听与沉默]这些现象才变得充分清晰"。

在海德格尔看来,回到"本真的言谈"首先必须要回到"此在"在生存中对自身及周围世界的切身"领会"中去。我们认为,海德格尔所说的这种"领会"既是"理性"的,也带有"情绪现身"的"感性"特征,是"生存在世"及其"情绪现身""思维""世内存在者"的一起到场,因而带有非常强的"生命感性"特质。之所以会有这种"感性"特质也就是海德格尔所说的,这是将"语言"从"逻辑"中解放出来并释放到"始源性"的"此在生存论"地基上的结果。在"生存论"而非"认识论"地基上,"领会"不是主体认知中纯粹的"理性",毋宁说它是"理性"与"感性"在"此在"生存在世中的合一。只有基于这样的"领会",才能让"此在"从一切现成的"常人"价值观念中跳出来进行"源发性"言说。

其"源发性"在于,正如我们在上一章中探讨过的,这种言说是"此在"在"向死而生"中向"存在可能性"的突破,因而摆脱了"现成意义"的束缚。这种摆脱让"事物自身"及"此在"存在的"可能性之维"显现出来,从而有效克服了"语言符号"的"平均化"与"现成性"倾向。

我们认为,海德格尔有关"本真言谈"的语言学说带有非常明显的"诗化语言观"色彩,因为这种言谈与人的"情绪现身"式的生存在世以及对"常人世界"的"超越"密切相关。这让此在的言说表现出非常明显的"感性化"与

---

① [德]海德格尔:《存在与时间》,陈嘉映、王庆节译,生活·读书·新知三联书店,1999年,第191页。

② 同上,第192页。

语言"生成化"特征。在本真性言说中,言谈具有一种突破"公共语言"的"现成性"与"人云亦云"的"沉沦性"的力量。这种力量从语言存在论的根源上说,来源于"此在"向自身"可能之在"突进的"本真性生存在世",这种在世既是"个体性"的又是"超个体性",既有某些"经验化"特征,又有某种超越"经验化"的"先验性"色彩。但与传统本体论不同的是,海德格尔思想中所具有的"先验性"维度,始终是与人的生存在世密切关联的,因而它不是一种抽象性的、封闭式的存在。在这一点上,海德格尔的确秉承了胡塞尔的"现象学精神"。只不过他将这种精神从"意识领域"给牵引到了"生存领域"。正是此在的这种"本真性生存在世",让言说成为一种"本真性言说",也就是语言的本真在世。言说也因此能够突破语言的"现成性"与"沉沦性"存在,具有了"生成性"与"超越性"特征。这种特征带有鲜明的"审美化"或"诗化气质",这一点在海德格尔后期学说中表现得更加明显。他不仅常常结合着"诗歌"谈语言存在的意义,而且明言"原语言就是作为存在之创建的诗"①。"诗性语言"正是一种让人"听"的"原语言",是一种对"现成语言系统"的突围。言谈者所要做的就是要从文化现成观念、常人在世所赋予的陈词滥调中不断突围、不断创造,重新复活语言的生命力。

二、"看"与"言谈"(Rede)的"境域式显现"

作为"言谈"的语言即"λογος"除了与"听"相关,还与"看"密不可分。海德格尔认为,"言谈"的另一个存在论特征在于,它"让人看某种东西(φατνεσθατ),让人看话语所谈及的东西"②。如何理解言谈"让人看"的存在论性质呢?

"看"(sehen)在德语中是一个及物动词,有"看见、瞥见、亲眼看到"等含义。综合海德格尔在《存在与时间》中对该词的使用,主要有两个层面的含义:

第一,"经验直观"意义上的"看"。在这个层面上,海德格尔部分保留了"看"所具有的"看见、瞥见、亲眼看到"等经验直观含义。在他看来,语言虽然主要是一种与人的"听"相关的"言说"活动,但它也与人的"视"相关,因为语言是此在的在世方式,而此在的在世如前述是一种"共同在世",具有"空间化"特征。在"因缘整体空间"中,言谈者、倾听者以及非此在的存在者共

---

① [德]海德格尔:《荷尔德林诗的阐释》,孙周兴译,商务印书馆,2000年,第47页。

② [德]海德格尔:《存在与时间》,陈嘉映、王庆节译,生活·读书·新知三联书店,1999年,第38页。

同到场。此在的"看"由此牵引出肢体动作、情绪、空间中上手之物的造型与色彩、方向与位置、在场的其他此在等在场因素。也就是说,在语言中得到展示的存在者常常首先将自己展示在人们的"注视"中。言说、观看与言说者的表情与动作,尤其是与世内存在者的造型、色彩、位置及方向等空间存在常常一起到场。从这个意义上说,作为"言谈"的语言首先与"此在"及"此在"对其他世内存在者的"感性直观"密切相关。

第二,"现象学-解释学"意义上的"看",即"此在"借助语言对存在者之存在的呈现与阐释。尽管"看"在海德格尔那里具有"经验直观"的内涵,但"看"并非是纯粹的"经验直观"行为,它需要把看到的东西纳入言说中进行阐释,将"目之所视"变成"意义之领会"。海德格尔所说的"言谈""让人看某种东西,让人看话语所谈及的东西",这里的"让人看"应主要理解成一种"意义之领会"。需要注意的是,海德格尔对"现象"的解释与我们平常对该词的使用有所不同,他所言的"现象"(Phaenomen)是"现象学"(Phaenomenologie)意义上的。他说,"现象学的现象概念意指这样的显现者:存在者的存在和这种存在者的意义、变化、和衍生物"①。这里的"现象"包括两层含义,一个是"存在者的存在",即有"某种东西($\varphi\alpha\tau\nu\epsilon\sigma\theta\alpha\tau$)"在场。海德格尔通过词源学考察,认为在希腊词中"$\varphi\alpha\tau\nu\epsilon\sigma\theta\alpha\tau$意味着:显示自身(显现)"②;另一个含义是"这种存在者的意义、变化和衍生物",即"存在者的存在"不是与人无关的"纯然客观"的在世,它的存在离不开生存在世的此在在语言中对其进行意义阐释。因而"存在"与"存在意义的显现","目之所视"与"意义之领会"其实是一回事。综合两个方面,海德格尔认为,所谓现象学即"让人从显现的东西本身那里如它从其本身所显现的那样来看它",也就是"面向事情本身"。③不难发现,海德格尔的"现象学"是"解释学化"了的"现象学",其"现象"是"让人看"并呈现在人的"言谈"意义阐释中的"现象"。

通过分析上述"言谈""让人看某种东西"的两层含义,我们不难发现,此在的言说一方面与经验直观、情绪与动作、色彩造型、位置与方向等呈现在空间中的感性因素密切相关,因而我们很难将语言从"此在"的生存世界中切割出来,首先作为一门学问或一个封闭的符号系统看待,并进而认为在语言科学中揭示的语言规律才是语言的本质存在。在海德格尔看来,上述空间性因素赋予了语言难以去除的"感性化"特质,语言的存在首先是与此在

① [德]海德格尔:《存在与时间》,陈嘉映、王庆节译,生活・读书・新知三联书店,1999年,第42页。

② 同上,第33页。

③ 同上,第41页。

的生存在世关联在一起的。另一方面,存在者的存在与此在的言说阐释其实是一体化的,这凸显了人作为"此在"的独特性以及语言阐释之于存在的重要性,这种重要性发展到海德格尔语言思想的中后期,他甚至提出了"语言乃存在之家"的观点。不过,如果仔细推敲海德格尔对"言谈"之作为"让人看某种东西"的"现象学–解释学"阐释,我们也会发现其中的某种悖论性,存在者的"显现自身"如何才能与此在的语言阐释协调在一起呢?我们甚至可以借用海德格尔的话来反问他,人如何才能"从显现的东西本身那里如它从其本身所显现的那样来看它"呢?这的确是一个问题!因为既然存在者的存在离不开人的语言阐释,于是人以及人的言说在终极意义上就成了存在者存在的前提,那么在此前提下我们又怎能保证人的语言阐释是"从显现的东西本身那里如它从其本身所显现的那样来看它呢"?

海德格尔对此问题是有深思的,他提出了两种"看"以及两种"真"。一种"看"是"对某种东西的素朴感性知觉"[①]以及在语言中所呈现的"最纯粹最原始意义上"的"真"即"纯粹认识";另一种"看"是"符合"意义上的"认知",这种认知及其在语言($\lambda o \gamma o \zeta$)中的呈现"把真理规定为'本真地'归属于判断的东西"[②],"结果人们从希腊的真理概念竟只能领会到一种可能性,即把'理念学说'之类当做了哲学认识"[③]。海德格尔认为,后一种"看"与"真"是"误解了希腊的真理概念"。他指出,"在希腊的意义上,'真'是 $\alpha \tau \sigma \theta \eta \sigma \tau \zeta$[知觉]对某种东西的素朴感性知觉,它比上面谈到的 $\lambda o \gamma o \zeta$(笔者注:作为判断命题的 $\lambda o \gamma o \zeta$)更其源始。只要一种 $\alpha \tau \sigma \theta \eta \sigma \tau \zeta$ 的目标是它自己的 $\iota \delta \iota \alpha$[专职],亦即这种存在者天生只有通过它并且只是为了它才可通达,譬如,看以颜色为目标,那么,觉知总是真的。这等于说,看总揭示颜色,听总揭示声音。在这种最纯粹最源始的意义上,'真'只是有所揭示从而再不可能蒙蔽。而纯粹 $\nu o \varepsilon \tau \nu$[认识]则以素朴直观的方式觉知存在者之为存在者这种最简单的存在规定性。纯粹 $\nu o \varepsilon \tau \nu$ 是这种最纯粹最源始意义上的'真'"[④]。

与两种"看"与"真"相应,海德格尔又进一步区分了语词意义的两种存在形式,一种是"意义"(Sinn),另一种是"意蕴"(Bedeutsamkeit,有时又称之为含义整体)。前者是人在认知判断中获得的意义;后者是生存在世的"此在"在对"因缘整体世界"的领会中获得的意义。他在对包括语言在内的符号进行分析时认为,"我们注视这个标志(笔者注:Zeichen 即符号)之时,把

---

① ② [德]海德格尔:《存在与时间》,陈嘉映、王庆节译,生活·读书·新知三联书店,1999年,第39页。

③ 同上,第40页。

④ 同上,第39~40页。

它当作摆在那里的显示物加以规定之时,恰恰不是我们本真地'把握'这个标志之时"①。也就是说,符号的本真存在并不是仅仅作为指称某个东西的"现成符号"摆在那里,以便把它从周围世界中切割出来作为纯粹的"认识对象"供人进行认知,而是"有赖于操劳交往的寻视,就是说,在这样与标志同行之际,寻视追随着标志的显示,把当下围绕着周围世界的东西带进了明确的'概观'"②。这种"概观"是"此在"对"因缘整体世界"的"顺应",海德格尔将此"顺应"看作是世界对"此在"的"赋予含义"(be-deuten)。所以,"此在"对这种含义的领会不是发生在切割后的"认识判断"中,而是发生在"此在"生存在世的、现身情绪的"看"中,即上面所说的"素朴感性知觉"中。这种"素朴感性觉知"就是海德格尔所言的"领会",它既是"感性的",也是"阐释性",有点类似于文学艺术创作中的"直觉""体验"等心理现象。因此海德格尔说,"意蕴""绝不是什么想出来的东西,不是在'思维'中才刚积淀下来的东西。它们是在操劳巡视本身向来已经持留在其中的关联"③。

这里的关键问题是,在海德格尔看来"意蕴"的"赋义主体"不是"人"而是"事物自身",是这个世界对此在的"赋予含义"。这与我们对语言意义的一般看法相左,因为我们一般认为意义阐释的主体应该是"人","人"而非"事物自身"才是意义阐释与言说的主体,那么这是怎么回事?这仍需要从对"此在"生存在世的"因缘整体关联"中寻找答案。

前揭"此在"生存在世的"因缘整体"并不是类似于"实体"一样现成的摆在那里等待"此在"去发现去认识的客体,而是"此在"就置身其中,即所谓的"在世界中"。生存在其中的"此在",在"操劳与操持"的各种活动中与他者建构起了一种具有"因缘关联性"的"生存境域",即"此在"与"其他此在""非此在性的存在者"形成了基于"因缘关联性"的"共处"关系。我们把由这种"因缘性"组建起来的世界称之为"本真生存境域"。这种"因缘性"正如古代谚语说得那样,"饿了吃饭,冷了添衣"。人的"何所用"与"物"的"何所缘",正像链条与齿轮之间的环环相扣,这是一个自然而然的关联与生发过程。不需要人将某个存在者从这个生存境域中先"切割"并"抽象"出来研究一番,然后再去行动。这种"因缘性"促成了人的"本真领会"与"本真言谈",或者说人的本真言谈正是"因缘性"在语言中的适时到场,一切都是自然而然发生的。在这种生存境域中,在这种言谈中,何种食物能够充饥,何种衣服

---

①② [德]海德格尔:《存在与时间》,陈嘉映、王庆节译,生活·读书·新知三联书店,1999年,第93页。

③ 同上,第103页。

可以御寒自然而然地显现出来。所以,这种言谈其实是生存在世的"此在",对与他照面的存在者"自身之是(存在或可能性)"的顺应。海德格尔在对"此在"使用锤子这件事情的解读中指出,人们在使用锤子时根本不会刻意先去"想"或者认识锤子的属性,例如把锤子带到某个实验室先研究一番它的结构、重量、硬度等物理方面的属性。他们只是拿它来锤打东西,只是"看着""说着""行动着"。只有当锤子不在手或者坏了时,人们这才意识到它的某种属性的不在场。在这个自然而然的过程中,"锤子"存在的各种可能性,像风行于水上一样自然而然地显现出来。海德格尔在这里似乎要问,难道人们在使用锤子之前要先对它进行一番研究吗?它仅仅是一种工具吗?或者它是写在辞典里让我们阐释并保持意义恒定的概念吗?未必!尽管不同生命个体在言谈中对之赋予的含义可能不尽相同,但在海德格尔看来,这些赋义均是从锤子本身的各种可能性存在中生发出来的。小孩子没有见过这东西,很好奇。他拿着锤子锤锤这里,敲敲那里,嘴里喊着"打、打"。虽然他可能并不认识这是一种叫作"锤子"的工具,但他快活极了!此时,在锤子与小孩子的因缘上手关联中,它就是一件让人快活的玩具!当敌人来犯,人们捡起锤子与敌人厮打,此时锤子变成了武器!某人牺牲了,牺牲前手里握着一把锤子,战友将它留下来,或放在展览馆里,此时它是对一段历史的记忆;或自己收藏起来,此时它又象征着一种怀念,如此等等。

在海德格尔看来,如果说言谈之"意义"是人在认知判断中获得的东西,是"把真理规定为'本真地'归属于判断的东西",带有主体论色彩,那么言谈之"意蕴"便是"此在"生存在世的"因缘整体关联"的"赋予含义",后一种语言阐释是比前者更具"源初性"的在世与阐释状态。在此状态中,"此在"倾听着这种来自"因缘整体关联"的"意蕴"对此在的"指派"。海德格尔说,"处于对意蕴的熟悉状态中的此在乃是存在者之所以能得到揭示的存在者层次上的条件——这种存在者以因缘(上手状态)的存在方式在一个世界中来照面,并从而能以其自在宣布出来"①。当这种"意蕴"在语言中显现出来时,也正是此在的本真在世,即"它使自己源始地就其在世来领会自己的存在与能存在"②。按照海德格尔后期的说法,在这种源始的在世状态中,"此在"只是一个"倾听者"与"守护者"。我们认为海德格尔所说的语言的存在,在本质上乃是对这个"本真源初境域"的显现。语言以"境域展示"而非"认知揭示"的方式将"此在"所身处的"因缘整体关联"呈现出来,我们把语言的这种呈

---

①② [德]海德格尔:《存在与时间》,陈嘉映、王庆节译,生活·读书·新知三联书店,1999年,第102页。

现方式称作"境域式显现"。在海德格尔看来,如此显现才是"从显现的东西本身那里如它从其本身所显现的那样来看"。

在其他地方,海德格尔有时也将言谈对"因缘整体关联"的展示称作"聚集"。在言谈的聚集中,"此在""非此在的存在者""他人的此在"自然而然地"聚集"在言谈的"境域式显现"中。在写于20世纪30年代初稍晚于《存在与时间》的《形而上学导论》中,海德格尔探讨了作为"聚集"的言谈的基本特征。他说,"在此关于λογος所说的,准确的符合此词的本真含义:采集。然而正如这个德文词的意思是1、采集与2、集中,λογος在此就意指采集的集中,指源始的进行采集者。λογος在此的意思既不是意义,也不是词,也不是学说,甚至不是'一个学说的意义'。而乃是:经常在自身中起作用的原始地采集着的集中"①。这个"采集着的集中"就是"因缘整体世界"在言谈中的"境域式显现"。

我们认为,海德格尔所主张的语言的存在或存在意义在于"话语"或"言谈",以及"言谈"乃是"境域式显现"的观点,带有非常明显的诗化语言观倾向。语言的存在与此在的"情绪现身"及"素朴感性知觉"的"听"与"看",与非理性逻辑的"本真领会",与"因缘整体世界"的"空间性"特征具有非常深刻的内在关联。这让"言谈"具有了强烈的"体验性(如直观与"此在"的情绪现身)""动作性(发声、表情乃至身体的动作)""境域展示性(对因缘共在的描述)""意义生成性(因缘整体世界的赋义与敞开性)"与"此在"对"常人世界"的"超越性"等诗化意味。这种诗化意味随着海德格尔语言思想由前期向后期的过渡,即由前期对"此在"的关注转向后期对"诗与诗人""美""此在"在"诗意栖居"中向"守护者"角色转化的探讨,变得愈益强烈起来。并且我们发现,海德格尔对语言作为"言谈"之"本真在世"的探讨,始终伴随着他对建立在"主客二分"乃至"二元对立"基础上的"认知判断"与"逻辑语言观"的批判,并明确主张"此在""境域式显现"式的言说,是先于"理性逻辑"更具"源始性"的言说状态。正如有学者所评论的,在海德格尔看来,"理性逻辑仅只是说话的一种方式,而且是某一种后起方式而已,前者(按:在世界中存在,即因缘整体在世)比后者更为原初和根本"②。实际上,海德格尔对语言本真存在状态的阐释始终是在一种"比较"视野中展开的,我们大致可以拟出两条比较的线索出来:

---

① [德]海德格尔:《形而上学导论》,熊伟、王庆节译,商务印书馆,1996年,第128页。
② 王庆节:《解释学、海德格尔与儒道今释》,中国人民大学出版社,2004年,第118页。

符号 → 指称 → 含义 → 现成 → 命题 → 认知（思维）→ 逻辑语言观

语言

话语 → 境域显示 → 意蕴 → 生成 → 现象 → 生存（领会）→ 存在论语言观（或诗化语言观）

　　需要说明的是，该表所列举的这组对立并不意味"逻辑语言观"是错误的，而境域显现的语言观是完全正确的，他们都是对语言本质的某种概括。不过，在《存在与时间》中，两者的"源初性"的确有先后之分。海德格尔认为，语言作为"话语"的存在是第一性的，具有优先地位，因为它首先与"此在"的"生存在世"相关，而作为"逻辑符号"的语言是由前者派生的。两者的根本差别在于，"境域显现"的语言言说展示了"人"与"语言"，"此在"与"非此在的存在者"，"语言"与"世界"之间所具有的"本真与源初"的生存在世关系。尤其是对"意义"和"意蕴"的区分，显示了海德格尔对语言与世界关系的独特理解，即并不存在一个独立于语言世界之外的、对所有人都具有普适性的"现成世界"。因为"因缘整体世界"首先不是一个"现成"的供人认识的"认知对象"，而是"此在"的"生存世界"。它是在"此在""非此在的存在者""他人的此在"的因缘整体关联与"互动"中，在"此在"不断向"可能性在世"的挺进中、"不断敞开"的世界。语言的"意蕴"因而不是"现成的"，而是不断"生成的"。这便是海德格尔所说得"语言的生存论存在论基础是话语"①的核心内涵。

　　显然，通过分析海德格尔对"话语"所作的词源学考察我们发现，语言作为"话语"或"言谈"所具有的"诗化特质"在他那里并不仅仅具有"语言学"的意味。我们不可以简单地将其语言思想仅仅视作一种"语言学"理论。海德格尔所谓把"语法从逻辑中解放出来"并将其"释放"到"此在的言谈"中，其实是有着深刻的哲学、美学意图，即通过对"语言作为言谈"的重新阐释，重新建立人与世界的"本真"与"源初"的生存在世关系，而只有在这种关系中显现的"存在者自身"才是真正的"真理"。当海德格尔把语言与"此在"的生

---

① ［德］海德格尔：《存在与时间》，陈嘉映、王庆节译，生活·读书·新知三联书店，1999年，第188页。

存在世,与对"因缘整体世界"的显现而非与"逻辑认知"捆绑在一起的时候,一种悄无声息但极为深刻的变化便降临到语言身上了。

第二节　从"Dasein"向后期"Sein"与"Ereignis"的转向

如果说海德格尔前期通过把"语法"从"逻辑中"解放出来,并将其置换到"此在"生存论的地基上,从而揭示了"言谈"所具有的"境域展示性""意义生成性"乃至"超越性"等诗化特征,那么他在后期则主要将诗化语言之思的视野转向了语言对"存在"的显现或者说"天道言说"。在我们看来,这只是关注视域的转向而非思想的根本逆转。从整体上说,海德格尔的整个哲学及其语言哲学学说从来没有离开过对"存在"问题的关注。实际上,海德格尔前期对"此在"先天"生存论环节"的剖析也是其"存在论"思想的一部分,只不过"此在"的"存在问题"在所有"存在者"的"存在问题"中处于优先地位。这种"优先性"在于,"此在"是存在意义的敞开者与守护者,所以海德格尔不得不首先要对"此在"问题展开梳理。但他对该问题的梳理也给有关"存在"问题的反思带来了一个不利因素,即西方哲学传统之所以遮蔽了"存在问题",一个很重要的原因就来自这个传统对人作为"主体"的高扬,而要去除遮蔽就必须深入反思人的"主体性"问题。然而他前期对"此在"先天生存论环节的分析则有可能强化"主体论"倾向。于是,由前期对"此在"的关注向后期直接面对"存在问题"就是一个必然要发生的事情。那么,什么是"存在"? 何为"语言乃存在之家"? 海德格尔后期为什么要用"Ereignis"取代"Sein"?

"存在"在德语中来自小写的"sein"。小写的"sein"作为系词的不定式形式,主要用来连接主语与表语,表示两者之间存在的一种关系,相当于英语中的"being"或汉语中的"是"。准确地说,"Sein"应翻译为"是"。这个词本来属于语法范畴,然而经过哲学家们的改造,该词后来进入西方哲学系统成为一个表示"最普遍的概念"①的哲学范畴,从而形成了一直占据西方哲学主流传统的"本体论"哲学。在这一传统中,柏拉图的"理念"、康德的"物自体"、黑格尔的"绝对精神",甚至尼采的"强力意志"在海德格尔看来均是"Sein"的不同变体。"Sein"如何由一个"语法范畴"一变而成为哲学的最普遍概念,其中的原因非常复杂。其中一种观点认为,印欧语系自身的语法构成

---

① ［德］海德格尔:《存在与时间》,陈嘉映、王庆节译,生活·读书·新知三联书店,1999年,第4页。

特点是实现这个转变的重要原因之一。在印欧语系中,作为系词的"是"在句法构成中具有举足轻重的地位,几乎每一个句子的表达都与"是"相关。这种相关很难在中国学者用"存在"对其的翻译中体现出来。"是"所表达的含义要远远比"存在"更广。一个东西"是"但不一定"存在"。例如并不存在"龙"这样的东西,但并不妨碍"龙""是什么"。只要它能被说出,它就可以进入由"是"所连接的系表结构,成为一个在西方哲学家看来是"分有"了"是"的一个"是者"。在由"是"组成的主系表结构中,"是本身"似乎具有了一种最普遍的内涵特征,仿佛所有能被言说的东西都与这个"是"相关,都是由这个"是"分化出来的。这样,由原先的作为语法范畴的"是"向作为一个最普遍概念的哲学范畴的转化便逐渐发生了,此种转变形成了西方哲学的主流传统即本体论哲学。

俞宣孟认为,所谓本体论(或存在论)哲学,"它是把系词'是'以及分有'是'的种种'所是'作为范畴,通过逻辑的方法构造出来的先验原理体系"①。在这样的体系中,"是"已经不再是一个"语法概念"(sein),而是变成了一个"哲学概念"。在《存在与时间》的第一节,海德格尔就指出"是(存在)"在传统哲学那里是一个"最普遍性的概念"。他认为,这种对"是(存在)"的理解实际上是将之视作"Seiende"即"是者(存在者)"。在海德格尔看来,这种解释已经远远背离了"是"(存在)最原初的含义。并且由于西方哲学传统一直将"是(存在)"作为"是者(存在者)",所以"是(存在)"自身便被遗忘了。西方哲学的历史即"是(存在)"被遗忘的历史。海德格尔要做的工作就是将哲学史从对"是者"的沉迷中拉出来,重新回到"存在(是)"那里。这里我们要问,既然作为名词的"Sein"与"Seiende"均来自系词不定式"sein",那么所谓回到"存在(是)"是否意味着就是回到作为不定式的系词中去? 如若不是,那么究竟什么才是回到"存在(是)"本身? 如何回到"存在"本身?

海德格尔在《形而上学导论》(1953)中给出了否定答案。尽管他认为"在创立'在'这个名词形的时候,'在'这个不定式形式是有决定性的先行形式"②,它是"形成名词时的过渡阶段"③,但他又指出,对"是(存在)"作为"不定式"的考察也已经是在一种"标准化了"的语言中所作的"语法"考察,而真正的问题在于,"是(存在)"并不单纯是一个"语法"问题。他说,"我们切不可被引诱进一个动名词的最空的形式中。我们也不可沉溺在不定式'在'的抽象中。如果我们想从根本上由语言方面来吃透'在',我们就得一眼盯住:

---

① 俞宣孟:《本体论研究》,上海人民出版社,1999年,第3页。

②③ [德]海德格尔:《形而上学导论》,熊伟、王庆节译,商务印书馆,1996年,第55页。

我在,你在,他,她,它在,我们在等等,我曾在,我们曾在,我们在过了等等"①。借助于词源学的考察,海德格尔认为,上述意义上的"在"在古希腊那里被称为"φύσις",这个词本来"说的是自身绽开(例如玫瑰花开放),说的是揭开自身的开展,说的是在如此开展中进入现象,保持并停留于现象中。……φύσις意指绽开着的强力以及由这种强力所支配的持留"②。在这段话中我们发现,作为"φύσις"的"存在"有两个基本规定:第一,它是自然万物的一种自然而然的发生过程,是"自身的开展";第二,这个自然而然的发生过程具有一种"强力",正是这种"强力",万事万物才得以出现、持留。海德格尔认为这才是"存在"的原初含义。所谓回到"存在"自身并不是要回到"在"的作为不定式的系词中去,而是要回到事物"存在"的"强力"及其"所支配的持留"或者"自身的开展"中去。

显然,海德格尔对"是"或"存在"的考察并没有单纯落脚在语言学上。他之所以要回到古希腊去发掘"在"作为"自身展开"的内涵,其主要原因在于他试图将"在(是)"从"存在者(是者)"的泥潭中拉出,恢复事物自身的本来面貌。尽管"存在"与"存在者"仅一字之差,却有天壤之别。王庆节认为,"我们自以为我们懂得了什么是'是',可实际上我们说出的却是'是什么'。这也就是说,我们往往把'存在者'当成了存在问题的答案"③。举个简单例子,我们问"钢笔"是什么?回答是,它既可以是一种书写工具,也可以是一件礼物,还可以是一种武器等等。对这个问题的回答可以产生多种"是者"。然而诸多"是者"均奠基于"钢笔"的"是(在)",正是因为钢笔首先"在着",我们才能从其身上观出如此多的"是者"。假如"是者"是某种"有"的话,那么"是"便是"全有",是"有"的无数种可能,"因而又等于无"④。所以海德格尔总是在追问,"'究竟为什么在者在而无反倒不在?'显然这是所有问题中的首要问题"⑤。

海德格尔之所以要区分"存在"与"存在者"是有其深刻用意的。在我们看来这种用意主要有两个:第一,他要改变人作为"认识主体"对存在者作为"认识客体"的单向认知关系,将存在者还原到自身的"是"或"存在"中去,因为任何一个"是者"都是从"人"的认识角度对事物整体的切割与抽象;第二,他要改变近代以来"二元对立"的思维方式。近代哲学存在的一对根本性矛

---

① [德]海德格尔:《形而上学导论》,熊伟、王庆节译,商务印书馆,1996年,第69页。

② 同上,第16页。

③ 王庆节:《解释学、海德格尔与儒道今释》,中国人民大学出版社,2004年,第55页。

④ 同上,第58页。

⑤ [德]海德格尔:《形而上学导论》,熊伟、王庆节译,商务印书馆,1996年,第1页。

盾在于,它一方面继承了传统本体论的"实体论"观念,认为"存在者"的"存在或本体"是不依赖于人的"先天性实体",但另一方面,自笛卡尔以来的认识论哲学却又主张"我思故我在","我思"由此构成了"存在者"之"存在"的另一个源头,并在其内部又形成了"唯理哲学"与"经验哲学"的对立。如何消解二者之间的对立,由此也成了近代哲学的核心问题之一。在此争论中海德格尔给出的答案是,"存在"并不是一个独立于人之外的绝对的、永恒不变的客观"实体",任何实体的"存在"及其"意义"都是在"此在"生存在世的敞开中才得以显现的。①根据我们在上一章中对"此在"言说理论的梳理,存在者之"是(或存在)"在"此在"的本真言说中是一种"可能性"之"是",存在的意义是"生成的"而非"现成的"。在海德格尔看来,"不断向作为可能性的'无'本身的生成过程",其意义更甚于最后得出的某个"是者"。所谓回到"存在(是)"本身,即是回到"生成的可能性",回到"无"本身中去。"存在"的"强力及其持留"也正是这种面向"无"的"生成性"力量及其运作。

既然回到"存在(是)"本身即是回到"生成的可能性"、回到"无"中,那么如何才能通达这个"无"呢?虽然"存在"在"无"中返回自身,但人怎么可能总是生活在"无"中呢?一个最简单的常识是,人总要说点"什么",无论这个"什么"是对还是错,是清晰还是混沌。正如海德格尔在论及语言时所说的,"甚而至于话说的不清楚或说的是一种异族语言,我们首先听到的还是尚不领会的语词而非各式各样的音素"②。任何一个词,都有其特定的"所指",即某个"什么"。我们怎么可能脱离于这个"什么"呢?事实上,"是与是者"是一个问题的两面,根本无法分开。虽然慧能说"菩提本无树,心非明镜台,本来无一物,何处惹尘埃",但"无一物本身"不也需要在"无一物"这个短语中现身吗?如果真是这样,那么这是否意味着尽管"存在"是"存在者"的根据,但"存在"的显现又的确必须要借助于某个"存在者"呢?如果真是这样,岂不自相矛盾吗?一个古老的游戏出现了,到底是"鸡生蛋",还是"蛋生鸡"!

海德格尔其实从一开始就注意到了这一点,但他认为两者之间根本不是一个类似于"鸡与蛋"关系的"恶性循环",因为它们之间的循环不是一个"逻辑问题",而是"存在显现"的基本方式。海德格尔说:"存在的意义问题的提法里面根本不可能有什么(循环论证),因为就这个问题的回答来说,关

---

① 就此而论,存在者的"存在"与"此在"对它的"意义呈现"其实是一回事。
② [德]海德格尔:《存在与时间》,陈嘉映、王庆节译,生活•读书•新知三联书店,1999年,第191页。

键不在于用推理方法进行论证,而在于用展示方式显露根据。"①正是这一点将他与传统哲学区分开来。在传统哲学中,"鸡与蛋"是一对必须要克服的矛盾体,因为它违背了基本的"矛盾律"。我们知道,康德之前的哲学经常在两者之间摇摆,他们或者用"经验"否定"先验",或者反之。然而由于局限于主客二元对立的认识论困局中,所以他们无法从根本上解决这个矛盾。康德的高明之处在于,企图用一方消灭另一方的努力是徒劳的,因为经验的感知是无法否认的"事实",而先验的理性也非可有可无。关键是如何调和二者。由此,他走向了对"判断力"的分析。在他看来,判断力既与感性有关,又与理性相连,作为沟通二者的桥梁能够起到这一调和作用。不过,这种调和也有难以克服的问题,因为他的出发点依然是经验与先验的二元对立,依然是两个现成物之间的对立。

从这一点上看,黑格尔又要比康德高明。他认为两者是能够相互转化的。在"正—反—合"螺旋上升的"否定之否定"中,经验与先验之间存在一种永不停止的"循环"关系,而非仅仅是一方消灭另一方。从相互"对立"到承认其相互"循环转化",黑格尔迈出了关键性一步。然而,由于黑格尔仍然是在"知性逻辑"所划定的界限内探讨循环问题,而在此界限内,知性逻辑本身先天性地设定了两者的根本对立,这使得哲学家们在此领域中所作的取消对立的种种尝试,其实不过是在限度内所做的一些修修补补的工作而已。所以黑格尔仍然没有从根本上走出对立状态,走向"循环"本身。从"正—反—合"的运作模式上,我们便不难发现黑格尔"循环"的不彻底性。他是从"绝对理念"开始展开循环,经过感性阶段,最后重新回到"绝对理念"本身。黑格尔的循环实际上并不是真正意义上的循环,其"冷战思维"依然潜在。

海德格尔看到了黑格尔的问题所在,提出了上述主张,即"存在的意义问题的提法里面根本不可能有什么(循环论证),因为就这个问题的回答来说,关键不在于用推理方法进行论证,而在于用展示方式显露根据"。也就是说,在海德格尔看来,"循环"根本不是一个知性逻辑领域中的事情,"存在本身就是循环的,它并不取决于我们是否把它思想为循环"。仍举"钢笔"的例子,一支钢笔的"存在(向'无'的生成)",必然要在这只钢笔一次次地被使用与被言说中,通过被把握为某个"是什么(存在者)"才能显露出来。然而每一种可能性的实现,又都受制于该钢笔自身的"是(或存在)"。在这里,钢笔的"是(可能性)"与每一次可能性的显示即"是者(可以是用具、纪念品、武

———————————
① [德]海德格尔:《存在与时间》,陈嘉映、王庆节译,生活•读书•新知三联书店,1999年,第10页。

器等等)"构成了循环,但这种循环并非发生在"没有时间性"的"知性逻辑"中,而是在"此在"生存在世的"时间"之中展开。时间中的循环"恰恰就在于它超出和打破了知性逻辑所划定的界限,所以批判的武器在这里失去了它原先的效用,问题在于对武器本身进行批判……知性的思维企图靠避免'循环'来排除掉的东西,恰恰就是存在论哲学所寻求的'存在'的基本要素,而以往的传统哲学所以失足于'存在的晦蔽',其根源全在于此"①。

实际上正如我们前述曾指出的,在海德格尔那里,"存在者"之"存在"与"存在意义"的"语言显现"其实是一回事,是一体化的。因此,"全部问题不在于怎么避免、怎么否弃这一循环,而在于怎样原初的进入这一循环",那么"怎样原初的进入"? 海德格尔的回答是,在"此在"生存在世的"领会"中而非在"认知主体"认知活动的"思维"中进入。

综合上述存在三个方面的含义,我们可以这样总结海德格尔对"存在"的基本规定:首先,"词源学"的考察告诉我们,作为"φύσις"的"存在"是指万事万物顺其自身自然的发生;其次,"是(即存在)"作为"系动词"的"语法学"含义又透露出,万事万物自然而然的发生离不开生存在世的"此在"对这种发生的"领会"与"言说","存在"与"言说(意义呈现)"其实是一回事;最后,"存在"与"存在者(意义在语言中的呈现)"的循环并不是一种无意义的循环,而是存在的本真状态,即存在的意义一方面要在"此在"之言说中"显现",另一方面它又总是在"此在"的言说显现中守护自身,也就是在"此在"对"有"的揭示中向"自身之无"的回归。"此在"的言说及其意义,因而是不断"生成的",而非"现成的"。这种循环一方面凸显了存在的意义显现与人的言说之间的亲缘关系,另一方面通过对"存在"作为"无"的强调,海德格尔意在提醒世人,人类不要"越界",人类只是世界的"守护者"而非"创造者"。

从上述三个方面的总结中我们不难发现,在海德格尔的"存在论"中,"存在"与"语言"的关系是多么亲密! 可以说,没有语言的显现,存在便无法得到确证。"存在"与存在的意义"在语言中"的"显现"是一体的,尽管这种言说确证也可能意味着遮蔽。正是在这个意义上,海德格尔才提出了"语言乃存在之家"的命题。20世纪40年代中期,海德格尔在给法国人让•波弗勒的《关于人道主义的书信》中,对这一命题做了阐释。很快,这一说法便风靡世界,几乎成为人们讨论海德格尔语言思想的"口头禅"。"存在之家"是种比喻性的说法,但正如日本学者手冢富雄所言,我们不能把"存在之家"这个说法当作一个十分粗浅的比喻,一个可以让人任意想象的比喻。譬如,把"家"想

---

①　王庆节:《解释学、海德格尔与儒道今释》,中国人民大学出版社,2004年,第59页。

象成一座从前在什么地方建造好的房子,存在就被安置在家中,犹如一个"可搬动的物件"。对此,海德格尔评论道,"在'存在之家'这个说法中,我并不意指在形而上学上被表象的存在者之存在,而是指存在之本质(das Wesen des Sein)"。"Wesen"在这里并非指"形而上学"意义上的、作为"名词"的"本质",而应当作"动词"解,表示"现身、运作"。"存在之本质"即是"存在之运作"。根据前述对"存在"所做的阐释,我们认为"这种运作"乃是"在强力中的自我持留""是成其自身的发生"。海德格尔认为,"语言乃存在之家"这个说法只有在此种含义上才能得到正确理解。否则,这个说法便很容易被导向一种"主体论哲学",因为只有人才有语言,只有"此在"才能言说。

海德格尔的这种担忧是有道理的,因为在传统形而上学中,"存在"(Sein)就一直被当作"存在者"(Seiende),而语言也一直是人类的专属。为了斩断这种相关性,避免人们的误解,海德格尔曾一度尝试在"存在"一词上"打叉号"。他用这种方式意在提醒人们注意,他所说的"存在"并非传统"形而上学"意义上的"存在者",直到他用"天道(Ereignis)"这个词代替"存在"。"Ereignis"不仅是海德格尔后期语言思想的核心词汇,也是他整个后期学说的核心所在。关于对这个词的理解,各家说法不一,其中张祥龙的阐释引人注意。他认为,"Ereignis"在德语中表示"不寻常的事情、事件",本来是一个极为普通的日常德语词汇,但由于海德格尔的使用,这个词一下子变得高深莫测起来。与其说"Ereignis"是个名词,不如说是个"动词",因为海德格尔总是在"Ereignen"的层面上使用"Ereignis"。"Ereignen"是"Ereignis"的动词形态,原意指"发生",由词缀"er"和词根"eignen"组成,前者含有"去开始一个行为""使(对方、尤其是自己)受到此行为的影响而产生相应结果"等义,后者则指"(为…所)特有、独具"。而eignen又与形容词eigen具有词源关系,后者的意思是"自己的,自身的"。"Ereignen"的意思由此可以引申为"在行为的来回发生过程中获得自身"[①]。张祥龙援引海德格尔自己的说法加以证明,"'居有'(Er-eignen)的原初的意义是:er-äugen,即看见,在观看中唤起自己,获得",并进而得出结论说,"海德格尔要用这个词表达这样一个意思:任何'自身'或存在者的存在性从根本上都不是现成的,而只能在一种相互牵引、来回交荡的缘构态中被发生出来"。

张祥龙对"天道"的分析有三点值得注意:第一,"Ereignis"并不完全等同于传统形而上学的名词性"范畴(事件)",它侧重于指"动作性"的"(事件的)发生";第二,这种"发生"是"自己"发生,是"成为自己"的过程;第三,"成

---

① 张祥龙:《海德格尔与中国天道》,生活·读书·新知三联书店,1996年,第163页。

为自己"的过程并非自闭于某个真空中,而是在"一种相互牵引、来回交荡的缘构态中被发生出来",即离不开"人"的在场与言说。综合以上三点并结合海德格尔后期对"Ereignis"的论述,我们认为,海德格尔通过该词向我们展示了人以及其他事物"本真意义"的发生过程,即存在者"存在"的澄明。该发生过程的要旨在于,存在者"本真意义"的敞开虽然离不开意义的唯一开启者——人——的参与,但人的参与只是一种对存在者"本真意义"的应和,人应听从它们自身的召唤并将之显现出来。此种显现由于发生在人与存在者"在世界中"的彼此的"促发"中,所以是一个不断发生、永无止歇的"各自成其自身"的过程。这个过程暗示了,人以及其他存在者的"本真意义"具有丰富的"可能性"意蕴。所以准确地讲,所谓"本真意义"应当作"成为自身"讲,而"成为自身"即是不断突破"现成状态",成为自己的"可能性"。正是因为这个缘故,在关于"Ereignis"的翻译中,许多学者力求将其中的"成为自身"的内涵体现出来。如张祥龙译为"自身的缘构发生"、邓晓芒译为"成己"、王庆节译为"自在发生"、张灿辉译为"本然"等。并且,或许也是因为这个缘故,海德格尔才最终放弃了"存在"这种说法而使用更能表达"成为自身"的"Ereignis"这个词。①

---

① 事实上,"Ereignis"与"Sein"并无本质区别,但该词更具有现象学-解释学意味。

第五章 作为"Ereignis"之运作的"道说"（Sage）与"诗"

第一节 "语言即道说"

关于海德格尔后期语言思想的诗化之维阐释，本书主要参阅《在通向语言的途中》这本著作。该书由六篇文章组成，是海德格尔在20世纪50年代做的演讲或访谈，集中呈现了其后期语言思想。另外，由于他还在其他文本如《林中路》《形而上学导论》《演讲与论文集》《荷尔德林诗的阐释》等中后期著作中做过一些有关语言的散论，我们也会将这些散论与《在通向语言的途中》一书进行互文式探讨。

概括起来讲，《在通向语言的途中》主要围绕"Sage"来谈语言，其核心观点是"语言即Sage"。解读"Sage"是理解海德格尔后期语言思想及其诗化之维的关键，但许多事情常常只是看上去容易。海德格尔说，"有鉴于道说之关联，我们把语言本质之整体命名为道说（Sage）"①（以下译文均参阅孙周兴译本，德文原文"Im Hinblick auf die Bezüge des Sagens nennen wir das Sprachwesen im Ganzen die Sage und gestehen"②）。如何理解道说？为什么海德格尔偏要在德国人惯常使用的"Sprache"之外另寻一个在他看来更恰切的词语？为什么说"道说"语言观是一种带有浓重诗化意味的语言论？要想回答这些问题，我们的探讨需涉及三个方面的内容，一是从"Ereignis"切入，阐明它与"Sage"的关系；二是从西方语言哲学思想发展史的角度比较"Sage"与"Sprache"；三是阐明道说"Sage"语言观中的"自然主义"与"诗化"倾向及其与德国早期浪漫派语言思想的亲缘关系。

---

① ［德］海德格尔：《走向语言之途》，参见《在通向语言的途中》，孙周兴译，商务印书馆，1997年（2004修订版），第252页。

② Martin Heidegger, *Unterwegs zur Sprache*, Neske, 1997, p.253.

前面我们曾提及"Ereignis（大道）"不仅是海德格尔后期语言思想的核心词汇之一，也是其整个后期学说的关键所在。通过对该词的词源学考察，海德格尔传达了这样一种观点，"任何'自身'或存在者的存在性从根本上都不是现成的，而只能在一种相互牵引、来回交荡的缘构态中被发生出来"[①]。在这种"缘构态"的发生中，人与存在者各自"成其自身"（eignen）。这种"缘构态"实际上就是"此在"在"因缘共在"的生存中对"存在意义"的显现。我们认为，后期的"Ereignis"与前期的"Sein"并无本质区别，但该词所具有的"因缘共在"（天、地、神、人之四重世界）及其"现象学-解释学"含义，要远胜于富有"形而上学"与"主体论"色彩的"Sein"。那么"Ereignis"与"Sage"以及语言的本质有什么关系？海德格尔说，"大道乃作为那种道说而运作，而在此种道说中语言向我们允诺它的本质"[②]。也就是说，"Sage"是"Ereignis"运作与展开的结果，语言作为"Sage"的本质只有追溯到"大道"（Ereignis）的运作那里才能得到真正的阐释。那么道说（Sage）与大道（Ereignis）的运作之间到底存在怎样的内在关联？

"Sage"在日常德语中表示"说、讲、告诉、对——表示看法"，意指"人"借助语词符号进行言说的行为。如果说语言的本质就是这种言说，那么此种观点似乎并无太多新意，因为海德格尔在前期的《存在与时间》中对作为"言谈或话语"的语言曾有过深入探讨。此时的海德格尔又捡起了他的老办法，进行词源学分析。他说，"Sage"这个词与已经消失了的古语词 die Zeige 具有词源关系，而后者的意思为"显示（erscheinen）"。那么何为"显示"呢？"显示"即希腊人说的"φαίνεσθαι（自行闪现）"，即"自行闪现并且从中显现出来"[③]（德文原文为"sich zum Scheinen bringen und darin erscheinen"[④]）。我们认为，正是在"自行闪现（sich zum Scheinen bringen）"的意义上，语言作为"Sage"呼应了"Ereignis"中"成为自身（eignen）"的含义，即语言作为"言说"是一种"显示"，但这种显示却是事物的"自行闪现"，因而"Sage"其实是"Ereignis"运作与展开的结果。我们在上一节中曾指出，"Ereignen"是"Ereignis"的动词形态，原意指"发生"，由词缀"er"和词根"eignen"组成，前者含有"去开始一个行为""使（对方、尤其是自己）受到此行为的影响而产生相应结果"等义，后者则指"（为…所）特有、独具"。而 eignen 又与形容词 eigen 具有词源

---

① 张祥龙：《海德格尔与中国天道》，生活·读书·新知三联书店，1996年，第163页。

② ［德］海德格尔：《语言的本质》，参见《在通向语言的途中》，孙周兴译，商务印书馆，1997年（2004修订版），第189页。

③ 同上，第126页。

④ Martin Heidegger, *Unterwegs zur Sprache*, Neske, 1997, p.132.

关系,后者的意思是"自己的,自身的"。"Ereignen"的意思由此可以引申为"在行为的来回发生过程中获得自身"。所以,作为"Ereignis"运作结果的"Sage"是一个"非此在式"的"存在者"在与人的"因缘互动"中让自身在语言言说中"显示、让显现、让看和听"①的过程。因此,借助于"Sage"这个词海德格尔意在表明,作为"Sage"的语言言说现象,不仅仅是"人"的一种言说活动,更是"非此在式"的存在者(如四方中之天、地、神)"自身意义"显现的过程。由于语言在这个言说过程中并不仅仅只是一种"工具"或"手段",在语言完成显现使命后可以被人们弃于一旁,而是在海德格尔看来,"语言乃存在之家",离开语言,存在者的"存在"便无法显现。"语言"与"存在意义的显现"其实具有一种"共生性关系",两者是无法被区分与切割开的。所以,"存在""成其自身"并"显示自身"的过程,其实也是语言"成其自身"的过程。也就是说,语言的本质作为道说(Sage),它既是对"非此在式"的存在者"自身或存在意义"的倾听与显现,也是语言"成其自身"的过程,语言并非仅仅是"人类"表达主体观念和思想的工具。在此我们可以很清楚地看到,海德格尔以"Sage"为核心的后期语言思想与前期他对"Rede"的探讨是具有内在一致性的,只是两者的侧重点有所不同。由于海德格尔前期是在对"此在"的生存在世的生存论分析中探讨语言的,这使得"言谈"带有明显的"主体性"意味。而后期的"Sage"则更强调与人照面的"事物自身"的显现(sich zum Scheinen bringen),因而比较有效地避免了上述意味。为了更好地理解海德格尔赋予"Sage"的"自行闪现"的新意,我们有必要跟随他一起在与"Sprache"的比较中,简单回顾一下西方语言哲学思想发展的历史。

"Sprache"这个名词在德语中的一般含义指"语言"、某一职业或社会集团的"用语或行话"等。它既可与形容词连用例如"die deutsche Sprache(德语)",也可以与名词连用例如"der Bau einer Sprache(一种语言的结构)",还可以和介词连用例如"ein Buch aus einer Sprache in die andere übersetzen(把一本书从一种语言译成另一种语言)",相当于英语中的"Language"或汉语中的"语言"一词。不过,正如海德格尔对许多常见德语词汇的使用一样,他赋予了该词更多的哲学内涵。在他看来,西方传统语言哲学用"Sprache"指称"语言"所体现的是一种"实体论"的"符号语言观"(主要发生在"本体论哲学"时期)以及"主体论"的"工具主义"语言观(主要发生在"认识论哲学"时期)。按照"实体论"的观点他们认为,在语言符号之外存在一个独立的精神

---

① [德]海德格尔:《走向语言之途》,参见《在通向语言的途中》,孙周兴译,商务印书馆,第251页。

或物质实体世界，符号只是对这个实体的记录和模仿；而按照"主体论"的观点看，语言不过是"人"用来表达思想观念的一种工具。他将这种思想源头追溯到了柏拉图与亚里士多德那里，并重点对亚里士多德的语言观展开了批判。

在海德格尔看来，亚里士多德首先将"声音"看作"心灵"的符号，继而又将"文字"看作"声音"的符号，这种语言观对语言做出了三个规定即"说话是一种表达""说话是人的一种活动""人的表达始终都是一种对现实和非现实的东西的表象和再现"。①在海德格尔看来，"实体论"的"符号语言观"与"主体论"的"工具主义语言观"在西方语言哲学传统中一直占据主流地位。他说，"没有人胆敢宣称上述语言观——即认为语言是对内在心灵运动的有声表达，是人的活动，是一种形象的和概念性的再现——是不正确的，甚或认为它是无用的而加以摈弃。上述语言观是正确的，因为它符合于某种对语言现象的研究，而这种研究在任何时候都能在语言现象中进行"②。海德格尔认为，由于语言仅仅被视作附属于"实体"的"符号对应物"③或"人类"表达精神或观念的工具，而"人"的本质在形而上学哲学传统中又常常被视作"思维主体"，尤其是发展到笛卡尔开创的认识论哲学那里尤甚。其导致的结果是，语言的"符号-工具属性"在认识活动中得到了进一步巩固。海德格尔认为德国学者威廉·冯·洪堡(1767—1835)将语言视作"精神活动"，认为"作为说话者，人才是人"④就是这种思想的极端表达。而直到20世纪初发生的哲学的语言学转向依然在重复着这条老路。

更让海德格尔深感不安的是，在当代的技术世界中，语言在"技术语言"的形式化这条工具主义的路上走得越来越远了。在他看来，尽管主体论哲

---

① ［德］海德格尔：《语言》，参见《在通向语言的途中》，孙周兴译，商务印书馆，1997年（2004修订版），第5页。

② ［德］海德格尔：《语言》，参见《在通向语言的途中》，孙周兴译，商务印书馆，1997年（2004修订版），第6页。

③ 主要发生在本体论哲学时期，在这一时期，虽然古代哲人早就意识到了人与语言之间存在密切关系，但由于人的独特性尚未从诸多存在者中被分化出来，被"主题化"，所以人与包括语言在内的其他"非此在式"的存在者之间的根本区别其实并没有得到深入探索。在他们看来，语言作为"实体"的再现和反映，例如柏拉图的"理念"，从本质上说与人的存在之间并没有内在关联，关于这点可以参考俞吾金：《形而上学发展史上的三次翻转——海德格尔形而上学之思的启迪》，《中国社会科学》，2009年第6期。另外，我们还会在后面进一步深入触及这一问题，这里不再展开。

④ ［德］海德格尔：《语言》，参见《在通向语言的途中》，孙周兴译，商务印书馆，1997年（2004修订版），第1页。

学为近代哲学以及科学的发展奠定了理论基础,但不可否认的是,由于对"思维"的过分执迷,它也在对人类理性的崇拜中逐渐建立起一个由人统治的世界。其导致的后果之一便是,"世界自身的存在"被遮蔽在人类对"理性"的执迷与崇拜中,甚至人类凭借理性获得的知识越多,"世界自身"便被遮蔽的越多。在这种主体性哲学中,语言的命运亦是如此。古老的"λογοζ"在西方哲学传统中常常被阐释为"理性、逻辑、规律"。语言的作用只是指涉自身之外的"实体"或"本质",它充其量不过是人认识世界征服世界的诸多工具中的一种工具而已,而"它自身的存在"却始终徘徊于人类的视野之外。这样一种语言观在海德格尔看来便是"Sprache"一词所传达的内涵。针对这种"Sprache"语言观,海德格尔提出了"把语言作为语言带向语言"等颇显玄虚的一系列主张,其核心即作为"Sage"的语言。

事实上,作为"Sage"的语言与作为"Sprache"的语言在"符号"层面上并无本质区别。即便是"Sage"也离不开符号载体,但通过这种区分,他意在强调这种观点,即作为"符号对应物"或"认识工具"的语言不是其语言的"本真存在"。语言的本真存在离不开语言对人类认识工具地位的挣脱,以及"存在者"的"成为自身"在语言中向人的召唤和向无限的生成。"存在者"的"存在"挣脱人类的"单纯认识"对它的遮蔽,在有所"显示"的"Sage"中"成为自身"。与此同时,语言也在"显现"而非"符号的指称"中"成为自身"。于是海德格尔说,"语言之本质现身乃是作为道示的道说。道说之显示并不建基于无论何种符号,相反地,一切符号皆源出于某种显示;在此种显示的领域中并且为了此种显示之目的,符号才可能是符号"①(德文文献:Das Wesende der Sprache ist die Sage als die Zeige. Deren Zeigen gründet nicht in irgendwelchen Zeichen,sondern alle Zeichen entstammen einem Zeigen,in dessen Bereich und für dessen Absichten sie Zeichen sein können)②。

不难发现,语言在海德格尔那里实际上存在着两个层面,一个是浅层的作为"符号"而存在的语言,另一个是深层的作为"显示"的"Sage"语言。在他看来,后者是前者的本源。如果说作为符号的"有声言谈"是"人说",那么作为道说"Sage"的语言虽然也离不开人类的参与,但它从本质上却并非是"人说",而是"语言说话(Die Sprache spricht)"③。这当然又是一个奇怪的说

---

① [德]海德格尔:《走向语言之途》,参见《在通向语言的途中》,孙周兴译,商务印书馆,1997年(2004修订版),第253页。

② Martin Heidegger, *Unterwegs zur Sprache*, Neske, 1997, p.254.

③ [德]海德格尔:《语言》,参见《在通向语言的途中》,孙周兴译,商务印书馆,1997年(2004修订版),第2页。

法,但如果我们明白了上述语言作为"成其自身"的显现过程后,这个说法似乎也并不怎么奇怪。与对当代技术世界以及形式化、工具化"元语言"的批判密切相关,海德格尔在其语言思想中抛出了另一个重要话题,即语言与"自然"进而与"诗"的关系问题。

我们曾在第一章中论及,现代文明是"自然界"高度"人化"的文明。作为"主体"的"人"与作为"客体"的"自然"之间的疏离日益加剧。尤其是自19世纪中后期以来,随着城市文明的扩张与市场经济的壮大,这种疏离进一步加剧乃至越来越对立化。1914年泰坦尼克号的沉没之所以在人类历史上影响那么大,其深层原因在我们看来是"大自然"给了代表人类最高工业与技术文明并因而象征人类征服自然的"泰坦尼克号"当头一棒,这让许多哲人开始重新思考人类现代文明与自然的关系,其文化意义或许远远超出了灾难事件本身。对这种关系的思考也构成了海德格尔在完成《存在与时间》后,其三四十年代哲学思考的核心问题之一。海德格尔发问说,"让我们设想一下处于广阔无垠的黑暗宇宙空间的地球吧,它犹如一颗微小的沙粒,与另一颗最近的沙粒相隔不下一公里。在这颗微小的沙粒上,苟活着一群浑噩卑微的、自问聪明而发明了认识一瞬的动物。在千百万年的时间长河中,人类生命的延续才有几何?不过是瞬间须臾而已。在存在者整体中,我们没有丝毫的理由说恰是人们称之为人以及我们自身碰巧成为的那种在者占据着优越地位"①。这种优越性体现在很多方面,与我们论题密切相关的有两个,一个是后世对"存在"或"自然"原始意义的遗忘,一个是对作为"人说"的"Sprache"的过度推崇。

关于"存在"的原始意义,海德格尔认为"存在"在古希腊那里被称为"φύσις",而这个词原本"说的是自身绽开(例如玫瑰花开放),说的是揭开自身的开展,说的是在如此开展中进入现象,保持并停留于现象中。……φύσις意指绽开着的强力以及由这种强力所支配的持留"②。这种"绽开着的强力"在海德格尔眼里一点都不神秘。他说,"φύσις作为绽开是可以处处经历到的,例如,天空启明(旭日东升),大海涨潮;植物的更生,动物和人类的生育"③。不过,尽管并不神秘,但许多人却"无法经历"!他说,这种绽开"不可与我们在在者那里观察到的过程混为一谈",假如一个人只是专注于从"在者"那里观察并进而得出一些自然知识,那么他就无法经历"存在"的"绽开"。他把呈现在人类"观察中"的"自然"称之为"狭义的自然"。与之相

---

① [德]海德格尔:《形而上学导论》,熊伟、王庆节译,商务印书馆,1996年,第6页。
②③ 同上,第16页。

对,作为"绽开着的强力"的"φύσις"才是"原初的自然"。海德格尔说,在希腊时代"希腊人将在者整体本身称为φύσις"①,并将"这个基本词汇习惯于译为'自然'"②。也就是说,存在(φύσις)即自然。因此,"φύσις原初的意指既是天又是地,既是岩石又是植物,既是动物又是人类与作为人和神的作品的人类历史,归根结蒂是处于天命之下的神灵自身"③。

那么,如何经历自然的"绽开与持留"呢?海德格尔的回答是,希腊人称之为"φύσις的东西是基于一种对在的诗-思的基本经验才向他们展示出来的"④。在这里,海德格尔提出了人类的两种在世形态,一种是"专注于观察的"在世,一种是"基于诗-思的基本经验"的在世。在海德格尔看来,后一种在世才能真正经历自然或存在的"绽开"。关于这一点,由于也涉及人类对自己的重新定位,重新调整人与世界的关系问题,我们会在后面另有详论,所以在此不再赘言。

人类优越性地位的另一个体现是对作为"人说"的"Sprache"的过度推崇。上面我们曾指出,海德格尔认为西方传统语言哲学用"Sprache"指称"语言"体现的是一种"符号-工具主义"的"实体-主体论语言观"。他认为,当我们这样来理解语言本质时,语言本身似乎是一个"自明"的现象,对此甚至不需要思虑太多。因为"人们认为,人天生就有语言。人们坚信,与植物和动物相区别,人乃是会说话的生命体"。由于在人类看来"语言是最切近于人之本质的",最"触目可见"的,"所以用不着奇怪"。⑤于是,"人类"总习惯于从"主体"的角度看待语言,而"语言自身"及其本源却没有进入人类的视野。海德格尔以"方言"为例说,"在方言中各个不同的说话的是地方,也就是大地。而口不光是在某个被表象为有机体的身体上的一个器官,倒是身体和口都归属于大地的涌动和生长中,我们从大地那里获得了我们的根基的稳靠性。当然,如果我们失去了大地,我们也就失去了根基"⑥。海德格尔认为,来自"大地的语言"虽然是一种"无声之言",但它却是本源性的语言,人类的有声言谈就扎根于这种"无声之言",也就是他所说的"道说"。所以他认为"有鉴于道说的构造,我们既不可一味地、也不可决定性地把显示归因

---

① [德]海德格尔:《形而上学导论》,熊伟、王庆节译,商务印书馆,1996年,第17页。

② 同上,第15页。

③④ 同上,第16页。

⑤ [德]海德格尔:《在通向语言的途中》,孙周兴译,商务印书馆,1997年(2004修订版),第2页。

⑥ 同上,第199~200页。

于人类行为"①。而"我们通常所谓的'语言',即词汇和词语结合规则的总体,无非是语言的一个表层而已"②。同样的,正如并非人人都能经验"自然的绽开",也并非人人都能经验"道说"的显现。这里也存在着两种经验语言存在的方式,一种是对"在者的观察",即"表象式区分"。他说"人们深思熟虑,力图获得一种观念,来说明语言普遍地是什么。适合于每个事物的普遍性的东西,人们称之为本质。按流行之见,一般地把普遍有效的东西表象出来,乃是思想的基本特征。据此,对语言的思考和论述就意味着,给出一个关于语言之本质的观念,并且恰如其分地把这一观念与其他观念区别开来"③。海德格尔认为,这种方式难以经验"道说"的显现,并且认为这是"把语言逼入既定观念的掌握之中"的、对"语言施以强暴"的行为。因为这种方式仍然局限在"人类中心论"视野中。另一种便是"诗-思的经验"的方式,这种方式意味着"恰恰不是把语言,而是把我们,带到语言之本质的位置那里,也即:聚集入大道之中"④。经验方式的改变也暗含了这样一种含义,在海德格尔看来,语言在本性上便是"诗性的"。

当我们从"反主体论"的"诗化"角度认识海德格尔的"道说(Sage)"语言观时,我们发现他的"语言说,而非人说"等相关表述其实并不玄虚神秘,且有着非常强的现实指向性。这种带有"自然主义倾向"的语言观很容易让人想到与海德格尔有着颇深思想渊源的19世纪初的德国早期浪漫派。例如学者安特蔡叶夫斯基认为,"在早期浪漫派人物看来,语言是自然的内在的特性和力量。他们把语言理解为在自然的个别部分之间的一种特殊的和解能力,以及理解为它们的'显示'的可能性。因此,自然'在说话'(spricht),它的语言首先是它的诸形态和诸表现,然后是非口头的乐曲,最后才是人的发出的表达方式"⑤。这种观点与海德格尔的"道说(Sage)"语言观几乎如出一辙。以施莱格尔兄弟、诺瓦利斯、谢林等为代表的德国早期浪漫派之所以会有这种观点,一方面与他们的"同一性宇宙观"相关,即自然借助于"密码"而说话,并构成连我们也从属的"同一性",另一方面也来自"浪漫派"面对现代

---

① [德]海德格尔:《在通向语言的途中》,孙周兴译,商务印书馆,1997年(2004修订版),第253页。

② [德]海德格尔:《荷尔德林诗的阐释》,孙周兴译,商务印书馆,2002年,第42页。

③ [德]海德格尔:《在通向语言的途中》,孙周兴译,商务印书馆,1997年(2004修订版),第2~3页。

④ [德]海德格尔:《在通向语言的途中》,孙周兴译,商务印书馆,1997年(2004修订版),第2页。

⑤ [俄]安特蔡叶夫斯基:《论海德格尔哲学的现实性》(第3卷),第20页,转引自宋祖良:《拯救地球和人类的未来》,生活·读书·新知三联书店,1996年,第255页。

文明的来袭所造成的人与自然不断分离的深深忧虑,因而带有很强的现实指向性,这一点与海德格尔也颇为类似。安特蔡叶夫斯基认为,"海德格尔对世界未来的担忧也完全浪漫式地表现出来。在他看来,人已经发展到一个错误的方向,并接近于生态学的灾难"。同样,在早期浪漫派看来,造成这种灾难与悲剧的原因在于人类"不能与宇宙相融。人的表达出的语言取代了自然的非口头表达的语言,因而使人与自然相异化。"而"人与宇宙的重新联合的机会是诗人——诗人是神的使者,宇宙的诸部分之间的调解者"①。与此类似,"诗人"在海德格尔那里同样有着崇高地位。他说,"在诗人的赋诗与思想家的运思中,总是留有广大的世界空间,在这里,每一事物:一棵树,一所房屋,一座山,一声鸟鸣都显现出千姿百态,不同凡响"②。从这一点看,海德格尔对谢林等浪漫派哲人的推崇并非空穴来风③。他认为谢林"真正是整个德国哲学一个时代中最有创造性和跨越度最广的思想家。他从德国唯心论的内部推动它,并使它超越它自己的基本立场"④。

第二节 "道说(Sage)":作为根本意义上的诗

通过上一节的梳理我们发现,语言在海德格尔那里其实有广狭义之分:狭义的语言是作为"符号-工具"而存在的语言即"Sprache",它专属于人类的"有声言谈";广义的语言即"道说",它虽然是一种"无声之音",但它作为万物成其自身的过程却是"本源性的语言"。就两者的关系而言,一方面海德格尔认为前者的根基应从后者那里去寻求,另一方面作为"有声言谈"的唯一拥有者,只有人才能"倾听"并"言说"大道之言,"无声之音"的显现又离不开人的"有声言谈"。那么问题也随之而来,人作为"存在"或"大道"的敞开者,是不是所有的"人言"都能有效地显现它们? 那些能够倾听并显现"大道"的言说到底是一种怎样的言说? 海德格尔认为,并不是所有的有声人言

---

① [俄]安特蔡叶夫斯基:《论海德格尔哲学的现实性》(第3卷),第20页,转引自宋祖良:《拯救地球和人类的未来》,生活·读书·新知三联书店,1996年,第255页。

② [德]海德格尔:《形而上学导论》,熊伟、王庆节译,商务印书馆,1996年,第27页。

③ 需要注意的是,海德格尔的语言观与德国早期浪漫派的语言观同样存在着巨大差别,一方面他们面临的时代背景已发生巨大变化,另一方面从哲学根基上看,浪漫派立足的仍然是"主体论哲学",因而带有很强的"主体性意味",这恰恰是海德格尔的"存在论哲学"所反对的,关于这点不再展开。

④ [德]海德格尔:《谢林论人类自由的本质》,薛华译,辽宁教育出版社,1999年,第5页。

都能倾听并言说"大道之音",只有"本真"的人言才能做到,而"本真"的人言作为"筹划着的道说就是诗"。在此基础上,他用"诗"来言说语言的本质,认为"语言本身就是根本意义上的诗"①。如果说海德格尔在前期的语言思想中是紧密结合着对"Dasein"的阐释而展开的,其语言思想的"诗化之维"呈现出相对"隐性化"的状态,那么自中期开始至后期,他在围绕语言与"Sein""Ereignis"关系的阐发中,便直接将对语言本质问题的思考导向了对"诗"以及"艺术"的探讨,其"诗化之维"呈现出相对"显性化"的状态,这是海德格尔后期语言思想的一大特色。海德格尔认为"语言本身就是根本意义上的诗",那么什么是"根本意义上的诗"?

在写于20世纪30年代中期的《艺术作品的本源》这篇文章中,海德格尔将"诗"分为了两种,一种是"Dichtung",它联系于动词"dichten",指"诗意创造",这是"广义上的诗";另一种是"诗歌",即"体裁分类意义上的与散文相对的文学样式",这是"狭义的诗"。关于两者的关系,海德格尔认为,"狭义的诗"只是"广义上的诗意创造(Dichten)的一种方式"②。动词"dichten"在现代德语中主要有两个含义,一个是"写作,创作",一个是"编造,虚构"。其名词形态"Dichtung"因而也主要有两个含义,一个是"诗,文学创作",另一个是"虚构,杜撰"。"Poesie"在德语中主要指"诗,诗歌,诗艺,诗情,韵文"等,与德文中用来指称"散文"的"Prosa"相对。如果说海德格尔对"Poesie"的使用相对比较符合该词的一般用法,那么他对"dichten"的使用则一如他常常惯用的手法,更多是在一种引申的存在论哲学层面上使用之。海德格尔将该词的"写作,创作,虚构"等含义导向了"道说(das Sagen)之发生",认为"诗乃是存在者之无蔽的道说"③。作为"无蔽之道说"的诗便是"根本意义上"的诗。

与对"诗"的解读类似,"艺术"(Kunst)在海德格尔那里也有广狭义之分,狭义的艺术是指作为各种门类的"建筑艺术""绘画艺术""音乐艺术"等艺术形式;广义的艺术指"真理的生成和发生(ein Werden und Geschehen der Wahrheit)",艺术之本质"乃真理之自行设置入作品"。再进一步,海德格尔还将此区分延伸到了更大的领域,即"美"的领域。他认为我们一般所见万物呈现的美不是真正的美,真正的美"乃是作为无蔽的真理的一种现身方式(Schönheit ist eine Weise,wie Wahrheit als Unverborgenheit west)"④。不难

---

① [德]海德格尔:《艺术作品的本源》,参见《林中路》,孙周兴译,上海译文出版社,1997年,第58页。

② 同上,第56页。

③ 同上,第57页。

④ 同上,第40页。

发现，虽然"语言""诗""艺术""美"的所指在狭义层面上有所不同，但在广义层面上，海德格尔却将它们打通了。他说"作为存在者之澄明和遮蔽，真理乃通过诗意创造而发生。凡艺术都是让存在者本身之真理到达而发生，一切艺术本质上都是诗（Dichtung）"①。既然四者在广义上实现了所指的沟通，那么它们在作为"无蔽的真理"之"现身方式"上究竟遵循了怎样类似的规则呢？

在《艺术作品的本源》一文中，海德格尔区分了两种真理（Wahrheit）。一种是出于"表象（Vorstellen）的正确性"的"真理"，它往往以"命题"的形式出现，并且该命题符合了"事实"即"实在之物"（das Wirkliche）。海德格尔指出，"长期以来，一直到今天，真理便意味着知识与事实的符合一致"②。另一种是作为"无蔽"（Unverborgenheit）的真理即关于"存在"的真理，"无蔽"即"存在"。海德格尔追溯西方哲学史认为"作为无蔽的真理之本质在希腊思想中未曾得到思考，在后继时代的哲学中就更是理所当然的不受理会了"③。关于两者的区别与关联在他看来，作为"无蔽"的真理是"本源性"的，而作为"表象正确性"的"真理"便植根于它。他说，追求"表象正确性"的"科学绝不是真理的原始发生，科学无非是一个已经敞开的真理领域的扩建（Ausbau），而且是通过把握和论证在此领域内显现为可能和必然的正确之物来扩建的"④。这种"本源"与"支流"的区别反映在显现方式上则是，前者在对"表象""正确性"的追求中，更倾向于对"正确之物"的"澄明"和对"非本质"的拒斥，"正确性"诉求决定了"澄明"的绝对优先性地位，而存在者"非本质"的一面往往被"遮蔽"起来。"遮蔽"在"表象性真理"中不太受待见或者说处于附属性地位。与之相比，"无蔽之真理"则不但追求"澄明"（lichten），也同时承认并守护"遮蔽"（verbergen），认为"澄明即遮蔽"。例如海德格尔说"存在者进入其中的澄明，同时也是一种遮蔽"⑤。不仅如此，他还认为只有在"澄明"与"遮蔽"的争执中，真理才能现身。他有时将"澄明"比作"天空"，将"遮蔽"视为"大地"，说"无蔽之真理""唯独作为在世界与大地的对抗中的澄明与遮蔽之间的争执而现身"⑥。这就是两种真理在本质及其显现方式上最大的区别，海德格尔所谓的"广义上"或"存在论"意义上的"诗意创造""艺术""美"正是这种争执的现身。也同样是在这个意义上，海德格尔才提出了"道说意谓：显示、让显现、既遮蔽

① ［德]海德格尔：《艺术作品的本源》，参见《林中路》，孙周兴译，上海译文出版社，1997年，第55页。
②③ 同上，第35页。
④⑥ 同上，第46页。
⑤ 同上，第37页。

着又澄明着把世界呈现出来"①（德文原文为"Sagen heiß:Zeigen,Erscheinen lassen,lichtend-verbergend-freigebend Darreichen von Welt"②）的观点。

动词"lichten"在现代德语中的一般用法表示"照亮；使明亮；使稀疏"。"verbergen"则有"把……藏起来，藏匿，隐藏"等意。通过上面的梳理可以发现，海德格尔在它们的一般用法上将其引申到存在论哲学层面，用来指称"存在显现"，即"道说""既遮蔽着又澄明着把世界呈现出来"的"二重化运作"方式。前面我们曾指出，"存在"与"存在意义的显现"在海德格尔那里具有"同一性"，也就是存在者之"在"并非是与"此在"的在世无关的"现成实存"的东西，它不仅"在着"，而且要在"此在"的领会与言谈中"澄明"，以显现出其"在的意义"。但如此一来，存在者之"在"岂不成了要依赖此在在世的阐释与言说才"存在"的东西，而这又恰恰是海德格尔所历来反对的。对于这种危险，海德格尔始终是"警惕"的。我们认为，这是他格外推崇"遮蔽"并反复强调"道说""二重化运作"方式的重要原因之一："存在者"的"存在"既在"澄明"中现身，又在"遮蔽"中守护自身。不仅如此，海德格尔还认为这种"二重化现身"首先不是"此在"的一种阐释与言说态度，而是"存在者"之"存在本性"使然。他说，"由于这种澄明，存在者才在确定的和不确定的程度上是无蔽的。就连存在者的遮蔽也只有在光亮的区间内才有可能。我们遇到的每一存在者都遵从在场的这种异乎寻常的对立，因为存在者同时总是把自己抑制在一种遮蔽状态中"③，并在"遮蔽状态中"守护自身。所以，"倘若不是存在者之无蔽已经把我们置入一种光亮领域，而一切存在者在这种光亮中站立起来，又从这种光亮那里撤回自身，那么，我们凭我们所有正确的观念，就可能一事无成"④。海德格尔带着劝慰性的话语告诫人们，"存在者的许多东西并非人所能掌握，只有少量为人所认识。所认识的也始终是一个大概，所掌握的也始终不可靠。一如存在者太易于显现出来，它从来就不是我们的制作，更不是我们的表象"⑤。真实的情形按海德格尔的说法是，"存在者之无蔽（即存在）把我们置入这样一种本质之中，以至于我们在我们的表象中总是被投入无蔽之中并与这种无蔽亦步亦趋"⑥。

我们认为，在遵循存在意义显现的"二重化运作"这一点，也就是在"存

---

① ［德］海德格尔：《在通向语言的途中》，孙周兴译，商务印书馆，1997年（2004修订版），第210~211页。

② Martin Heidegger, *Unterwegs zur Sprache*, Neske, 1997, p.214.

③⑤ ［德］海德格尔：《艺术作品的本源》，参见《林中路》，孙周兴译，上海译文出版社，1997年，第37页。

④⑥ 同上，第36页。

在论哲学"层面上,"语言""诗""艺术""美"乃至"思"获得了内涵的相通性。尤其到了海德格尔后期,这些概念几乎具有同样的含义。不过即便如此,在对"存在"或"天道"本质的解读中,海德格尔还是更倾向于将其导向对"语言"的思考。在与"存在"或"天道"的"亲缘性"甚至"一体化"关系上,海德格尔认为,"语言"的"独特性与优先性"是不言而喻的。正如他在"语言乃存在之家"中传达的,"语言并非只是把或明或暗如此这般的意思转运到词语和句子中去,不如说,唯语言才使存在者作为存在者进入敞开领域之中。在没有语言的地方,比如,在石头、植物和动物的存在中,便没有存在者的任何敞开性,因而也没有不存在者和虚空的任何敞开性"①。语言的"存在论内涵"突出地反映在构成语言的基本成分"词语"上。在《词语》一文中,海德格尔通过对诗人格奥尔格《词语》一诗中"词语破碎处,无物可存在"诗句的分析指出,"词语"的存在论内涵在于"词语突兀而起显示出一种不同的、更高的支配作用。它不再仅仅是具有命名作用的对已经被表象出来的在场者的把握,不只是用来描绘眼前之物的工具。相反,惟词语才赋予在场,即存在——在其中,某物才显现为存在者"②。

　　类似于海德格尔后期倾向于将"存在"问题导向对"语言"的思考,我们同样也可以发现,在对"语言本质"问题的思考中,他似乎又更喜欢将其带向对"诗"的解读与对"诗人"的推崇。他不仅在"存在论层面"将语言的本质归结为"根本意义上的诗",乃至"一切艺术本质上都是诗"③,而且在狭义的"存在者"层面上,海德格尔同样给予了"诗歌"在众多艺术样式中以非常耀眼的地位。例如,虽然海德格尔认为,在遵循澄明与遮蔽"二重化运作"的存在论层面上,"艺术"与"诗"具有相通的内涵,即"建筑艺术""绘画艺术""音乐艺术"等诸艺术样式像"诗歌艺术"一样"仅只是真理之澄明着的筹划的"不同方式而已,但是它们在"存在论层面"的相通性并没有影响狭义的"诗歌"在"存在者层面"上的"优先性"。海德格尔认为,在诸种艺术样式中,"语言作品,即狭义的诗,在整个艺术领域中是占有突出地位的"④。如果说在写于20世纪30年代中期的文章中,海德格尔还偶尔会凭借对诸如梵高的绘画作品《鞋子》的阐释,展开对存在与语言关系的探讨,那么到了20世纪五六十年

---

①④　［德］海德格尔:《艺术作品的本源》,参见《林中路》,孙周兴译,上海译文出版社,1997年,第56~57页。

②　［德］海德格尔:《在通向语言的途中》,孙周兴译,商务印书馆,1997年(2004修订版),第223页。

③　［德］海德格尔:《艺术作品的本源》,参见《林中路》,孙周兴译,上海译文出版社,1997年,第55页。

代的后期,他则更加倾向于借助对诗歌与诗人的探讨进行他的存在与语言之思。这里有一个问题,为什么在众多艺术样式中,海德格尔对诗歌这种样式给予了那么"突出"的地位?

这个问题回答起来颇有些难度,而且稍不留神就会步入对海德格尔思想的"一厢情愿式"的考察!因为海德格尔对建筑、绘画、音乐、诗歌等艺术样式在"狭义"存在者层面上的解读与比较不仅非常之少,而且向来也是他极力要避免的。他之所以要探讨这些艺术样式的目的非常明确,即为了探讨有关"存在"的"哲学问题"。例如在《荷尔德林诗的阐释》增订第四版前言中,他明确表示"本书的一系列阐释无意于成为文学史(literaturhistorischen)研究论文和美学(Ästhetik)论文。这些阐释乃出自一种思的必然性"①(德文原文:Die vorliegenden Erläuterungen beanspruchen nicht, Beiträge zur literaturhistorischen Forschung und zur Ästhetik zu sein. Sie entspringen einer Notwendigkeit des Denkens②)。再如,他在《艺术作品的本源》后记中格外强调"不能从体验出发来理解艺术",这是对艺术的"美学考察"。在这种考察中,"美学把艺术作品当做一个对象,……即广义上的感性知觉的对象。现在人们把这种知觉称为体验。人体验艺术的方式,被认为是能说明艺术之本质的"。海德格尔甚至认为,"也许体验却是艺术死于其中的因素"③。与"体验"相关,诸种艺术样式在审美形式层面的审美特征自然也不会成为海德格尔重点关注的对象。

如果我们站在"艺术学"或"美学"的角度审视上述观点,那么这种观点显然非常武断乃至荒唐。实际上,海德格尔对艺术的考察是一种"形而上学式"的考察,这种考察从一开始就将审美形式与心理分析排除开了。正如美国学者R.玛格欧纳所言,"由于海德格尔忽略言语的肌质,他与本文的对话就不是具体的对话。相反,他的批评实践是主题式的"④。在海德格尔对诗人格奥尔格、特拉克尔、荷尔德林等诗人诗歌的阐释中,我们能充分领略到这种"主题式"探讨的形而上色彩,这种探讨也许只有从事哲学研究的人才会感兴趣。

问题的复杂性在于,尽管如此,我们也不能简单地认定海德格尔彻底否

---

① [德]海德格尔:《荷尔德林诗的阐释》,孙周兴译,商务印书馆,2000年,第1页。

② Martin Heidegger, *ERLÄUTERUNGEN ZU HÖLDERLINS DICHTUNG*, Druckhaus Beltz, Hemsbach, 1996, p.7.

③ [德]海德格尔:《艺术作品的本源》,参见《林中路》,孙周兴译,上海译文出版社,1997年,第63页。

④ [美]R.玛格欧纳:《文艺现象学》,王岳川译,文化艺术出版社,1992年,第92页。

定了艺术作品审美形式特征的意义，并且认为他毫无"审美体验"，对"美学研究"完全是个外行。原因在于，首先从他的存在论哲学学理逻辑上看，艺术的"存在"及其"意义呈现"必须要在艺术家的创作行为及其物化作品中呈现出来，任何存在者"存在意义的显现"都离不开"此在"在世的活动。因此，海德格尔不可能彻底否定艺术的"形而下层面"。其次从海德格尔对荷尔德林诗的阐释，尤其是从他对画家梵高《鞋子》等艺术作品的具体解读来看，他对艺术作品审美价值的感觉与体认是相当敏感和在行的。最后他从存在论哲学层面上对诗歌、绘画、建筑、音乐等艺术样式所具有的内在相通性的打通，尤其是对"澄明与遮蔽"的"二重化运作"的论述，也向我们隐隐透露出他对诸艺术样式美学特征上的深刻理解，并提供给我们一种阐幽发微的可能性。综合海德格尔中后期对诸艺术样式的探讨，我们认为海德格尔之所以在众多艺术样式中给与"诗歌"那么突出的地位，从作为"存在者"的审美形式层面上也许有如下几个原因：

第一，在众多艺术样式中，与"建筑艺术""绘画艺术""音乐艺术"等诸艺术样式相比，"诗歌艺术"毕竟是一种"语言与文字艺术"，它的载体是"语言符号"。尽管作为"符号"的语言在海德格尔看来仅只是语言的"表层而已"，但它毕竟是"道说语言"的最经典形态，从而与作为"存在之家"的"道说"有着更为密切的"血缘关系"。因此，"诗歌"作为人类有声言说的一种特殊语言类型，似乎比其他艺术样式更加切近"存在"。

第二，与建筑和绘画艺术中的"视觉媒介"、音乐艺术中的"听觉媒介"相比，"诗歌"的"语言符号媒介"具有较弱的"视听感"和较强的"领会性"，更具有"寂静之思"的特质。海德格尔认为"诗与思，两者都是一种别具一格的道说，因为它们始终被委诸作为其最值得思的东西之神秘，并且因此一向被嵌入它们的亲缘关系中了"①。他甚至宣称，"一切凝神之思（denken）就是诗（dichten），而一切诗就是思"②。海德格尔在这里当然首先不是在思索诗歌"语言符号媒介"所具有的"思性气质"，但当他说"道说"首先要求人们学会在"沉默"中倾听，我们应当学会"倾听诗歌"时，也很难将诗歌语言符号的"思性气质"完全排除掉。语言所以能成为"存在之家"，诗人与诗歌之所以能在海德格尔那里获得殊荣，也暗含着海德格尔对诗歌语言符号"思性特质"的深刻理解。

第三，在诸多语言类型中，以诗歌语言为代表的"审美语言"在运作方式

---

① ［德］海德格尔：《在通向语言的途中》，孙周兴译，商务印书馆，1997年（2004修订版），第236页。
② 同上，第270页。

上似乎比其他语言样式更切近道说的"二重化运作"。

关于上述原因中的第三点我们需要稍稍展开一下。海德格尔认为,作为"道说(das Sagen)"的语言是在"澄明与遮蔽"的"二重化"运作中"把世界呈示出来"的。在此"呈示"中,海德格尔格外强调了"遮蔽"的重要性,因为它代表了"存在者"对"自身存在"的守护。接续上述第二个原因,如果说建筑、绘画、音乐中的"视听符号媒介"因为带有非常强烈的感性色彩而更加引人关注"澄明之域",这些符号媒介让"存在者"至少在"视与听"方面变得"明朗与明亮"起来,那么诗歌语言符号所具有的"思的特质"则更倾向于将"在场者"导引向"无言"的"想的空间"。在此空间中,"已被言说者"与"未被言说者"保持着鲜活和丰富的可能性关联与阐释性空间。诗歌语言符号所具有的将"已被言说者"与"未被言说者"保持在"无限可能性"关联中的特点,不仅区别于上述诸艺术形式,而且即便在各种语言言说样式中也别具一格。

综合海德格尔前后期对语言的论述,他主要探讨了语言的三种在世话语形态,"日常话语""形式化"的"元语言话语""诗性话语"。在《存在与时间》中,"日常话语"主要表现为闲言。它以"人云亦云、鹦鹉学舌的方式传达自身"①。但正是因为这种"人云亦云","闲言已经保护人们不致遭受在据事情为己有的活动中失败的危险。谁都可以振振有词。它不仅使人免于真实领会的任务,而且还培养了一种漠无差别的领会力;对这种领会力来说,再没有任何东西是深深锁闭的"②。在日常话语中,存在者的"存在"在话语所具有的"现成意义"与人们"漠无差别"的领会力中被传达出来,它在人们似乎无须论证的"常谈"中被"敞开来",似乎"再没有任何东西是深深索闭的",一种貌似真实的"澄明"几乎要驱离真正的"锁闭"。这种驱离同样发生在海德格尔后期探讨的"形式化元语言话语"中。这是一种技术时代的具有"集-置"(Ge-Stell)性的"形式化话语",它来源于现代技术世界的"集-置本性",其基本特征是"把一切语言普遍地转变为单一地运转的全球性信息工具"③。任何存在者在这种话语中"都被引入计算性思维之中","说话受到促逼,去响应任何一个方面的在场者的可订置性"。④上述两种话语形态的共同之处在于,存在者"存在的意义"被导向"现成自明性"和"单一确定性",似

---

① [德]海德格尔:《存在与时间》,陈嘉映、王庆节译,生活•读书•新知三联书店,1999年,第196页。

② 同上,第196~197页。

③ [德]海德格尔:《在通向语言的途中》,孙周兴译,商务印书馆,1997年(2004修订版),第148页。

④ 同上,第265页。

乎一切都是"澄明的",而存在者守护自身的"遮蔽本性"被漠视乃至强行剥夺了。所以海德格尔又讲,"惟语言首先创造了存在之被威胁和存在之迷误的可敞开的处所,从而首先创造了存在之遗失(Seinsverlust)的可能性,这就是——危险"①。"在语言中,最纯洁的东西和最晦蔽的东西,与混乱不堪的和粗俗平庸的东西同样的达乎语词。"②

与这两种话语不同,1968年8月25日,海德格尔在阿姆利斯维尔为诗人弗里德里希•格奥尔格•荣格尔七十寿辰所作的演讲《诗歌》一文中认为,诗歌中的词语虽然与我们一般所用的"名称"(Name)表面上看没什么不同,但它乃是一种"命名"(Nennen)。这种命名一方面是"让……得到经验的显示",但另一方面它"同时也是一种遮蔽"。③海德格尔认为,诗歌中的"话语"与在这个话语中得以命名的"被召唤者"之间不能距离太近。"被召唤者"必须作为一种"遥远之物"被命名,只有这样,"遥远之物"才能"持存"。因此,"为了使被召唤者始终进入遥远而得以持存,要召唤的东西作为它的名称所命名的东西,就必须是'幽暗的'。名称必须有掩蔽作用"④。也就是说,与日常话语、形式化的元语言话语相比,诗歌中的话语或者说诗性话语是一种"既澄明又遮蔽式"的语言。在这种语言中,"已被言说者"与"未被言说者"有着不可分割的一体性关联。

当然,海德格尔并没有对诗歌语言的这种"既澄明又遮蔽式"的言说方式进行"语言学"或"符号学"的分析,而是更多出于其存在论哲学的阐释。正如前述美国学者R.玛格欧纳所评论的,由于海德格尔忽略了对文本"言语肌质"的分析,所以他与本文的对话就不是"具体的对话",其批评实践因而也是"主题式的"。R.玛格欧纳的批评非常到位,但是尽管海德格尔缺少对文本"言语肌质"的具体分析,我们却依然有一种强烈的感受或印象,即他对诗歌语言所具有的"既澄明又遮蔽"的存在论本质的认识,非常切中诗歌语言及以诗歌语言为代表的"诗性语言"或"审美语言"的审美特点,例如诗性语言的"多义性""蕴藉性""生成性"乃至"神秘性"等审美特征。

事实上,海德格尔也偶尔会将"道说"中由"遮蔽"而来的"多义性"、"不确定性"与诗歌语言的"多义性"放在一起给予讨论。例如,他在《诗歌中的语言》一文中认为,特拉克尔诗歌中"本质上多义的语言"来自"诗意道说的多义性",并声称"这首独一之诗的语言本质上是多义的,而且有其独特的方

① [德]海德格尔:《荷尔德林诗的阐释》,孙周兴译,商务印书馆,2000年,第39页。
② 同上,第40页。
③④ 同上,第236页。

式。只要我们仅只在某种单义意见的呆板意义上来理解这首诗的道说,那我们就听不到它的什么"。①如果站在"诗学"或"美学"角度看,我们当然可以不认同海德格尔从"存在论"角度对诗歌语言"多义性"的解读,但这也在一定程度上反映了海德格尔对诗歌语言所具有的多义性审美特征的独特认知。由此,我们可不可以反过来做出这样一种假设,正是因为海德格尔对以诗歌语言为代表的"诗性语言"或"审美语言"所具有的上述审美特征有独特而深刻的认知,才让他不仅在绘画、音乐、建筑等众多艺术样式中给予诗歌以"突出性"地位,而且也让他在众多语言样式中选择了"诗性话语"作为存在显现的最佳场所? 对于这一假设,尽管尚需进行更加细致的探讨才能澄清,但海德格尔后期将"存在"问题引向"语言",又将"语言问题"在"语言乃根本意义上的诗"的认知中导向"诗(也包括思)"却是不争的事实。当然,有"诗"必然要涉及"诗人",那么在对语言的诗化之思中,"诗人"又将扮演怎样的角色,这将是我们下一章要探讨的问题。

---

① [德]海德格尔:《在通向语言的途中》,孙周兴译,商务印书馆,1997年(2004修订版),第75~76页。

第六章 "道说"中的"四重整体之境"与"诗意栖居"

第一节 根本意义上的诗与"四重整体之境"

我们在上一章的论述中认为,"诗""艺术""美"乃至于"思"在"广义"的"存在论层面"获得了含义的相通性,而当海德格尔用"诗"阐释作为"道说"的语言,并进而认为"语言本身就是根本意义上的诗"①时,这不能不让他的语言思想带上了浓重的"诗化"或"审美主义倾向"。这种审美主义倾向在前期的《存在与时间》中主要表现为,生存在世的"此在言说"带有情绪现身性、空间性、超越性等诗性特征;在20世纪三四十代的中期主要表现为"存在"在"语言中的显现"主要遵循"澄明"与"遮蔽"的"二重化运作"方式;在后期则逐渐被"大道"及其运作"道说"所代替,真正的"言说"虽然离不开人的言谈,但本源处的"言说者"其实不是"人",而是"大道"。"大道"之运作"道说"乃是"寂静之音","无声之大音"。海德格尔把这种"言说"称之为"根本意义上的诗"。

如果说海德格尔前期对语言问题的探索是紧密结合着对"Dasein"生存论的阐释而展开的,其语言思想的"诗化之维"呈现出相对"隐性化"的状态,那么自中期开始至后期,他在围绕语言与"Sein"尤其是"Ereignis"关系的阐发中便直接将对语言本质问题的思考导向了对"诗"以及"艺术"的探讨,提出了"筹划着的道说就是诗"②等学说,其"诗化之维"则呈现出相对"显性化"的状态,表现出更加强烈的"审美主义倾向",这是海德格尔后期语言思想的一大特色。当然,需要格外强调的是,海德格尔后期对语言"诗化本性"的思

---

① [德]海德格尔:《艺术作品的本源》,参见《林中路》,孙周兴译,上海译文出版社,1997年,第58页。
② 同上,第57页。

考，并非是基于对"一般语言"的"修辞特征"或"诗歌语言"所具有的"文学性"的阐释，而所谓"审美主义倾向"也不是一般"美学意义"上的"审美"。正如他在《荷尔德林诗的阐释》前言中所宣称的，"本书的一系列阐释无意于成为文学史研究论文和美学论文。这些阐释乃出自一种思的必然性"[①]。在海德格尔看来，任何"语言学""诗学""美学"层面的探讨都没有从根本上触及语言的"诗化本性"，因为这些阐释充其量不过是"认识主体"遵循"表象化思维"对作为"认识客体"的"语言"的"认知"，这种认知方式并不是"本源性"的方式。海德格尔认为，作为"根本意义上的诗"，语言的诗性本质植根于"大道""无声之大音"的运作和发生中，而为了能够倾听和言说这种"大道之说"，"此在"需要为自己设定一个新的身份。这里包含两个密切相关的内容，即"四重整体世界"与人对这个世界的"守护"，先看第一个方面。

我们曾在第五章第一节中从语义学的角度分析了蕴含在"大道"一词中的存在论哲学内涵。我们认为海德格尔试图用该词表达这样一个意思：即任何"自身"或存在者的存在意义从根本上都不是"现成的"，而只能在一种相互牵引、来回交荡的"缘构态"中被发生出来。那么进一步的发问是，在存在者存在意义的显现过程中，都有哪些力量参与了这种"相互牵引、来回交荡"的"缘构活动"？为什么说存在者的存在意义从根本上都不是"现成的"？这就涉及了由"天、地、神、人"组成的"四重整体世界"学说。

由"天、地、神、人"构成的"四重整体"(das Geviert)是海德格尔后期思想的核心语汇之一，这"四重"分别是"天空"(der Himmel)、"大地"(die Erde)、"诸神"(die Göttlichen)、"终有一死者"(die Sterblichen)。20世纪50年代以后，海德格尔经常在对有关"物""筑造""栖居"等话题的探讨中述及"天、地、神、人四重整体"的思想。例如他说"物物化(die Ding dingt)。物化之际，物居留大地和天空，诸神和终有一死者；居留之际，物使在它们的远中的四方相互趋近，这一带近即是近化(das Nähren)"[②]。再如，"筑造乃是真正的栖居"，"终有一死的人通过栖居而在四重整体中存在"。[③]依照海德格尔的描述，"天空"与"大地"带有明显的"自然论"色彩，比如他这样描述"天空"，"天空是日月运行，群星闪烁，四季轮转，是昼之光明和隐晦、是夜之暗沉和启明，是节气的温寒，是白云的飘忽和天穹的湛蓝深远"[④]。与之类似，"大地是

① ［德］海德格尔：《荷尔德林诗的阐释》，孙周兴译，商务印书馆，2000年，前言。

② ［德］海德格尔：《物》，参见《海德格尔选集》，孙周兴选编，上海三联书店，1996年，第1178页。

③④ ［德］海德格尔：《筑·居·思》，参见《海德格尔选集》，孙周兴选编，上海三联书店，1996年，第1193页。

承受者,开花结果者、它伸展为岩石和水流,涌现为植物和动物"①。海德格尔认为,人类的栖居、筑造及物的存在首先离不开作为大自然之一的"大地"。他说,"作为栖居的筑造,也即在大地上存在",而"'在大地上'就意味着'在天空下'"。②

人类生存或者按海德格尔的话说"栖居"在世界中,脚踩大地,头顶蓝天,各种各样的"物"置身其间,这几乎是一个常识,浅显到恐怕连小孩子都晓得。但情况远没有这样简单。很多时候,越是貌似浅显的东西就越不容易引起我们的注意;反倒是当我们想真正深入思考一些东西的时候却忽然发现,它们其实并不简单。如果再考虑到海德格尔中前期著作,事情就会变得更加复杂,例如在《林中路》中,"天空与大地"又常常意指"敞开与遮蔽"。只不过这种用法在后期很少再被提起,始终走在"林中路"上的海德格尔又有了新的发现。我们认为,海德格尔在后期所说的"大地"与"天空",并不是简单的指某个人在"此处"或"彼处"凭经验所见的、作为"存在者"的"大地"与"天空",而是指它们的"存在",而它们的"存在"即其"存在意义的显现",这种显现当然离不开人的栖居。在"存在论"层面上,海德格尔用它们意指物与人类栖居的"空间-共在性"。这种"空间-共在性"不是数学、物理学意义上的二维或三维空间以及及在此空间中人与物的单纯并置,而是物与人类生存在世的"空间-共在天命"。它规定了包括人在内的万事万物的存在命运,"大地是承受者,开花结果者",而"'在大地上'就意味着'在天空下'"。这有些类似于海德格尔在《存在与时间》中对"死亡"的分析,"死亡"的存在论内涵不在于单纯"生物学"意义上肉体的消逝,而是标识了此在生存在世的"时间-有限性"。

从海德格尔所使用的"承受者""伸展""涌现"等字眼中,我们能够隐约体会到他所说的这种"空间-共在天命"意味。当然,也正如海德格尔所经常反复强调的,"存在"的显现必定离不开"存在者"的在场,"大地"与"天空"的存在论内涵也总是显现在"此处"或"彼处"的"特定空间"中。海德格尔没有否定作为"存在者"的大地与天空,只是提请人们注意,不要在"近处"的"存在者"那里而遗忘了它们在"远处"的"存在"。因为,"对于人类的日常经验来说乃是——正如我们的语言十分美好地说出的——自始'习以为常的东西(Gewohnte)'",却常常"陷于被遗忘的状态"。③我们不但要迈开双脚走在

---

①② [德]海德格尔:《筑·居·思》,参见《海德格尔选集》,孙周兴选编,上海三联书店,1996年,第1192页。

③ 同上,第1191页。

坚实的大地上或抬起头仰望深邃的天空,还要闭眼入思它们在某一物中"由远而近"的"亲密关系",所谓"一沙一世界,一花一天堂"。

四方中除了"天空"与"大地",还有诸神和人。关于前者海德格尔这样说,"诸神(die Göttlichen)是神性之暗示着的使者。从神性的隐而不显的运作中,神显现而入于其当前,或者自行隐匿而入于其掩蔽"①。单从海德格尔在此处的描述看,我们不太容易理解"诸神""神性"等词的准确含义,但如果综合他在后期对诸神、显现、隐蔽等词语的使用我们认为,海德格尔所谓的"诸神"既非希腊神话中神灵的回归,也非基督教意义上的上帝或者任何神话传说中"自为的神",而是指存在者的"存在"在显现或澄明的同时又总是遮蔽、隐匿自身的"神秘性"。例如海德格尔在1959年6月的演讲《荷尔德林的大地和天空》一文中指出,"神只是通过遮蔽自身而在场","神为了召唤着的观看而顺应于遮蔽"。②1968年8月25日,海德格尔在纪念荣格尔七十寿辰的演讲中讲到诗人的天命,他说,"诗人归属于他为之所用的那个东西。因为诗人的道说被用于:在显示着,既掩蔽又揭示着之际,让诸神之到达显现出来,而诸神之所以需要诗人的话语,是为了它们的显现"③。在海德格尔看来,"显现"是存在的命运,但"遮蔽"更是存在的天命。

海德格尔对"存在"遮蔽、隐匿自身的"神秘性"的强调是有深刻原因的,其中一个很重要的原因来自对"人"的批判与反思。在四方中,海德格尔把人称之为"终有一死者(die Sterblichen)"。他这样说,"人之所以被叫做终有一死者,是因为人能够赴死。赴死意味着能够承受作为死亡的死亡。唯有人赴死,而且只要人在大地上,在天空下,在诸神面前持留,人就不断的赴死"④。海德格尔在前期的《存在与时间》中曾经系统分析过人的存在,即"此在"的生存论结构,揭示了诸如情绪现身、领会、操持、烦、畏、常人、死亡等人的在世环节。但在这里,海德格尔却单独摘出"死亡"这一存在环节作为"人"的规定性并强调其"赴死性"特征,这一方面是延续了他前期提出的"向死而生"的命题,另一方面又是他对这一命题的深化。

---

① [德]海德格尔:《筑·居·思》,参见《海德格尔选集》,孙周兴选编,上海三联书店,1996年,第1191页。

② [德]海德格尔:《荷尔德林的大地和天空》,参见《荷尔德林诗的阐释》,孙周兴译,商务印书馆,2000年,第209页。

③ [德]海德格尔:《诗歌》,参见《荷尔德林诗的阐释》,孙周兴译,商务印书馆,2000年,第240页。

④ [德]海德格尔:《筑·居·思》,参见《海德格尔选集》,孙周兴选编,上海三联书店,1996年,第1193页。

这种深化表现在两个方面，一是淡化了"向死而生"的"时间线性维度"，强化了与"天地"一起到场的"空间——共在性维度"；二是将死亡的"虚无性"及"此在"勇于承担这种"虚无"并向"无"或者"可能性"突进的本真存在，与"诸神"遮蔽、隐匿自身的"神秘性"结合在一起，也就是"此在"在"诸神面前的持留"，从而能够"不断赴死"，不断地由"澄明者"走向对"遮蔽"的守护。所以海德格尔说，"只有人赴死。动物只是消亡……死亡乃是无之圣殿(der Schrein des Nichts)……作为无之圣殿，死亡庇护存在之本质现身于自身内。作为无之圣殿，死亡乃是存在的庇所(das Gebirg des Seins)"[①]。也就是说，通过人的"不断赴死"，存在者的"存在"就有可能得以抵御人类中心主义的僭越，从而在隐匿、遮蔽中守护自身。

描述与阐释"天、地、神、人"的内涵只是问题的第一步，在海德格尔看来更重要的问题是这四方之间的关系。他用"四方之纯一性"(Einfalt der Vier)来解说四者的关系，他指出"'在大地上'就意味着'在天空下'。两者一道意指'在神面前持留'，并且包含着一种'进入人的并存的归属'。从一种原始的统一性而来，天、地、神、人'四方'归于一体"[②]。海德格尔说，"我们把这四方的纯一性称为四重整体。终有一死的人通过栖居而在四重整体中存在"[③]。他似乎生怕人们忘记这种"纯一性"，因而总是不厌其烦地在谈及其中的"一方"时刻意强调其他"三方"的存在。例如当他谈到诸神时说，"当我们指出诸神，我们就已经一道思及其它三者"[④]。也就是"我们同时就已经出于四方之纯一性而导向了另外三方"[⑤]。海德格尔将这种"同时导向其它三方"的"一体连带关系"称为四方之间的"相互转让"(Vereignung)。"四方中没有哪一方会固执于它自己的游离开来的独特性。而毋宁说，四方中的每一方都在它们的转让之内，为进入某个本己而失去本己(enteignen)"[⑥]。海德格尔把这种出于"纯一"的"转让"也称之为"四重整体的映射游戏"(Spiegel-Spiel)，并将这种映射游戏描述成"居有之圆舞"(der Reigen des Ereignens)，认为"这种圆舞乃是环绕着的圆环(Ring, der ringt)"，"这个圆环在闪烁之际使四方处处敞开而归本于它们的本质之谜"。[⑦]海德

---

① ［德］海德格尔：《物》，参见《海德格尔选集》，孙周兴选编，上海三联书店，1996年，第1179页。
② ［德］海德格尔：《筑·居·思》，参见《海德格尔选集》，孙周兴选编，上海三联书店，1996年，第1192页。
③④ 同上，第1193页。
⑤ ［德］海德格尔：《物》，参见《海德格尔选集》，孙周兴选编，上海三联书店，1996年，第1178页。
⑥ 同上，第1180页。
⑦ 同上，第1181页。

格尔总结说,"天、地、神、人之纯一性的居有着的映射游戏"就是"世界"(Welt),而"世界的如此这般环绕着的映射游戏的被聚集起来的本质乃是环化(das Gering)。在映射着游戏着的圆环的环化中,四方依偎在一起,而进入它们统一的、但又向来属己的本质之中"。世界通过"环化"而成其本质,同时,"物之物化得以发生"①。

为了阐释"四方之纯一性"关系,海德格尔从不同角度,使用"转让""映射游戏""圆舞""圆环"等许多带有文学色彩的词汇和比喻、拟人的修辞手法进行说明或分析,既让人目不暇接,又使人如坠迷雾。这里的关键词其实就是"四方之纯一性"。"Einfalt"在德语中是一个阴性名词,有"天真、淳朴,幼稚、简单,头脑简单的人"等含义,例如"die Einfalt eines Kindes"译为"儿童的天真"。除此之外,组成该词的"Ein"在德语中作为"基数词"表示"一";作为"不定冠词"表示"一个、一位、一种等";作为"不定代词"表示"某一个,任何一个"。海德格尔一方面利用了"Ein"所具有的内涵,将其导向"一体、统一、整一"等含义,另一方面又发挥了"Einfalt"一词中所具有的"天真、淳朴、幼稚、简单"的含义,将其导向"纯粹的、原始的、质朴的"等语义。其用意在于借助词义的相似性和相关性,既强调四方的"一体化,整体性关系",又意指该"一体化"关系的存在不是事后由人的认识总结乃至强加上去的,而是从"本源处"便如此。应该说,用"纯一"翻译"Einfalt"是非常精确的。海德格尔剔除了该词的伦理学色彩,借用它来表示天、地、神、人四方具有的"原始统一性"的存在论哲学内涵。"转让""映射游戏""圆舞"都是对这种统一性的进一步描述。于是我们发现,海德格尔总是在描述完天、地、神、人后,一方面常常不忘提醒世人勿忘四方的连带一体关系,另一方面又总是不厌其烦地补充一句"但我们并没有思索四方之纯一性"②。

海德格尔说,世界在四方的映射游戏中"世界化"(das Welten von Welt),这个"世界化""既不能通过某个它者来说明,也不能根据它者来论证。这种不能说明和论证并不是由于我们人类的思想无能于这样一种说明和论证。而不如说,世界之世界化所以不可说明和论证,是因为诸如原因和根据之类的东西是与世界之世界化格格不入的。一旦人类的认识在这里要求一种说明,它就没有超越世界之本质,而是落到世界之本质下面了。人类的说明愿望根本就达不到世界化之纯一性的质朴要素中。当人们把统一的

---

① [德]海德格尔:《物》,参见《海德格尔选集》,孙周兴选编,上海三联书店,1996年,第1181页。
② [德]海德格尔:《筑·居·思》,参见《海德格尔选集》,孙周兴选编,上海三联书店,1996年,第1193页。

四方仅仅表象为个别的现实之物,即可以相互论证和说明的现实之物,这时候,统一的四方在它们的本质中早已被扼杀了"①。

　　行文至此我们可以总结并回应一下前面提出的两个问题,在"大道"及其"道说"运作中"相互牵引、来回交荡"的主要有四种力量,"天、地、神、人"。这四种力量在转让、映射、环舞的相互牵引、来回交荡活动中组成了"本源一体化"的"四重整体世界"。"大道"一词表明,任何"存在者"在活动中(Er)成其自身(eignis),也就是"存在者"的"存在及其意义显现",都是在不可分割的四种力量的"互动"中完成的。四种力量之间转让、映射、环舞的互动即"道说",这是一种无声的"天地之大言"。用海德格尔的话说即"寂静之音",也就是"根本意义上的诗"。在这首"诗"中,因为有"人"②的参与,所以"存在者"的"存在"就不再是与人无关的"现成性"东西,它需要人的阐释才能显现出来,这意味着"存在"与"存在意义"在人的"领会"与"言说"中的"显现"具有某种一体共生关系。同时,因为有"神"的参与,所以"存在意义的显现"就不是一劳永逸地完成的,而是在"神"的"隐匿性"与人的敞开中趋向于"不断生成",乃至于永无完成。在不断生成甚至永无完成中,物之"存在"于是在人的"显现"中便做到了始终持有"自身之在"。各种"物"的存在、"人"的存在、人所使用的"有声语言"的存在及其"诗化本性",也必须在这个"四重整体世界"中才能得到本质性把握。

　　例如海德格尔阐释"壶"的"存在"。他认为壶的"壶性"不在于它是用来盛水、盛饮料或酒的"器皿",这是一种基于"科学的表象"的认识。这种认识将"壶"的"虚空""表象为一个充满空气的空穴",但"并没有让壶的虚空成为它自己的虚空",因为"我们没有去思索,壶容纳什么以及它如何容纳"。③也就是说,"壶"在所谓科学认识活动中被从周围世界中切割出去,成为一个孤立的"认识对象",从而遗忘了它在"倾注的馈赠"中与其他存在者的"整体性"关联。海德格尔说,在壶的赠品中有泉,"在泉中有岩石,在岩石中有大地的浑然蛰伏。这大地又承受着天空的雨露。在泉水中,天空与大地联姻"④。同样,在"壶"由虚空而来的赠品中也可以有其他东西,例如"酒","酒由葡萄的果实酿成。果实由大地的滋养与天空的阳光所育成","故在壶之

---

① [德]海德格尔:《物》,参见《海德格尔选集》,孙周兴选编,上海三联书店,1996年,第1181页。

② 这里涉及的人是本真在世之人,而非传统形而上学理解的人。

③ [德]海德格尔:《物》,参见《海德格尔选集》,孙周兴选编,上海三联书店,1996年,第1171~1172页。

④ 同上,第1172页。

本质中,总是栖留着天空与大地"。除此之外,无论壶倾注的是泉、饮料,或酒,它又联系着"解人之渴,提神解乏,活跃交游"及"敬神献祭"。因而在壶的"倾注之赠品中,同时逗留着大地与天空、诸神与终有一死者。这四方是共属一体的,本就是统一的。它们先于一切在场者而出现,已经被卷入一个唯一的四重整体中了"。倘若忽略了这一点,"倾注的本质一旦萎顿,就可能变成为单纯的斟入和斟出,直到最后在通常的酒馆里腐烂掉。倾注并不是单纯的倒进倒出"①。

除了对壶之壶性的分析,海德格尔还曾论及诸如桥梁、居所、庙宇、艺术品、诗歌、语言等"物"的存在本质。"物"之存在的特点在于,"物"之"存在"必须要显现于作为"存在者"的某个东西即"物化"中,在"存在者化"或"物化"中发生着"天、地、神、人"之间的居有-映射游戏。海德格尔把"物"在"物化之际"发生的对"四重整体世界"的栖留又称之为"聚集"(versammelt)。他说,"物物化,物化聚集(Das Dingen versammelt),居有四重整体之际,物化聚集四重整体入于一个当下栖留的东西,即入于此一物彼一物"。物之本质就在于这种"纯粹聚集"②。海德格尔还从词源学的角度论证,现代德语中表示"物"的"Ding"一词,很容易让人们"回忆起古高地德语的词语 thing",该词的意思正是"聚集",而且"是为商讨一件所谈论的事情、一种争执的聚集",用来表示"人们以某种方式予以关心、与人相关涉的一切东西,因而也是处于言谈中的一切东西"③。"聚集"也成了"语言"的本质之所在。他说,"语言之本质属于那种使四个世界地带'相互面对'的开辟道路的运动的最本己的东西"④。"道说作为这种无声的召唤着的聚集而为世界关系开辟道路。这种无声的召唤着的聚集,我们把它命名为寂静之音(das Geläutder Stille)。它就是:本质的语言。"⑤

不过,虽然诸如桥梁、居所、庙宇、艺术品等"物之存在"在"物化之际"都能显现出对"天地神人"的"聚集性本质",但就"聚集性"而言,海德格尔认为,在所有的"物"中,"作为为世界开辟道路的道说,语言乃是一切关系的关

---

① [德]海德格尔:《物》,参见《海德格尔选集》,孙周兴选编,上海三联书店,1996年,第1173页。

② 同上,第1174页。

③ 同上,第1175页。

④ [德]海德格尔:《语言的本质》,参见《在通向语言的途中》,孙周兴译,商务印书馆,1997年(2004修订版),第211页。

⑤ 同上,第212页。

系"①,"语言乃是最高的、处处都是第一性的呼声"②,因为"词语破碎处,无物存在"③。海德格尔借用诗人斯蒂芬·格奥尔格在《词语》一诗中的这句话,表达了"语言"在所有存在者中的至高地位。这种地位的差别甚至同样表现在"语言"与作为"语言艺术"的"诗歌"之间的关系上。海德格尔认为,"语言本身就是根本意义上的诗。但由于语言是存在者之为存在者对人来说向来首先在其中得以完全展开出来的那种生发,所以,诗歌,即狭义上的诗,在根本意义上才是最原始的诗。语言是诗,不是因为语言是原始诗歌(Urpoesie);不如说,诗歌在语言中发生,因为语言保存着诗的原始本质"④。

正如我们前面曾提到过的,海德格尔将诗歌分成了两个层次,一个是"狭义上"的"诗歌",一个是"广义上诗意创造",也就是"根本意义上的诗"。对于语言也是如此,他把语言也分成了作为"词语性"的"狭义语言"与作为"存在之家"的广义的"道说"语言。在该段的最后一句话"语言保存着诗的原始本质"这句话中,"语言"指"道说","诗"指"狭义的诗歌","原始本质"即作为"聚集"的存在性。而在海德格尔所说的"语言乃根本意义上的诗"这句话中,语言与诗都是广义上的所指。也就是说,即便是在"语言"中,海德格尔也区分了两个层面。在"广义"的层面上,海德格尔把所有"物"在"存在论层面"上对"四重整体"的"聚集"都视为"语言",并把这种"聚集性"看作"狭义诗歌"的诗性根源。于是,海德格尔得出了一些奇怪的结论,例如他说语言"绝不单纯是人的一种能力";"我们之所以能说话,无非是因为我们应和语言"⑤;"诗乃是存在的词语性创建"⑥等。把这些奇怪的说法放在上述区分中就不难理解了。例如"诗乃是存在的词语性创建",这里的"诗"因为涉及"词语性"主要指狭义的"诗歌",但它却是来自作为"四重整体"的"存在"的创建。这与通常意义上人们对作为文学体裁之一的"诗歌"的认识区别很大。一般认为,诗歌的创作主体是"诗人",但海德格尔却将它的创作主体及语言的言说主体由"人"变成了作为"四重整体世界"的映射游戏。海德格尔对语言的"聚集性"以及它与诗的关系所做的阐释,让他的语言学说带上了

---

① [德]海德格尔:《语言的本质》,参见《在通向语言的途中》,孙周兴译,商务印书馆,1997年(2004修订版),第211页。

② [德]海德格尔:《筑·居·思》,参见《海德格尔选集》,孙周兴选编,上海三联书店,1996年,第1189~1190页。

③⑤ [德]海德格尔:《语言的本质》,参见《在通向语言的途中》,孙周兴译,商务印书馆,1997年(2004修订版),第182页。

④ [德]海德格尔:《林中路》,孙周兴译,上海译文出版社,1997年,第58页。

⑥ [德]海德格尔:《荷尔德林诗的阐释》,孙周兴译,商务印书馆,2000年,第45页。

浓厚的"诗化"或"审美化"倾向,关于这种倾向我们需要做三点说明:

第一,语言作为"聚集"的"诗化"或"审美化"本质,是"存在论层面"上的,不是"存在者层面"的,因此不同于任何"诗学"或"美学"对语言诗性特征的描述。在海德格尔看来,关于这个诗意言说的领域,"我们依据文学和美学的范畴是绝不能掌握的"①。

第二,"存在论层面"上语言作为"聚集"的"诗化"或"审美化"本质,又不能离开它在"存在者层面"上的显现,即"语言之存在"与语言"物化"为某个"存在者"不可分离。语言的"诗化"本性在"存在者层面上"最好的体现于人类的"有声言说"尤其是"诗歌"之中。因为诗歌语言是一种"非逻辑化"的语言,这种语言具有强大的"境域显现性"功能,这个功能非常靠近语言作为"聚集"的存在论本性。这与柏拉图所设立的"理念世界"及其哲学传统又有所不同,在海德格尔这里并不存在一个先验的独立的"语言理念"与"诗歌理念"。

第三,语言对"四重整体世界"的"聚集性显现",一定是在"人"的参与中的"显现"。实际上,将"天、地、神、人"聚集在一起并在它们的相互"居有与映射游戏"中生成的"四重整体世界",是对"所有存在者"之"存在结构"的描述与规定。这意味着,语言诗化本性的显现有赖于人,尤其是能够"赴死"的人的敞开。海德格尔对"真正的诗人"与"纯粹的思者"寄予了很大的期待。问题的关键在海德格尔看来,还是"人"的转变。人应该以何种姿态去触摸语言或者说存在的诗性,人的问题不能不得到深入的探索。

第二节　语言的诗意与"守护者"的"诗意栖居"

在上一节中我们指出,将"天、地、神、人"聚集在一起,并在它们的"相互居有"与"映射游戏"中生成的四重整体世界"是对"所有存在者"之"存在结构"的描述与规定,语言之"存在"也不例外。同其他"存在者"一样,语言之"诗性存在"不是如同柏拉图的"理念"那样是一种"先验性存在",它必须"存在者化"或者说"物化",即它必须在发生于"此处"或"彼处"的"人类"之"听(即思)"或"言说"中显现出来,而且只有人类才能做得到。这就是为什么海德格尔之所以要在"四重整体世界中"为"人类"保留一个席位的主要原因。人之存在的独特性即在于,它是万事万物之存在意义的唯一"敞开者"。不

---

① ［德］海德格尔:《荷尔德林诗的阐释》,孙周兴译,商务印书馆,2000年,第186页。

过，海德格尔对"人"这个"席位"在"存在论层面"上是有规定性的，即它是一个"终有一死者"，是一个能够"赴死"的人。只有这样的人，才能配享这个席位。但遗憾的是，在"存在者"层面上，并不是所有在世之人都能胜任这一角色，并不是所有人的"思"与"言说"都能触及到语言之"诗性存在"。语言之"诗性存在"的显现因而联系到一个"人"的"生存在世"以及"如何在世"的问题。这里有两个问题需要回答，一个是海德格尔为什么要将对语言存在问题的思考与人的生存在世联系起来思考？另一个是人如何在世才能触摸语言的"诗性存在"？

一、传统与现代语言哲学视野中的"人的消隐"

海德格尔之所以将语言之"诗性存在"的显现与"人"的"生存在世"联系起来，一个很重要的原因在他看来，在从传统向现代语言哲学及语言科学发展过程中出现了"人的消隐"的问题。人的"生存在世"被各种传统的形而上学语言哲学观及现代语言科学学说从"语言"中割离了出去，而被剥离了人的"生存在世"的"语言观"便遮蔽了语言的存在问题。

我们曾在本书第三章第一节中指出，海德格尔的语言哲学观是在批判与反思西方传统"逻辑语言观"的基础上提出来的。"逻辑语言观"在"本体论哲学"时期主要表现为语言反映世界之真即"实体世界"的"实体-对应论符号观"，例如柏拉图认为"正确给予的名称是与它们所表示的事物相同的，名称是事物的形象"①。而在17世纪以来的"认识论哲学"中，"逻辑语言观"主要表现为语言可以传达人类思想观念的"思想-工具论符号观"。例如17世纪以来，由于受笛卡尔唯理主义哲学的影响，以包泽（Beauzee）、威尔金斯（John Wilkins）等为代表的唯理主义语言学普遍认为，"语言的功能是传达思想，任何自然语言都是人类思维的内部机制的外部表现。人类思维具有共性，因此语言中存在普遍法则。语法的基本任务是反映这种普遍法则"。这些唯理语法学家甚至"企图创造出一种最理想的语言，以便人们使用同样的词汇，清楚简洁地表达思想"。②

在上述两种倾向中，如果说"实体-对应论符号观"对人类存在的遗忘是很明显的，因为这个时期的"人"是消融在"一元论"的世界本体之中的，"人"区别于"其他存在者"的独特性并没有成为哲学探讨的主题，那么"思想-工

---

① ［古希腊］柏拉图：《克拉底鲁篇》，参见《柏拉图全集》（第二卷），王晓朝译，人民出版社，2003年，第131页。

② 周利娟、郭涛：《哲学思想与西方语言学》，《北京师范大学学报》，2000年第4期。

具论符号观"从表面上看则"似乎"并没有遗忘人的生存在世,因为他们在"我思"与"世界"的"二元对立"中把语言看作人类"思想观念"的反映工具。

人类的"思想"难道不与人的"生存在世"息息相关吗?但海德格尔不这么认为!他认为,"二元对立"把"人"从本来不可分割的"因缘整体世界"中切割出来,成为一个"超验"的存在。这种"二元对立"的思维方式的"根本特征是惯于为世界设立一个本原",例如理念、实体、上帝、思维、意识等,并"由这个本原出发""设定了一系列二元对立的范畴,如在场/不在场,精神/物质,主体/客体,能指/所指、理智/情感……中心/边缘等等"。①由这种思维方式建构起来的西方哲学主流即"形而上学传统"。当"形而上学"把"思""理智""精神"等作为"中心"对"人的存在本质"展开探讨,并进而在此基础上理解"语言的存在"时,海德格尔认为它至少犯了两个方面的错误:第一,它把人的"认知性在世"这种"非本源性的存在"看作了"此在存在"的"本源状态",是用"派生性"的东西取代了"本源性"的东西,同时将人类的其他在世诸如"情绪现身""畏""操持""操劳"等打向"边缘",成为人的"非本真在世",从而遮蔽了"此在"在"因缘整体世界中"的"本真性存在",造成了"人的消隐"。第二,它将语言视作反映"人类思想"的"符号性"工具,带有"人类中心主义"的倾向,从而遗忘了语言与天、地、神之间所具有的"一体性关联"。海德格尔有时又将这种思维方式称之为"表象性思维",并认为这种方式根本无法触及语言的本质或存在。例如他说:"人们深思熟虑,力图获得一种观念,来说明语言普遍地是什么。适合于每个事物的普遍性的东西,人们称之为本质。按流行之见,一般地把普遍有效的东西表象出来,乃是思想的基本特征。据此,对语言的思考和论述就意味着,给出一个关于语言之本质的观念,并且恰如其分地把这一观念与其他观念区别开来。"②海德格尔认为,这种方式难以经验"道说"的显现,并且认为这是在"人类中心论"视野中对"语言施以强暴"的行为。

在海德格尔看来,这种"表象性思维"及其主导下的语言观即便在20世纪也仍然存在。例如,"分析哲学"也曾试图像"唯理主义语言观"那样,发明一种接近逻辑理想的"人工语言"。在这种语言中,"每一个语词都有意义,每一种句型都符合逻辑句法,用这种语言作为标准化的衡量工具,用它来鉴别什么句子是有意义的,什么句子是没有意义的"③,以便让语言对思想的表

---

① 苏宏斌:《现象学美学导论》,商务印书馆,2005年,第14页。
② [德]海德格尔:《语言》,参见《在通向语言的途中》,孙周兴译,商务印书馆,1997年(2004修订版),第2~3页。
③ 全增嘏主编:《西方哲学史》,上海人民出版社,1985年,第645页。

达变得更加精确化。再如,索绪尔的"结构主义"语言学,将"语言与言语"区分开来,认为语言是可以脱离具体语境的封闭、自足、有规律可循的符号系统,语言学就是对这个符号系统的规则进行研究的学问。而"言语"则是人们对语言规则的运用,与经验个体生存在世的活动相关,于是对"言语"的研究便被索绪尔排除在了语言学研究之外。尽管海德格尔似乎并没有对索绪尔的语言学理论展开过深入探讨,但索绪尔对"语言与言语"所作的"对立化区分",以及将语言从人的生存在世中剥离出去的做法,却是海德格尔明确反对的。因为,"语言的存在"必须要在人"生存在世"的"话语言谈"中才能有所依托,并且人的本真性言谈总是会涉及"天、地、神、人"四方。试图将这些内容从语言中剥离出去,仅仅将语言视作有规则的、封闭的符号系统乃皮相之谈。例如海德格尔说,"我们通常所谓的'语言',及词汇和词语结合规则的总体,无非是语言的一个表层而已"①。"语言根本上惟发生于对话中","我们本身所是的本真对话就存在于诸神之命名和世界之词语生成(Wort-Werden)中"。②

事实上,如果我们将海德格尔的"诗化-存在论"语言思想与索绪尔的"现代语言科学"以及以"分析哲学"为代表的现代哲学的"语言学转向",放在西方20世纪"美学思潮"中给予考察,那么我们会发现,两种语言思想的对立实际上也可看作"人本主义美学"与"科学主义美学"在"语言领域"中的对立。例如朱立元认为,"所谓人本主义,即以人为本的哲学理论,其根本特点是把人当作哲学研究的核心、出发点和归宿,通过对人本身的研究来探寻世界的本质及其他哲学问题","现象学和存在主义,可谓西方现代思想最深刻、内容最丰富、影响最深远的人本主义美学流派"。

与此相对,"所谓科学主义,即以自然科学眼光、原则和方法来研究世界的哲学理论,它把一切人类精神文化现象的认识论根源都归结为数理科学,强调研究的客观性、精确性和科学性"③。以索绪尔为代表的"科学主义"倾向,将语言只是看作纯粹的符号系统势必导致人的生存在世的被遮蔽,即"人的消隐"。受科学主义语言学影响,20世纪西方的语言美学、文学语言学的研究呈现出一种浓重的"科学氛围",具体表现在对"符号的研究"代替了"人学"的探微,这种倾向在包括海德格尔、伽达默尔等在内的人本主义学者那里遭到了深刻的反思与批判。有意思的是,这种反思与批判也发生在科

---

① [德]海德格尔:《荷尔德林诗的阐释》,孙周兴译,商务印书馆,2000年,第42页。
② 同上,第43页。
③ 朱立元:《现代西方美学二十讲》,武汉出版社,2006年,第1页。

学主义阵营中,例如分析哲学阵营中的维特根斯坦。

维特根斯坦不满足于前期对作为"纯符号"的"人工语言"的设想,在后期转向了对"日常语言"的研究,这种转向带有重新建立语言与人的生存在世之亲密关系的倾向。我们看到维特根斯坦在其后期学说中抛弃了其前期追求理想的"人工语言"的科学主义态度。他说,"我们所谈论的是处于空间时间中的语言现象,而不是某种非空间、非时间的幻象……我们谈论语言时就像我们在陈述象棋游戏的规则时谈论棋子那样,并不描述棋子的物理属性。'词到底是什么东西?'这个问题就类似于'象棋中的棋子是什么东西?'"①在此基础上,维特根斯坦进而提出"语言的述说乃是一种活动,或是一种生活形式的一个部分"②。"想象一种语言就意味着想象一种生活形式。"③"必须接受的东西、给与我们的东西、乃是——人们可以说——生活形式。"④可以说,"生活形式"的提出使人的"生存在世"重新走进维特根斯坦的语言观视野之中。语言只有在人的生存在世中才能得到理解。正如他所说,"每一个记号就其本身而言都是死的。是什么赋予了它以生命呢?——它的生命在于它的使用"⑤,"一个词的意义就是它在语言中的使用。而一个名称的意义有时是通过指向它的承担者来说明的"⑥。因此,"人们不能猜测一个词是如何起作用的。只有去察看它的使用并从中学习"⑦。"我们的目标并不是以闻所未闻的方式来精心加工和完善我们使用词的规则系统。"⑧从这些论述中我们不难发现,维特根斯坦与海德格尔的语言思想存在许多相通之处。他们都不再将语言视作"无时间""无空间"的符号系统,而是主张走出符号,走向人的生存在世。当然,两者的区别也非常明显。海德格尔更强调语言对"存在"的显现作用,带有鲜明的"反主体论"意味。相比较而言,维特根斯坦语言思想的"主体论"色彩更浓一些。

二、人作为守护者:向"诗意栖居"的回归

通过上述梳理我们有理由相信,与海德格尔的语言思想相伴生的是其

---

① [奥]维特根斯坦:《哲学研究》,李步楼译,商务印书馆,1996年,第70~71页。
② 同上,第415页。
③ 同上,第12页。
④ 同上,第345页。
⑤ 同上,第193页。
⑥ 同上,第31页。
⑦ 同上,第164页。
⑧ 同上,第77页。

"人学观",两者是一体的,很难被切割开来。这意味着,语言的"存在及其意义显现"也是人的"生存在世"及"如何在世"的问题。综合海德格尔前后期学说,他主要提出了三种人类在世形态及经验语言的方式:第一种是"常人在世";第二种是"专注于观察的"在世;第三种是"基于诗-思的基本经验"的在世。海德格尔认为,前两种在世形态不是人生在世的"本真形态",因而无法揭示语言的本质,但他对最后一种"基于诗-思的基本经验"的在世方式却给予了很大希望。他认为,"人类此在在其根基上就是'诗意的'"①。只有在"诗意栖居中"才能让语言的"存在"显现出来。

我们前面曾梳理过海德格尔《存在与时间》的"常人"理论。他认为,"常人在世"是"此在"最为常见也无法躲避的在世环节与方式。在此方式中,语言是人类表达思想及交流的最为重要的符号工具之一,但语言的这种作用具有"两面性"。一方面,在相对固定的语词符号系统与外部世界之间存在一种约定俗成的、现成性的"对应"关系。这种关系支配着每一个人,不管你喜不喜欢、愿不愿意,你都要服从它的强制约定。这种强制约定对人与人之间正常交流的开展,对维系社会、传承文化发展具有极大作用,但另一方面语言的这种"现成性"也容易将"此在"的生存在世纳入一种"人云亦云"的、"非本真"的"常人在世"中。人们貌似都在说着自己的话,走着自己的路,但其实早已被编制进某个获得大家认同的,或有意或无意的言说方式与思维方式之中去了。人的生存已偏离了"向死而生"的本真在世,"死亡"成为某种符号性的"与己无关"的存在。在海德格尔看来,常人世界是一个被"同化"因而被"异化"的世界。生存在其中的人并不是真正的人!或者说,"真正的人"在这个"常人世界"中"消隐了"。

随着海德格尔的思想由前期推进到中后期,他对人的生存在世的思考逐渐转向现代技术世界中处于"表象性思维"支配下的"现代人"。他这样描述"现代人",现代人"把某物带到自身面前来,而在带的时候,这种被带到面前来的东西作为事先被表象的东西在任何方面都规定着制造的一切方式;这样的把某物带到自身面前来,就是我们称为意愿(das Wollen)的这种行为的基本特征。这里所谓的意愿就是制造,而且是在有意贯彻对象化意图的意义上的制造——这种意愿规定着现代人的本质——现代人在这种意愿中把自身作为这样一种人摆出来,这种人在对一切存在者的一切关系中,因而也在对他自身的一切关系之中,都作为贯彻自身意图的制造者而站立起来了,而且把此种起立建立为无条件的统治。世界是作为对立的持存(Bes-

---

① [德]海德格尔:《荷尔德林诗的阐释》,孙周兴译,商务印书馆,2000年,第46页。

tand）显现出来的，这种对立的持存整体听凭贯彻自身意图的制造者的摆布与处理，并因此处于他的命令之下了"①。

海德格尔把这种在"表象性思维"支配下的"现代人"的"在世"称之为专注于"观察性"或"计算性"的"在世"。这种"在世"正如"常人在世"一样，一方面它推动了人类科学与技术的发展，将人类文明推向现代文明，但另一方面它也"把一切逼入他的领域之内"。"一切都自始且不可遏制的要变成这种意愿的贯彻意图的制造的材料，地球及其大气都变成原料，人变成被用于高级目的的人的材料。"②语言也未能逃脱这种被"对象化"和"被利用"的命运。海德格尔说，在"表象性思维"中，"对语言的思考和论述就意味着，给出一个关于语言之本质的观念，并且恰如其分地把这一观念与其他观念区别开来"③。也就是"把语言逼入既定观念的掌握之中"，而这个"既定观念"的给出者却是处于"表象性思维"支配下的人，但语言自身的存在却失落了。

在海德格尔看来，"现代人"也是失落了本真性的人，他在"观察"与"计算"中将自己与世界对立起来，甚至试图成为世界的主宰者。但其实正如他所说，人不过是广阔无垠的宇宙中的一颗极微小的沙粒而已，人只是由"天、地、神、人"组成的"四重整体"世界中的一方。海德格尔把处于四方之中的"人"称之为"终有一死者"。与"常人""现代人"的在世方式不同，"终有一死者"的在世方式是"栖居"（Wohnen）。Wohnen在现代德语中是一个表示"居住、住宿"的不及物动词。通过对古萨克森语"wuon"和古哥特语"wunian"的词源学考察，海德格尔认为在现代德语"栖居"一词中早已经遗失了在"持留、逗留"中"带来和平，保持在和平中"的古意。而"和平（Friede）一词意指自由，即Frye，并且fry一词意味着：防止损害和危险，'防止……'也就是保护。自由的真正意思是保护……栖居的基本特征就是这种保护"④。保护什么？"保护意味着：守护四重整体的本质"。如何保护？保护即"把四重整体保藏在终有一死者所逗留的东西中，即物（Dingen）中"⑤。也就是说，人作为生存在大地上的"栖居者"，必须要学会从在与他照面的"物"中倾听并守护

---

① ［德］海德格尔：《林中路》，孙周兴译，上海译文出版社，1997年，第294页。
② ［德］海德格尔：《林中路》，孙周兴译，上海译文出版社，1997年，第295页。
③ ［德］海德格尔：《语言》，参见《在通向语言的途中》，孙周兴译，商务印书馆，1997年（2004修订版），第2~3页。
④ ［德］海德格尔：《筑·居·思》，参见《海德格尔选集》，孙周兴选编，上海三联书店，1996年，第1192页。
⑤ 同上，第1194页。

发生于其中的"四重整体之运作",也就是前面说的"道说"。海德格尔将人的这种栖居称之为"诗意的栖居"①。只有在这种诗意栖居中,才能真正经验语言的存在。

"诗意的栖居"包括相互关联的两个方面:第一个是人在"操劳"或"操持"于各种"物"或"存在者"的过程中,充满"劳绩"的生存在大地上,并在大地上通过"筑造"建立起各种建筑物。所以栖居首先意味着"筑造"。海德格尔说:"看起来,我们似乎只有通过筑造才能获得栖居。筑造以栖居为目标。可是,并非所有的建筑物都是居所。桥梁和候机室,体育场和发电厂,是建筑物,但不是居所;火车站和高速公路,水坝和商场,是建筑物,但不是居所,不过,上述建筑物依然处于我们的栖居的领域中。"②并且"这种意义上的筑造之物不仅是建筑物,而且包括手工的和由人的劳作而得的一切作品"③。按照一般的理解,"作为栖居的筑造,也即在大地上存在,对于人类的日常经验来说乃是…自始'习以为常的东西'"④。

与第一个方面息息相关的第二个方面是,充满劳绩生存在大地上的人在与各种"物"打交道时,要学会"持留"于"物",也就是学会"思"物或者让物入于"诗"中,在对物有所"倾听"的"入思"或者"作诗"中让"保藏"在物中的"四重整体"显现出来,这种显现即"保护"。因为在如此显现的"物"中,物之存在植根于大地,又伸向天空,而"天空并非纯然是光明。高空的光芒本身就是其庇护万物的浩瀚的幽暗"⑤。这种幽暗即"神",天空中有神的降临。海德格尔说:"不可知的神作为不可知的东西通过天空之显明而显现出来","神通过天空的显现乃在于一种揭露,它让我们看到自行遮蔽的东西",并"守护着在其自行遮蔽中的遮蔽者"。⑥概括地说,真正能够做到"栖居"的人们意识到,他在"思"与"诗"中对"物"的"显现"并没有穷尽"物"之存在或本性。任何人的"显现"都总是一种"遮蔽","物"在这种遮蔽中保持着它的"存

---

① [德]海德格尔:《…人诗意的栖居…》,参见《海德格尔选集》,孙周兴选编,上海三联书店,1996年,第478页。
② [德]海德格尔:《筑·居·思》,参见《海德格尔选集》,孙周兴选编,上海三联书店,1996年,第1188~1189页。
③ [德]海德格尔:《…人诗意的栖居…》,参见《海德格尔选集》,孙周兴选编,上海三联书店,1996年,第467页。
④ [德]海德格尔:《筑·居·思》,参见《海德格尔选集》,孙周兴选编,上海三联书店,1996年,第1191页。
⑤ [德]海德格尔:《…人诗意的栖居…》,参见《海德格尔选集》,孙周兴选编,上海三联书店,1996年,第477页。
⑥ 同上,第473页。

在"或者说"神秘"。用海德格尔的话说,"不光神本身是神秘的,神之显明(Offenbarkeit)也是神秘的"①。当人体察到并坚守这一点,以"显现者"或"守护者"的身份在世时,这才是真正的"诗意栖居"。

在海德格尔看来,尽管诗意栖居的第一个方面很重要,但第二个方面才是更加基础和本源性的。他说,"农民培育生长物,建筑物和作品的建造,以及工具的制造——这种意义上的筑造",只是"人们通常而且往往唯一地从事的、因而只是熟悉的筑造,把丰富的劳绩带入栖居之中",但这"不是栖居的原因甚或基础",它只是"栖居的一个本质结果"。在海德格尔看来,"只有当人已经以另一种方式筑造了,并且正在筑造和有意去筑造时,人才能够栖居"②。"另一种方式"也就是上面说的,人须在"入思"或者"作诗"中敞开"物"之"存在",并将其"存在"守护在"遮蔽"中。这便是他借用荷尔德林的诗句要表达的,"充满劳绩,然而人诗意地,栖居在这片大地上"③,"作诗是本真的让栖居(Wohnenlassen)"④。

当然,要做到这一点,人们需要一个"返回步伐"。他说,"物之为物并非通过人的所作所为而到来。不过,若没有终有一死的人的留神关注,物之为物也不会到来。达到这种关注的第一步,乃是一个返回步伐,即从一味表象的,以及说明性的思想返回来,回到思念之思(das andenkende Denken)"⑤。如何返回?"返回步伐寓于一种应和(Entsprechen),这种应和——在世界之本质(Weltwesen)中为这种本质所召唤——在它自身之内应答着世界之本质"⑥。"应和(Entsprechen)"在现代德语中是一个用来表达"符合、适应、与……相称"等含义的不及物动词。海德格尔巧妙地利用了该词的词根"sprechen(意谓说话,讲话,交谈等)",用"Entsprechen"一词表示诗意栖居之人对"四重整体世界运作之本质"也就是对"道说"的"倾听""应答"乃至与其展开的"对话"。前面我们曾分析过,这种"道说"乃根本意义上的"诗"。海德格尔在这里把真正的"思"与"诗"联系了起来,在他看来,"歌词和运思

---

① [德]海德格尔:《…人诗意的栖居…》,参见《海德格尔选集》,孙周兴选编,上海三联书店,1996年,第473页。

② 同上,第467页。

③ 同上,第468页。

④ 同上,第465页。

⑤ [德]海德格尔:《物》,参见《海德格尔选集》,孙周兴选编,上海三联书店,1996年,第1182页。

⑥ 同上,第1183页。

同源,皆系诗之近邻,出之于在而通达在之真理"①,"运思之诗,实乃在之地志学"②。

进一步梳理可以发现,与对"诗"的理解类似,海德格尔对"思"的阐释也存在两个层面,一个是"存在论层面"的"思",一个是"存在者层面"上的"思"。前者是本源,但又需要在后者中"存在者化"。不过,由于在"存在者"层面上,人的"运思"情况非常复杂,所以并不是所有的"运思"都能返回到真正"思"的层面。海德格尔曾经以诗的形式提出过趋迫运思的三大危险,他说,"山风时强时弱,隆响于木屋之椽/恶劣天气即将来临……/三大危险趋迫运思/美好而有益之危险,乃吟咏诗人之切近/不祥而激烈之危险,乃运思本身。它必反抗自身而思,却难得这般行为/恶劣而糟糕之危险,乃是哲学方式"③。三种危险中,以表象性思维为特征的哲学乃至科学方式对"思"的威胁很好理解,它们将主体与客体对立起来,从而遗忘了人与天地神之间的内在一体性关联,这也是海德格尔反复强调的。那么"吟咏诗人之切近"与"运思本身"的危险该如何理解? 遗憾的是,海德格尔没有做出任何阐释。他似乎真的把自己当成了诗人,不但模拟着诗歌的样子做起"豆腐块"来,而且还"惜墨如金"不肯多言,把阐释的空间留给读者们。

综合海德格尔前后期的理论我们认为,在人类的所有"有声语言"形态中,"诗歌"无疑是海德格尔最为推崇的,这也许是所有语言形态中最接近"道说语言"的。所以他说"吟咏诗人之切近"虽然是危险之一,但这是一种"美好而有益之危险"。不过,海德格尔也同样认为,并不是所有诗人的"诗性言说"都能触摸"存在"或"天道",只有"极少数"诗人才能做到,荷尔德林是其中之一。这是否意味着,其他很多"吟咏诗人"的诗歌言说在"不能显现"乃至"遮蔽存在"的意义上就变成了一种危险? 另外,对"运思本身的危险",海德格尔也没有做任何阐释。我们的理解是,除了哲学、科学、诗歌创作之外,倘若"人的运思"只关注并追逐"思的结果",而不能对思考的结果产生"反抗乃至解构"的力量;倘若在"敞开存在之意义"的同时意识不到"遮蔽的维度",从而永远让思走在"运思"的路上,以保护"存在的神秘",那么这也是一种危险。汉娜•阿伦特在《海德格尔八十岁了》一文中曾分析海德格尔思想魅力的原因之一即是其"思想对自身的结果"也"含有解构的"

---

① [德]海德格尔:《从思的经验而来》,参见《海德格尔选集》,孙周兴选编,上海三联书店,1996年,第1163页。

② 同上,第1162页。

③ [德]海德格尔:《从思的经验而来》,参见《海德格尔选集》,孙周兴选编,上海三联书店,1996年,第1158页。

或者说"批判的指向",这种指向让其思考"一再指向新的思想过程"。①这一点评可谓精准!

于是,能否从"存在者层面"返回"存在论层面"的关键之处在于,作为存在者的人在"运思"与"作诗"时能否参悟"思"与"语言"在"敞开存在"时的"局限性",学会反抗、解构运思与言说自身,在反抗与解构中守护"存在的遮蔽",即"对于神秘的虚怀若谷"②。如此运思与作诗之人,乃真正的"诗意栖居者",也就是"四重整体世界"中那个勇于"赴死之人"。海德格尔认为:"人类此在在其根基上就是'诗意的'。"③人以其能够赴死的诗意栖居,在敞开"存在"的同时,又反抗乃至解构运思与言说自身,倾听并守护着"存在的神秘"——语言的"诗性之源",于是作为"有声言说"的"诗人"之"诗歌创作"便顺其自然了。海德格尔以诗的形式赞美道:"小小风车在户外歌唱,于暴风雨之积聚中……/当思之勇气听命于在的邀请,于是,天命之语言蓬勃/一旦吾人眼观于物,心听于词,于是,运思之成就赫然发达。"④

① [德]汉娜·阿伦特:《海德格尔八十岁了》,陈春文译,江苏教育出版社,2005年,第202页。
② [德]海德格尔:《泰然任之》,参见《海德格尔选集》,孙周兴选编,上海三联书店,1996年,第1240页。
③ [德]海德格尔:《荷尔德林诗的阐释》,孙周兴译,商务印书馆,2000年,第46页。
④ [德]海德格尔:《从思的经验而来》,参见《海德格尔选集》,孙周兴选编,上海三联书店,1996年,第1155页。

第七章　"词物关系"视域与"道说"中的"词物共生"意蕴

第一节　西方语言哲学传统中的几种"词物关系"学说

通过上一章的梳理我们看到,海德格尔将语言的存在问题置入"大道运作"的视野中进行考察,认为这种运作即语言的本质——"道说",并将这种"道说"阐释为"根本意义上的诗"。不仅如此,在"大道运作"的视野中,海德格尔还认为"人类此在在其根基上"也是"诗意的"。①人类只有从"常人""现代人"返归"终有一死者",学会"诗意栖居",才能聆听并传达"道说语言"中的诗意。因此,所谓"通向语言之途","恰恰不是把语言,而是把我们带到语言之本质的位置那里,也即:聚集入大道之中"。②海德格尔不仅从"存在论层面上"将语言的本质理解为"诗化的",还在"存在者层面上"打通了"思者"与"诗人"的界限,给予以荷尔德林为代表的诗人至高的地位。他说:"在诗人的赋诗与思想家的运思中,总是留有广大的世界空间,在这里,每一事物:一棵树,一所房屋,一座山,一声鸟鸣都显现出千姿百态,不同凡响。"③通过将语言阐释为"天、地、神、人四重整体"的运作,海德格尔以"拟人化"的手法,将语言的言说主体由"人"置换成了"大道",赋予了"语言"以"无所不在""无处不言",笼罩一切的力量。这为西方语言哲学史如何理解语言及其诗性存在,语言与世界,语言与人之间的关系打开了一个宏阔而全新的思想境域。

在作于1958年的《词语》一文中,海德格尔曾提出这样一种论断,他说,"道说与存在,词与物,以一种隐蔽的、几乎未曾被思考的、并且终究不可思

---

① ［德］海德格尔:《荷尔德林诗的阐释》,孙周兴译,商务印书馆,2000年,第46页。

② ［德］海德格尔:《语言》,参见《在通向语言的途中》,孙周兴译,商务印书馆,1997年(2004修订版),第2页。

③ ［德］海德格尔:《形而上学导论》,熊伟、王庆节译,商务印书馆,1996年,第27页。

议的方式相互归属。一切本质性的道说都返回去倾听道说与存在,词与物的这种隐蔽的相互归属的关系"①。什么是"词与物"之间隐蔽的"相互归属关系"?这种关系为什么"几乎未曾被思考过"?

"词与物的关系"不仅是西方语言哲学思考的元问题之一,也是海德格尔后期语言哲学思考的核心问题之一。与语言科学对二者的理解不同,语言哲学主要把"词与物"理解成"语言与世界",从而探讨两者之间的哲学关系。语言哲学中的世界由语言之外的其他存在者组成,既包括物质世界,也包括观念世界。有的时候,语言哲学也会借用语言科学的说法,把"词与物的关系"说成"能指与所指"或"形式与意义"的关系,因为语言学通常认为语词符号是由表示音响或书写的"能指"与表示"意义"的"所指"构成。对"词与物"或"语言与世界"关系的不同回答,往往会导出不同的语言哲学研究范式和体系。海德格尔所说的存在于"词与物"之间的、"隐蔽"的"相互归属关系"究竟是一种什么样的关系?要回答这个问题,我们的目光首先需要返回到西方传统语言哲学有关"词物关系"的学术史中去。

如果把直到海德格尔提出"道说"语言观之前,西方语言哲学在"词与物"关系问题上的看法梳理一下,大体能得到三种主要观念:第一种是"词物合一论",第二种是"词物分化—对应—反映论",第三种是"词物分立—符号论"。这三种观念分别对应西方社会与历史发展的三个阶段,先看第一种。

所谓"词物合一论"是指人类在神话时代或原始社会阶段所形成的一种崇尚"词物合一"的"自然语言观"。其实严格地说,"词物合一论"只是神话时代或原始社会时期人类"物我不分"的生存在世状态在"语言运用"上的反映,并不是人类有关"词物关系"所提出的一种明确的哲学观念。那个时期的人类尚不能进行这样清晰的理性思考,所以我们将其纳入西方语言哲学史上来分析主要是一种变通的说法。或者说,在我们看来,那个时期的人类虽不能对语言进行系统深刻的理性思考,但他们使用语言本身的方式或状态也间接传达了一种不是"观念"的"观念"。

由于在此阶段中,人的理性思维还不够发达,尚不能清晰地在认识上将人与周围世界中包括语言在内的存在者分离开来,人更多的以"想象"而非"思维"的方式,用一种"拟人化"的眼光和带有"隐喻性"的语言打量与表达着周围的一切存在者。例如意大利著名学者维柯在《新科学》中指出:"值得注意的是在一切语种里大部分涉及无生命的事物的表达方式都是用人体及

---

① [德]海德格尔:《语言》,参见《在通向语言的途中》,孙周兴译,商务印书馆,1997年(2004修订版),第236页。

其各部分以及用人的感觉和情欲的隐喻来形成的。例如用'首'（头）来表达顶或开始，用'额'或'肩'来表达一座山的部位，针和土豆都可以有'眼'，杯或壶都可以有'嘴'。"在维柯看来，最初的各民族"就用这种隐喻，让一些物体成为具有生命实质的真事真物，并用以己度物的方式，使它们也有感觉和情欲，这样就用它们来造成一些寓言故事。所以每一个这样形成的隐喻就是一个具体而微小的寓言故事"①。这些"寓言故事"说明，"一切比喻前此被看成作家们的巧妙发明，其实都是一切原始的诗性民族所必用的表现方式，原来都有完全本土的特性"②。从这种诗性的表达方式中可以看出，在神话时代或原始社会阶段，不仅人与世界之间是一种混沌未分的存在关系，而且这种关系深刻影响了原始先民对"词物关系"的"看法"，即他们在用某些"词"或者"符号"，表达着事物之间以及词与物之间所具有的、一种基于"想象性"而非"思维性"的"相似性"，乃至"一体化"关系。这种关系也影响并塑造了原初各民族最初使用的语言的"能指特征"——"象形文字"。

通过对古埃塞俄比亚人、迦勒底人、拉丁人，乃至"在东印度群岛中国人至今仍用象形文字书写"等诸多语言现象的研究，维柯认为："凡是最初的民族都用象形文字来达意，这是一种共同的自然需要。"③ "因为语言在初产生的时代，原是哑口无声的，它原是在心中默想的或用作符号的语言……这种语言存在于有声语言之前……当时人们按宗教的特性要把默想看作比说话更重要。"④这种默想的"象形文字"符号或某种"姿势""实物"，与所要表达的意思有某种联系——一种"相似性"甚至"一体性关联"。尽管"象形文字符号"及其与"物"之间的这种关联，主要是一种基于"幻想"的语言形态，但在原始先民那里，这种关联却是一种"事实"，隐含着"词即物"的朦胧观念。如同其他存在者，"象形文字"的"象形特征"也被原始先民赋予了某种具有"生命特征"的指代力量。因此，维柯指出，"逻各斯（Logos，即词）对希伯来人来说，也可以指事迹，对希腊人来说，也可以指实物"⑤。在神话时代或原始社会，人们在对词与物关系的理解上表现出一种无意识的"词物不分"或者"词物合一化"的倾向。在这个阶段，人们更多的是"想象"语言，而非"思考"语言，这是一种"词物合一"的自然或神秘语言观。

---

① ［意］维柯：《新科学》，朱光潜译，参见《朱光潜全集》（第18卷），安徽教育出版社，1992年，第237页。

② 同上，第240页。

③ 同上，第254页。

④ 同上，第234页。

⑤ 同上，第235页。

第二种西方传统语言哲学"词物关系"学说是"词物分化—对应—反映论"语言哲学观。

"词物分化—对应—反映论"是自古希腊哲学尤其是柏拉图以降至20世纪初西方哲学传统所主张的主流"词物观",经历了本体论、认识论、语言论三个哲学发展阶段。其核心观点认为,无论语言作为"先验实体"的"对应符号",还是作为人表达思想与真理的"反映工具",词与物之间是一种现成性、被动性、反映性关系。传统语言哲学家们普遍相信,在事物、观念和声音、字词之间存在着"'原子式'的一一对应关系,并且认为'事物'在这一对应配列中具有先在性、本原性的意义,语词不过是事物的'摹本'或'表象',它本身没有独立的价值"①,但人能借语言"反映"真实的世界。语言是世界与人的思想的一面镜子。例如在《克拉底鲁篇》中,柏拉图曾借苏格拉底之口说"正确给予的名称是与它们所表示的事物相同的,名称是事物的形象"②。他从名称意义的本质问题入手,认为语义就是一类事物的"本质共相",并进而以"二重化世界原则"将语词的意义本质共相"实在化",成为一个"先验性"的存在。某个语词所指称的具体事物是该词"意义本质共相"的"不真实"的影子。柏拉图在"先验理念"—"语词意义"—"语词词形"及其"所指具体事物"之间,建立了一个基于"二重化原则"基础之上的"等级化"世界。亚里士多德虽然对柏拉图的"理念论"多有批判并因而带有明显的经验色彩,但语言与外部世界的"对应-反映关系"则基本相同。他说:"口语是心灵的经验的符号,而文字则是口语的符号。"③"言语是正确的还是错误的,取决于事实如何。"④尽管关于词与物之间、语词与意义之间关系的形成是"自然形成"的还是"人为约定"的,柏拉图和亚里士多德有分歧,但在将语言视为对某个真实世界的"对应-反映"这点上,他们却是相同的。正是因为有这种"对应-反映"关系,语言才可以传达实体或本质,人类才能借助语言认识世界,命题才有了真假之别。

我们认为,"词物分化—对应—反映论"的形成一方面植根于神话时代的"词物合一"的自然或神秘语言观,在词与物之间保持了哪怕是带有神秘色彩的难以分割的"对应性"关联,另一方面随着人类由"神话时代"向"人的

---

① 赵奎英:《海德格尔后期语言观对生态美学文化研究的历史性建构》,《文学评论》,2009年第5期。

② [古希腊]柏拉图:《克拉底鲁篇》,参见《柏拉图全集》(第二卷),王晓朝译,人民出版社,2003年,第131页。

③ [古希腊]亚里士多德:《范畴篇解释篇》,方书春译,商务印书馆,1959年,第55页。

④ 同上,第18页。

时代"的过渡,人的意识与理性思维越来越发达,尤其是在进入"哲学时代"以后,哲学家们对人、语言、世界中的其他存在者之间"界限"的认识也越来越深刻。"界限"即意味着一种"分化",人与世界的分化,词与世界的分化,词与物之间的"一体化"的"隐喻性关联"逐步减弱,"逻辑性关联"逐步增强。实际上,词与物之间的"对应性"关系,是以"分化"为前提的,没有分化就无所谓"对应"乃至"反映"。所以准确的说,所谓"词物对应—反映论"应该是"词物分化—对应—反映论"。当然,这个过程的形成是非常漫长的,但是它一旦形成便会表现出极其强大的生命力。例如以泰勒斯(约前624—约前547或546)为代表的从"神话时代"向"人的世界"转化过程中诞生的古希腊哲学家们,是最早的一批开窍者。他们既承受着意识或理性思维日益发达所导致的人与世界"主客二分"的痛苦,又惊喜地发现,他们也可以利用这种"二分化",站在世界的对面思考世界的本源及包括语言在内的诸多存在者的本质等问题。例如毕达哥拉斯(约前580或570—约前500)认为,"万物皆数,数是万物的本源,万物都是模仿数的,是数的摹本,数的原则统治着宇宙中一切现象"[①]。与数的符号性类似,他们发现另一种重要的"符号-语言"在探求世界本源的认识过程中扮演着重要角色,与理性或规律之间存在密切关系。于是,西方哲学发展到赫拉克利特(约前535—约前475)时终于将"logos"从一个普通的书面语名词,运用到哲学思考中,将其本来的"话语""言说"等含义引申为"理性""规律"。在赫拉克利特那里,"逻各斯具有普遍性和共同性,万物都遵循这个逻各斯,它不仅是客观世界的规律,也支配人的主观世界……同时,逻各斯是可以认识的,但多数人不能认识它,只有少数人才能认识他,因为逻各斯不能光凭感觉而要通过理性才能认识"[②]。

之后,再经过巴门尼德(约前515—约前5世纪中叶)将"存在"这个名词引入哲学中,再到柏拉图(前427—前347)提出其"理念论",并将理念作为世界的本体(一般存在),实际上就在"词物对应论"的哲学基础上将"逻各斯(Logos)存在论化"了。不过,这里的"本体或存在"其实只是抽象化了的概念,与后来海德格尔的语言存在论或语言本体论有天壤之别。再到亚里士多德(前384—前322)的《形而上学》,"形而上学"尤其是其中的"本体论哲学",其实是在"语言中"借助"形式逻辑"和"概念"建构起来的一套先验的哲学体系。它有两个基本特点,一个是承认世界是从"本体"而来的,"现象"低于本体;第二个是它在语言中借助形式逻辑和概念推导出一系列命题,认为

①　全增嘏主编:《西方哲学史》(上),上海人民出版社,1983年,第57页。
②　同上,第45页。

这个推论过程即本体形成世界的过程。从词与物关系的视野看,这是一种奠基于"词物分化—对应—反映论"的、并对语言所具有的"理性化特征"给予极端化崇拜的"逻辑语言哲学观"。与原始人用"想象"的方式看待语言现象有一些相似之处,这种逻辑语言观也夹杂着太多的"幻觉化"特征。

尽管着眼点有所不同,"本体论"哲学时期侧重于探讨"语言与本体世界"的关系,将语言视为"本体"或"实体"的"符号对应物";"认识论"哲学时期侧重于探讨"语言与思维主体"的关系,将语言视为反映及表达人类思想或理性认识的"工具",但我们认为,这两个时期关于"词物关系"的主流看法则基本相同,即人类语言与真实世界之间具有"词物对应–反映"关系。由于这种关系的存在,所以寻求这种关系在语言中的表现形式就成为哲学家们探求的共同目标。不管是柏拉图对"名词和动词"的区分,还是亚里士多德创造的"形式逻辑",抑或17世纪后受认识论哲学影响的唯理主义语言哲学家们对词类、语法范畴的进一步细分,对能够传达真理的"普遍语法形式"的追求,支配着从本体论到认识论时期许多传统西方哲人的头脑。逻辑语言和语法分析的产生、成熟以至于成为支配人们看待语言本质的视点,他们将逻各斯的本质视为"理性,规则"等,在很大程度上是基于寻求"普遍语言"的哲学冲动。例如,17世纪以来,由于受笛卡尔唯理主义哲学的影响,以包泽(Beauzee)、威尔金斯(John Wilkins)、阿尔诺(Antoine Arnauld)和兰斯洛(Claude Lancelot)等为代表的唯理主义语言学普遍认为,"语言的功能是传达思想,任何自然语言都是人类思维的内部机制的外部表现。人类思维具有共性,因此,语言中存在普遍法则。语法的基本任务是反映这种普遍法则"①。

不过,由于语言形式具有多样性,这些唯理主义语言学家们便试图将多样化的语言形式概括为基本的两类,即语言的"外部形式(outer form)和内部形式(inner form)"。他们认为"语言的外部形式就是像句子这样可以观察到的外部语法形式。外部形式里面则存在着某种抽象的、基本的、全人类共同的观念,这就是语言的内部形式。同一种观念在不同的语言中,甚至在同一种语言中,有多种不同的外部表达形式"。这些唯理语法学家甚至"企图创造出一种最理想的语言,以便人们使用同样的词汇,清楚简洁地表达思想"。②

当然,在认识论哲学时期,除了唯理主义语言哲学外,经验主义语言观也是重要的哲学思潮。他们认为,我们只能研究看得见,听得见的外部语言

---

①② 周利娟、郭涛:《哲学思想与西方语言学》,《北京师范大学学报》,2000年第4期。

或语言的外部形式,于是历史比较与描述语言学发展起来。不过,在我们看来,尽管唯理派与经验派在有关"认识的来源"这个问题上观念有别,但在语言与认识的关系上却大体一致,即他们大都认可语言是人类交流思想传达认识的工具或符号。从词物关系上说,"词物分化—对应—反映论"是他们共同的哲学基础。另外正如有学者指出的,认识论时期的"词物对应论"与本体论时期相比有一个很大的贡献,即该时期的"唯理语法学家已经认识到词与事物及其概念之间并不完全是一一对应的关系,一个词在不同的情况下(即不同的词组中)可以表达不同的概念,而把自古希腊以来关于词与所指的争论提高了一个层次。在现代语言学中,尤其是现代语用学和功能语法中,语言学家们不是研究某一个词孤立的意思,而是研究某一特定的语境中这个词是什么意思"①。

实际上,正如我们前面曾论述过的,直到19世纪末20世纪初包括罗素、弗雷格、早期维特根斯坦等在内的分析哲学家们,还在试图构造一种接近"逻辑理想"的"人工语言"。可见"词物分化—对应—反映论"在西方由古代至近现代语言哲学中有着多么强大的根基和传统。难怪海德格尔在《存在与时间》中说,"希腊人没有语言这个词,他们把语言这种现象'首先'领会为话语。但因为哲学思考首先把λογος作为命题收入眼帘,所以它就依循这种逻各斯为主导线索来清理话语形式与话语成分的基本结构了。语法在这种逻各斯的逻辑中寻找它的基础"②。逻辑化形式的语言被视为真理在语言中的"形式载体"或者"符号对应物",以"词物分化—对应—反映论"为哲学基础的"逻辑语言观"成为主导西方古代、近代语言哲学的基本观念。

在海德格尔"道说"语言观提出之前,第三种类型的"词物关系"学说是"词物分立—符号论"语言观。这种观念首先由瑞士语言学家在20世纪初的《普通语言学教程》中提出,20世纪中期后成为"结构主义"乃至德里达的"解构主义"语言哲学的最重要的理论资源之一。

在西方学界,一般会把索绪尔及其结构主义语言学放在语言学领域中进行探讨,其代表作《普通语言学教程》也主要是一本科学而非哲学意义上的语言学著作。但我们也同意有些学者例如陈嘉映的如下看法,索绪尔"虽然是专业的语言学家",但他"同时也是一般意义上的思想家,对语言进行了深度的哲学考察,对语言哲学本身也产生了重要影响"。③我们认为,

---

① 周利娟、郭涛:《哲学思想与西方语言学》,《北京师范大学学报》,2000年第4期。
② [德]海德格尔:《存在与时间》,陈嘉映、王庆节译,生活·读书·新知三联书店,1999年,第193页。
③ 陈嘉映:《语言哲学》,北京大学出版社,2003年,第3页。

索绪尔对语言进行的深度哲学考察，从"词与物关系"角度看表现为，他在论述符号的能指与所指具有"任意性关系"时，提出了一种"词物分立—符号论"的语言思想。在《普通语言学教程》中，他认为："语词符号连接的不是事物和名称，而是概念和音响形象。"① "一切都是在听觉形象和概念之间，在被看作封闭的、独自存在的领域的词的界限内发生的。但这里存在着问题奇特的方面：一方面，概念在符号内部是听觉形象的对立面，另一方面，这符号本身，即它的两个要素之间，又是语言的其他符号的对立面。语言既是一个系统，它的各项要素都有连带关系，而且其中每项要素的价值都只是因为其他各项要素同时存在的结果。"② 既然语词符号连接的不是事物和名称，那么他便不再把"语言与世界"联系起来考察语言，而是将语言视为一个封闭的符号系统。某个音响形象和概念连接的动力来自符号系统内各个符号之间的"差异"，其连接因而具有"任意性"。例如"大"这个词之所以这样写不是因为它指称"大的事物"，而是因为它与"小"这个词构成了差异。是"差异"让我们这样来书写"大"这个符号。也就是说，由能指（音响形象）和所指（概念）组成的语词符号，与"事物（指称对象）"不但不存在天然的对应，而且根本就没有关系。

尽管索绪尔也承认一旦某个能指与所指建立起"约定性"关系，则该符号便具有稳定的指涉性，但他拒绝将指涉"具体事物"的"言语"看作语言学研究的对象。在他心目中，语言的本质是一个与"物"分立的、空洞的、纯粹的"符号系统"。即词与物从根本上说不仅是"分化的"，而且是"相互独立"的，在他们之间并没有"必然对应性"关系。只有这样，"任意性关系"才能最终建立起来。"词物分立—符号论"的语言思想为后来以德里达为代表的解构主义语言哲学观提供了强大的理论支持。既然语言与世界是分立的，能指与所指的连接是任意的，语词符号的意义来自"差异"，那么创建所谓的"普遍语法形式"便是虚幻的。言说因而成了意义在语词差异连缀中的"延宕"过程，因而总是含混不清的，是反逻辑的，那种能够传达出某种真实的世界和思想的逻辑语言不过是哲学的"梦想"。

以上所说的"词物合一论""词物分化—对应—反映论""词物分立—符号论"三种学说就是海德格尔"道说"语言观之前，在西方语言哲学史上出现的有关词物关系的三种主要看法。前面我们曾论到，语言哲学探讨的核心问题是语言与世界的关系问题，并从这一关系出发提出自己的语言本质观。

---

① ［瑞士］索绪尔：《普通语言学教程》，高名凯译，商务印书馆，1980年，第101页。

② 同上，第160页。

但由于只有人才有语言,所以语言与世界、词与物的关系问题其实可以最终归结为人与世界的关系问题。也就是说,对人与世界关系的理解往往制约着人们对语言与世界、词与物关系的看法。实际上,上述三种词物关系学说,有赖于人与世界在历史与哲学不同发展阶段的关系演变。例如在"神话时代",人与世界尚未分离,主客不分,所以表现在词物关系上便是"词物合一"的"自然语言观"。在从"神的时代"向"人的时代"过渡,以及在漫长的古代"本体论"哲学时期,人的理性逐渐强大,人与世界开始分离并逐渐"主客二分化",于是出现了"词物分化—对应—反映论"。这种观念起初主要关注语言与本体之间的关系。随着西方历史进入近代,人的理性的日益膨胀,人类中心主义逐渐确立,人与世界由"主客二分"进一步发展到"主客对立","词物分化—对应—反映论"则由对"实体世界"的关注逐渐转向对"人类思维主体"的反映与表达。西方20世纪的现代及后现代文明,人与世界的关系呈现出日益多元化的态势,反映在语言哲学有关词物关系的理论上便是各种观念的"多元互补"。传统的"词物分化—对应—反映论"并没有消失,而"词物分立—符号论""新词物对应论"等新的观念又相继出现。那么,面对之前的传统,海德格尔的"道说"语言观将何去何从?

第二节 "道说"中的诗化"词物共生"意蕴

在上一节中,我们梳理了海德格尔提出"道说"语言观之前,在西方语言哲学史上出现的有关词物关系的三种观念:"词物合一论""词物分化—对应—反映论""词物分立—符号论"。如前所述,严格地说"词物合一论"只是神话时代或原始社会时期人类"物我不分"的生存在世状态在"语言运用"上的模糊反映,并不是人类有关"词与物的关系"所提出的一种明确的哲学观念。那个时期的人类,既没有成熟的文字可以记录,也尚不能进行这样清晰的理性思考。所谓"词物合一论"其实是一种不是"观念"的"观念"。如果仔细玩味海德格尔的"道说"语言观,我们能不时地体味到这种"原始观念"在海德格尔语言观中似乎时有闪现。例如他对"主客二分"形而上学哲学传统持续不断的批判,对"神"的赞美,对"天地神人""本源一体"关系的阐释都会不时地唤起某种"原始之思"。"词物合一论"的原始观念也许对其"道说"语言观的提出曾经带来过很大启发,但海德格尔"道说语言观"的提出所针对的主要还是后两种观念,尤其是"词物分化—对应—反映论"传统。对这两种语言哲学观在词与物关系上的认识,海德格尔均持批判态度。

就"词物分化—对应—反映论"及建基于其上的"逻辑化语言观"来说，海德格尔认为其主要问题在于，"语法在这种逻各斯的逻辑中寻找它的基础。但这种逻辑却奠基于现成事物的存在论。这些'含义范畴'的基本成分过渡到后世的语言科学中，并且至今还从原则上提供尺度；而这种基本成分是以命题这种话语来制定方向的"①。无论是本体论哲学阶段语言作为"实体"或"本体"的对应物，还是认识论阶段语言作为人的思想或观念的反映与表达，它们共同建基于"词物分化—对应—反映论"的基石之上。由此所形成的"逻辑化语言观"在求真渴念的驱动下，把事物二分为"本质和现象"，将人二分为"理性与感性"，"本质与思想"是事物或人的根本，语言不过是对这个根本的对应和反映。与此二分相应，语言也被二分，一方面丰富多彩的"文学语言形式"被认为是不能传达真理的，另一方面语言指涉世界的"语义特征"被无限放大，专注于语义传达的"逻辑化语言形式"备受青睐。在"诗与哲之争"中，哲学长期居统治地位正是"逻辑化语言形式"备受青睐的表现之一。逻辑化语言形式及其在此形式中得到传达的命题，不过是对作为"现成在场者"的"物"的"对应和反映"。在场者的"现成性存在"决定了语言的"现成性存在"。但实际上，被如此理解的"在场者"只是作为"存在者"的"物"，不是作为"存在"的"物"，"物"的"存在"恰恰被遮蔽了。它被从"因缘整体世界"中"抽象"出来，成为主体人的"思维对象"。"物"被人借助语言给"揭示"出来，而其"本己存在"却始终被遮蔽着。

把语言从对现成世界的"对应-反映"并进而从"逻辑"中解放出来，并不意味着语言就获得了它的本质。如果说这种解放只表明语言逐渐摆脱了对"语义所指"的附庸的话，那么它还必须从由索绪尔现代语言科学所建立的对"符号能指"的过度强调中解脱出来。对于"词物分立—符号论"把语言的本质视为纯粹形式、空洞的符号系统的观念，海德格尔也持批判立场。他说："单纯的符号"并非语言的本性，它"无非是语言的一个表层而已"。②"即便在一条漫长的道路上我们得以看到，语言本质问题决不能在形式主义中获得解决和清算。"③"词与物"或者说"语言与世界"在本质上不是分离的，互不相干的。"能指"与"所指"在语词符号中的连接也不是像索绪尔所认为的那样来自纯粹符号间的"差异"，它理应有更本质的来源。这种来源，或许要到超越人类有声语言的更本真的言说中去才能找到。

---

① [德]海德格尔：《存在与时间》，陈嘉映、王庆节译，生活·读书·新知三联书店，1999年，第193页。

② [德]海德格尔：《荷尔德林诗的阐释》，孙周兴译，商务印书馆，2000年，第42页。

③ [德]海德格尔：《海德格尔选集》，孙周兴等译，上海三联书店，1996年，第1144页。

对传统形而上学及现代语言科学有关词物关系理论的反思与批判，让海德格尔在作于20世纪50年代末的《词语》一文中得出了这样一个结论。他认为，词与物之间有一种"隐蔽的"，甚至是"不可思议"的"相互归属关系"，可是这种关系却"几乎未曾被思考过"①！他认为，这种关系只有在"道说语言"观视野中才能得到本质的思考。前面我们曾专门分析过海德格尔的"道说语言"观。其要旨在于，语言的本质即"道说"，而"道说"即"大道"之运作，这种运作便是"天、地、神、人"四方之相互"居有和揭蔽"，人之"有声言说"就来自这种"无言之道说"。由此，在语言之"道说"中发生的"在场者本身将自己显示出来"就不是"独在式的现身"，而是在"天、地、神、人"四方"共在"中的相互"居有"。海德格尔把这种"共在式现身"称为"映射"（Spiegel）之"游戏"（Spiel）。在此种游戏中，各方既显示自己，但这种显示又是从其余各方那里映射的结果。他说："四方中的每一方都以它自己的方式映射着其余三方的现身本质"，"以这种居有着、照亮着的方式映射之际，四方中的每一方都与其他各方相互游戏"。②

综合上述情况，我们认为海德格尔的"道说语言观"对"词与物关系"的理解，迥异于西方传统语言哲学。因为无论是"词物分化—对应—反映论"，还是"词物分立—符号论"，它们均将语言符号及其行为归于人类之创造和使用，而在海德格尔的"道说语言观"这里，虽然他依旧认同人之作为"说话者"的身份，但他却将"人说"和"道说"给明确地区分开了，并认为后者才是语言的本质。"语言"在海德格尔这里被赋予了超越人类有声语言的意义，语言与"大道或者说存在（Sein）"获得了同样的内涵，所谓"语言说"即"大道说"，二者同一。"语言首先而且根本地遵循着说话的本质显身，即：道说。语言说话，因为语言道说，语言显示"③。这种"同一"为"词与物的关系"带来了新的思考：

一方面，"词与物"或者"语言与世界"不是分离的、互不相关的，而是在本源处共属一体、不可分离的。"道说"语言中天然地发生着"天、地、神、人"之间相互映射的游戏。作为"符号"的人类语言建基于"道说"语言。所以海德格尔说，"道说之显示并不建基于无论何种符号，相反地，一切符号皆源出于某种显示；在此种显示的领域中并且为了此种显示之目的，符号才可能是

---

① ［德］海德格尔：《在通向语言的途中》，孙周兴译，商务印书馆，1997年（2004修订版），第236页。

② ［德］海德格尔：《海德格尔选集》，孙周兴等译，上海三联书店，1996年，第1180页。

③ ［德］海德格尔：《在通向语言的途中》，孙周兴译，商务印书馆，1997年（2004修订版），第254页。

符号"①。这样一来,语言与世界不可分离的观点就与索绪尔的"词物分立——符号论"区别开来。在海德格尔看来,语言即世界,也就是他所说的"语言乃存在之家"。

另一方面,"语言与世界"或"词与物"之间所具有的这种"共属一体"关系,又不是类似于传统"词物分化——对应——反映论"中的词物"现成性关系",而是一种"生成性关系"。因为存在的意义在语言中的显现,总是处于"终有一死的"人的守护中,它总是连接着"遮蔽"。这种"遮蔽"使得"存在者"之"存在意义"总是趋向于动态的运动与开放之中,因而是不断趋向于"生成的"。所以"语言与存在"之间就不再是两两相对的"现成存在者"之间的关系,而是"同时发生,不断生成"的,从而又区别于"词物分化——对应——反映论"。从"词与物"的这种独特关系看海德格尔的"道说语言观",有学者非常精粹地将其概括为"词物共生论","如果说'共'揭示出关系的共属一体性,源始同一性;'生'则表明这种关系不是静态的、现成性的,而是处于发生之中的,联合起来则可以说语词与事物、语言与世界是共属一体、同时发生的,……由此亦可看出,海德格尔是坚持一种语词与事物、语言与世界、道说与存在共属一体同时发生的'词物共生论'的"②。我们认为,这种"词物共生关系"就是海德格尔所说的"词与物的这种隐蔽的相互归属的关系"。

遗憾的是,在海德格尔看来,这种词物"相互归属"的"共生关系"却居然"未曾被思考过"! 究其主要原因在于,我们只是把语言看作"人"的语言,并惯于在人的"主体性"视野中考察语言。这也是为什么他要用"Sage"而非"Sprache"命名语言的主要原因。超越人类语言并将人类语言奠基于此超越性中,海德格尔为西方语言哲学在"词物关系"的认识上开启了一个既具有"源初性",又具有宏阔的宇宙视野的新境界。海德格尔回到语言发生的源初之域,用词源学的方法稽古探源、寻幽探微式的打通语言与世界、大地的亲缘关系,例如他对作为"聚集"的逻各斯的词源考察、对方言与"大地"关系的分析等都试图在语言的源初发生之域中展开。他试图引领我们思考,语言诞生之初就天然地将"天、地、人、神"聚集在一起,"词与物"同体共生。他说:"作为世界四重整体的开辟道路者,道说把一切聚集入相互面对之切近中,而且是无声无阒的——这种无声的召唤着的聚集,我们把它命名为寂静

---

① [德]海德格尔:《在通向语言的途中》,孙周兴译,商务印书馆,1997年(2004修订版),第253页。

② 赵奎英:《海德格尔后期语言观对生态美学文化研究的历史性建构》,《文学评论》,2009年第5期。

之音。它就是：本质的语言。"①这种"本质的语言"超越了人之"独在式"的"有声言说"，并将人之"有声言说"视作对它的"倾听和回应"。人以"守护者"而非"支配者"的身份"平等"的与其余各方展开"映射"之"对话"，从而让我们在思索语言本质时，获得了一种超越于人类的、宏阔的"宇宙"视野。正如海德格尔所说："让我们设想一下处于广阔无垠的黑暗宇宙空间的地球吧，它犹如一颗微小的沙粒，与另一颗最近的沙粒相隔不下一公里。在这颗微小的沙粒上，苟活着一群浑噩卑微的、自问聪明而发明了认识一瞬的动物。在千百万年的时间长河中，人类生命的延续才有几何？不过是瞬间须臾而已。在存在者整体中，我们没有丝毫的理由说恰是人们称之为人以及我们自身碰巧成为的那种在者占据着优越地位。"②

当然，海德格尔从超越人类中心主义的视角对语言的考察，也让他对词物关系的思考带上了非常浓重的"形而上学"色彩。因为他所揭示的"语言与存在"之间的"一体共生"关系不是对作为"存在者"的语言的性质和规律的探讨，而是对作为"本源的语言"所蕴含的"词物关系"的论说。语言作为"存在之家"从其本源处便与"存在"具有"一体共生"关系，而"我们通常所谓的'语言'，即词汇和词语结合规则的总体，无非是语言的一个表层而已"③。作为"本源的语言"即"道说"是作为"存在者"的语言的"本质"或"根据"。这种思路很容易让我们产生似曾相识之感，尤其是与以柏拉图的"理念说"为代表的"传统形而上学"很是相似。但我们不能认为海德格尔的语言思想是对传统形而上学的复归，从而抹杀两者的根本差别。因为包括"道说"语言观在内的海德格尔后期之"思"，"它体现的是与传统形而上学不同的新的形而上学之思。乍看起来，世界之四重整体的形而上学仿佛是向柏拉图主义的在场形而上学的复归，其实并非如此。两者的根本差异在于，按照柏拉图主义，所有在场的东西，包括人在内，都是现成存在。由于人与其他存在者之间的差异还没有被主题化，而又唯有人才能询问存在的意义，所以在场形而上学拘执于存在者而遗忘了存在本身。而在后期海德格尔那里，在世界之四重整体中，终有一死者作为存在的近邻，已经意识到自己的有限性，并在栖居中自觉地承担起应合存在之道说、守护四重整体的任务"④。

---

① ［德］海德格尔：《在通向语言的途中》，孙周兴译，商务印书馆，1997年（2004修订版），第212页。

② ［德］海德格尔：《形而上学导论》，熊伟、王庆节译，商务印书馆，1996年，第212页。

③ ［德］海德格尔：《荷尔德林诗的阐释》，孙周兴译，商务印书馆，2000年，第42页。

④ 俞吾金：《形而上学发展史上的三次翻转——海德格尔形而上学之思的启迪》，《中国社会科学》，2009年第6期。

我们认为,海德格尔对"道说"语言观"词物共生"关系的揭示,正是一种"新形而上学之思"。语言的非逻辑化或诗化本质其实就来自"天、地、神、人"之间在相互居有中所具有的"共生—体性"关系。其"新"在于:第一,由于在作为"天道运作"的"道说"中天然的具有"神性"或"遮蔽性维度",所以"存在的意义"在"道说"中的显现就总是处于一种通向"遮蔽维度"的路途之中,不可能一劳永逸的穷尽言说之物的"存在意义"。这就决定了语言对物之"存在意义"的显现其实是"不断生成的",不是"现成的",且永无穷尽之日。第二,词与物在本源上的"共生性"关系消弭了传统形而上学中词物之间的"中心与边缘"或者"主从性关系",两者的地位是"平等性"的。第三,存在论层面的"语言"与存在者层面人的"有声言谈"是"贯通的",而非"对立的"。"道说"必须借助人言才能显现出来,因为只有人才能通达"道说",询问存在的意义,道说的"超验性"与人言的"经验性"也是融合在一起,不能分开的。只不过,这种贯通与融合并不意味着人的所有言说都能达乎"道说"。海德格尔认为:"惟语言首先创造了存在之被威胁和存在之迷误的可敞开的处所,从而首先创造了存在之遗失(Seinsverlust)的可能性,这就是——危险。"①在人借助语词符号的言说中,有太多的"悬空阔谈,人云亦云"。他不无担忧地说:"在语言中,最纯洁的东西和最晦蔽的东西,与混乱不堪的和粗俗平庸的东西同样的达呼语词……语言必然不断进入一种为它自身所见证的假象中,从而危及它最本真的东西,即真正的道说(Sagen)。"②第四,在人类有声言说的诸种形态中,"非逻辑化的诗性言说"是最能体现词与物"共生关系"的言说方式。它一方面将语言保持在一种"生成性"的活态中,另一方面也让物之"存在意义"保持在一种充满"可能性"的开放状态。诗人之诗性言说在海德格尔那里于是拥有了一种其他言说形态均难以比拟的优越性,这让海德格尔的"词物共生"思想带有非常明显的"诗化"或者"审美化"特征,因而这也是一种带有"审美化倾向"的"新形而上学之思",与旧形而上学在"词物分化—对应—反映论"中对语言"理性本质"的推崇形成鲜明对照。例如海德格尔将词语符号区分为"本质性词语"和"非本质性词语"。他说,尽管"一个本质性的词语所具有的质朴性看起来无异于一个非本质性的词语"③但"为了便于得到理解而成为所有人的一个共同财富,甚至本质性的词语也不得不成为平凡粗俗的"。在诸多本质性的词语中,"诗"之言说最为纯粹。他说,"由于诗人说出本质性的词语,存在者才通过这种命名而被指

---

① ［德］海德格尔:《荷尔德林诗的阐释》,孙周兴译,商务印书馆,2000年,第39~40页。
②③　同上,第40页。

说为它所是的东西"，"诗是一种创建，这种创建通过词语并在词语中实现"。①"诗（Dichtung）乃是存在的词语性创建。"②当然，即便如此，也并非所有的诗之创建都与"存在"相关。只有那些倾听到了道说"寂静之音"，并达乎"本质性词语"的诗才是真正的诗。在海德格尔后期语言哲学中，实际上存在着一个"由低向高"上升的语言等级序列，也就是由人的"非本质言说"，到人的"本质言说"，最后上升到作为"寂静之音"的"道说"那里。在此序列中，诗人及其诗歌创造在海德格尔那里拥有无上荣耀。

在我们看来，尽管海德格尔几乎穷其一生都在反思与批判形而上学，但其实他反对的主要是那种将"本体与现象""主体与客体""感性与理性""词与物"等关系都置于一种"二元对立化"态势下的形而上学。他试图寻找到一种能够弥合二者的东西，这个东西即"存在意义"的现身方式——"语言"，对词与物之"共生关系"的揭示显示了海德格尔的这种努力。并且当我们把海德格尔的"新形而上学之思"放在20世纪受实证主义思维方式影响的西方语言哲学背景中考察时，更显其重要性。因为当越来越多的哲学家们更乐于关注具体语言哲学问题的时候，海德格尔却反其道而行之，回到语言的源初之域，探问并深刻揭示了语言的"形而上本质"，从而推进了传统语言哲学对词物关系的哲学思考。

当然，海德格尔关于道说语言的"新形而上学"之思，其"新"之处除了与哲学上对传统旧形而上学的批判有关之外，也是身处现代文明中的海德格尔在新的世界历史条件下对包括"语言"在内的现代文明展开反思和批判的结果。他对词与物、语言与世界之间本源"共生"关系的"新形而上学"之思，不但促使我们深刻反思现代文明中语言与存在、人类与世界日渐加重的对立危机，而且向我们展示了"形而上学"这门古老的学问即在科技高度发达的现代社会，依然有其不可替代的存在价值。

---

① ［德］海德格尔：《荷尔德林诗的阐释》，孙周兴译，商务印书馆，2000年，第44页。
② 同上，第45页。

第八章 "诗化之维":作为整体的前后期语言思想

第一节 诗化主旨:诗化语言观与反形而上学

由于海德格尔前后期哲学关注视域的不同,即由前期对"此在"问题的关注逐渐转向后期对"存在"或者说"天道"的探讨,受此影响,其对语言的关注点也发生了同步转移,即由前期对"此在""话语现象"的分析逐渐转向对"语言"作为"存在之家"的探讨。但这种转向不应该被视为思想的根本逆转,从整体上看,海德格尔的语言哲学观有其内在的连贯性,对语言诗化本性的思考便是其脉络之一。从前面论述的内容中梳理我们可以发现,无论海德格尔在前期明确提出要把语言"从逻辑中解放出来",还是后期"道说语言观"的提出,在他对语言存在或本性的思考中,语言所具有的"非逻辑化"的、"非主体性"的"诗化"或者说是"审美化"本性,是他用来反思与批判"理论化""主体性"的"逻辑语言观"并具有连贯性的"参照性维度"。在海德格尔看来,这种"逻辑化语言观"是形而上学传统及其思维方式在语言本质问题上的表现,而对形而上学传统及其思维方式的批判则构成了海德格尔从前期到后期哲学运思的核心线索。也就是说,海德格尔对语言诗化本性的思考,对语言"非逻辑化"功能的强调与推崇,始终是与他一以贯之地对形而上学传统及其思维方式的批判相伴始终的。

对形而上学传统①及其思维方式的反思与批判是20世纪西方哲学的基本特征之一,海德格尔的思想也是如此,而且贯穿其前后期学说中。前面我们曾简单地涉及过这个问题。在海德格尔看来,尽管传统本体论和认识论哲学在研究对象和方法上的确有所不同,但其思维方式具有相通性,

---

① 有学者认为,所谓形而上学即本体论哲学,例如张志伟在《形而上学读本》(中国人民大学出版社,2010年)编选说明中明确主张,"形而上学的同义语是'本体论'"。

即"二元对立"的思维方式。这种思维方式虽然在认识论哲学时期才真正走向成熟，但却奠基于本体论哲学时期。这种思维方式把复杂的世界人为地切割成一组组相互对立的概念，如"本体与现象""思维与存在""感性与理性""经验与先验"等等，并在两者之间定出等级差别，再将世界的本质固定到其中一端，并将这一端确定为不变的"实体"或"本质"。以西方传统哲学对"人"的阐释为例，在海德格尔看来"人"既非"有理性的动物"，也非黑格尔所说的融"主体性"与"本体性"为一体的"绝对理念"，也非费尔巴哈所言的"生物意义上"的人，或者尼采所谓的"强力意志"。与这些都不同，海德格尔认为"人"或者说"此在"只是一个"被抛在世"却又能在"领会"中筹划自己"能在"的存在者，这种存在者与其他存在者的根本区别在于，人是存在意义的敞开者并在敞开的同时守护其"可能之在"。至于他如何领会筹划自己，成为怎样的存在者却并没有统一的绝对标准。也就是说，海德格尔并没有将"人"的本质归结为某个概念，"领会着向能在筹划自己"只是一种"描述"。借助于"现象学"的"描述"方法，他比较有效地克服了形而上学"二元对立"的思维方式和"定义式"的表述方式。这些充分表现在《存在与时间》前半部对"人生在世"的探讨中。然而在该书的后半部，海德格尔的论述却常常给人一种"形而上学"的感觉。究其原因在于，海德格尔将"此在"的存在方式"完全归结为时间性的某种时机化形式上"，从而使"此在"失去了"缘构的境域，使整个讨论失去现象学原初体验的引导"[①]。张祥龙将这种思路称作"单向递进的路线"，它依然未脱尽形而上学气息。

对比《存在与时间》的第一篇与第二篇，我们可以很明显地看到海德格尔研究方法上的不同。在第一篇中，他运用现象学描述的方法将"此在"生存在世的"因缘整体"呈现出来。他没有简单地将"此在"归结为某个"什么"，而是耐心地将"此在"与"周围世界"相互牵引、互相生发的过程"展示"出来。而在第二篇中，海德格尔却将"此在"固定在了"时间性"上。他说"我们把如此这般作为曾在者的有所当前化的将来而统一起来的现象称作时间性。只有当此在被规定为时间性，它才为它本身使先行决心的已经标明的本真的能整体存在成为可能"[②]。这种将人的本质系于一端的做法带有明显的形而上学意味。按照《存在与时间》前半部的说法，人"在世界中存在"是以在时空中的"因缘整体"的方式在场的。人的存在不单单是"时

---

①　张祥龙：《海德格尔与中国天道》，生活·读书·新知三联书店，1996年，第154页。

② 　[德]海德格尔：《存在与时间》，陈嘉映、王庆节译，生活·读书·新知三联书店，1999年，第372页。

间性"的存在,也是"空间性"的存在。那么,怎么可以独独挑出前者作为人生在世的基本方式呢?

同样的情形出现在对语言的论述中。在前半部中,由于海德格尔始终将语言置放在对"世界因缘整体"的显现中,他便在"语言"与"世界"的张力场中将言谈所具有的"让……看""听"等诗化特征展示得有声有色。而反观第二篇六十八节的内容,却相对逼仄得多。他除了指出必须从"此在的存在"审视"话语的时间性"才能明白"语言时间性"的本质外,并没有对话语本身的诗化特征给出新的"描绘"。其原因正如上面对"此在"的分析一样,话语的确具有"时间性维度",但倘若仅仅将"时间性"视作话语的立身之本,那么话语在对"存在的显现"中所具有的"空间性维度"便被遮蔽了。其结果是,海德格尔便失去了在"世界因缘整体"或"缘构态"中阐释语言本质的"张力性"空间,逼仄也就难免了。为了避免这种情形出现,我们发现海德格尔后期的语言思想始终是在对"存在"或由"天、地、神、人四重整体"构成的"天道"的显现中出场的。语言对"四重整体"的显现构成了后期海德格尔阐发语言本质的张力场,语言作为"道说"即"显示、让显现、既遮蔽着又澄明着把世界呈现出来"①。无论前期还是后期,海德格尔在对语言本质问题的思考中,均表现出一种反对"形而上学"将语言从人的"生存在世"中剥离抽象出来、并系于一端的"二元对立式"的做法,而是努力将对"语言存在"的理解建基于人的"生存在世"中,并一步步将其导向与"天道显现"、人的"诗意栖居"不可分割的"三位一体"的诗性化解读中。语言的非逻辑化或诗化存在既来自"此在"带有"情绪现身性"的生存在世,又来自"天、地、神、人"四重整体之间的"映射与游戏"。

如果说在"本体论"哲学时期,由苏格拉底、柏拉图奠定的"二分化"思路尚没有发展到"对立化阶段",因为"主体性之维"在此时期还没有形成足以对抗"实体化"之维的力量,那么自近代"认识论哲学"以降,"主体性"之维愈益强大,足以对抗前者,最终发展成真正的"对立化"态势。这突出表现在近代"唯理主义"哲学与"经验主义"哲学的对立中。这种对立发展到19世纪中后期,原属于传统形而上学的诸种科学纷纷独立,"主体性"进一步获得扩张,"本体论"哲学日趋没落并成为各种哲学反思与批判的对象。进入20世纪,"主体性"的扩张进一步表现在世界的"技术化"趋势上。如果说海德格尔前期对语言本质的思考主要针对的还是"本体论"哲学传统,

---

① [德]海德格尔:《在通向语言的途中》,孙周兴译,商务印书馆,1997年(2004修订版),第210~211页。

那么后期诗化"道说语言观"的提出，则一方面继续深化着前期对"存在问题"的思考，另一方面则又将批判触角伸向了"主体性哲学"领域，这集中表现在他对"技术本质"与"元语言"的批判上。

从30年代后期开始，海德格尔逐渐关注起"技术"问题来。在收入《林中路》一书的《世界图像的时代》一文中，他指出人仅仅作为"主体"，世界仅仅成为客体的"图像"，是现代科学、技术的基本特征。在此种关系中，人成为世界的核心。他说："如果人成了第一性的和真正的一般主体，那就意味着：人成为那种存在者，一切存在者以其存在方式和真理方式把自身建立在这种存在者之上。人成为存在者本身的关系中心。"①该文写于1938年，其时，希特勒借助现代技术的力量，以其"闪电战"战术正迅速征服欧洲的许多国家。尽管海德格尔曾一度是纳粹的追随者，但据英国人杰夫·科林斯的考证，海德格尔的确曾批评过"纳粹政权对'技术'的偏好"②。当然，海德格尔集中展开对技术的反思主要还是二战后50年代的事情。我们知道，他将技术的本质概括为"Gestell"，一般翻译为"座架"。这个词在德语中的意思主要有"支架，框架；台座，底座，托架；高炉炉座等"。但海德格尔对该词的使用带有很深的寓意，他用这个词来表示在现代技术世界中形成的人与技术以及人与自然之间的"摆置"关系。他说："座架（Ge-stell）意味着对那种摆置（Stellen）的聚集，这种摆置摆置着人，也即促逼着人，使人以订造方式把现实当作持存物来解蔽。座架意味着那种解蔽方式，此种解蔽方式在现代技术之本质中起着支配作用，而其本身不是什么技术因素。"③

在海德格尔看来，"Gestell"并不仅仅是如台座、底座、托架等属于技术因素的东西，它是对"人"以及"自然"的"限定、摆置"。就技术与"现代人"的关系而言，由于技术在现代世界的强势，它已经不像传统所理解的那样仅仅作为人达到某种目的的手段或工具，而是已经反过来成为对人的限定、摆置。在此种限定中，人成为某个技术生产环节中的一环，就像机器的某个零件那样，不管你喜不喜欢，乐不乐意，人存在的价值在某种程度上变成作为"生产者"的摆置，并且这种摆置具有迷惑人的外表。表面上看，似乎是人在使用技术与机器，但其实，一切都是安排好的，都是程序化、模式化的，人早已被订置到了世界大生产的某个环节中。不是人在控制技术，而是技术在控制人。

① ［德］海德格尔：《林中路》，孙周兴译，上海译文出版社，1997年，第84页。
② ［英］杰夫·科林斯：《海德格尔与纳粹》，赵成文译，北京大学出版社，2005年，第85页。
③ ［德］海德格尔：《海德格尔选集》，孙周兴选编，上海三联书店，1996年，第938页。

美国影片《摩登时代》所展示的就是在现代技术世界中,人是如何被订置到技术中并最终被异化的。中国当代诗人于坚有一首题为"飞行"的长诗,其主题之一也是对技术反过来成为控制人的东西的诗性抒写。诗在开头便说"在机舱中我是天空的核心\在金属掩护下我是自由的意志",我是自由的,但却是在"金属掩护"下的自由。接着诗人思绪翻飞,想象在时空中自由穿梭,甚至"我可以在思维的沼泽陷下去",但"我不能左右一架飞机中的现实\我不能拒绝系好金属的安全带\它的冰凉烫伤了我的手\烫伤了天空的皮"。诗人以诗性的笔触描画了这样一个现实,不是人在控制技术,而是技术在控制人。就人与自然的关系而言,技术对人的"订置"使人总是从技术的视野看待与对待大自然,大自然中的一切仿佛只有作为技术生产的原料、储备物才有价值。如此一来,人与自然的关系就不再是传统文明中相互依赖的"生存"关系,而完全成为技术统治世界中的"生产"关系。海德格尔所言的"技术时代"大致始于18世纪的欧洲,到20世纪中期已高度程式化。在海德格尔看来,现代技术世界形成的主要原因在于,人的"主体性"的膨胀和世界的"客体化"与"对象化"。他认为,在技术时代"一切存在者不是主体的客体,就是主体的主体……在存在者主体性范围内,人起立而入于他的本质的主体性中。人进入这种起立(Aufstand)之中。世界成为对象。在这一暴动性的对一切存在者的对象化中,大地,即那种首先必然被带入表象和制造(Vorund Her-stellen)之支配中的东西,被置入人的设定和辨析的中心中。大地本身还只能作为那种进攻的对象显示自身——这种进攻在人的意愿中设立自身为无条件的对象化。自然便普遍地显现为技术的对象,因为它出于存在之本质而被意愿"①。

我们发现,"技术"在海德格尔后期哲学那里已经并非世人所惯常理解的某种手段或者类似于机器一样的东西,它甚至成为人的基本的"思维方式"与"生存方式"。从"思维方式"上说,"技术世界"表征了一种"征服性思维"。"自然"被强行纳入人类可资利用的技术生产中,使得人与自然的关系已不再是传统文明中相互依赖的"生存"关系,而成为现代技术世界中的"生产"关系。从"生存方式"说,我们已经深深扎根在了技术时代的土壤中,技术成为现代人类基本的生存规定性。我们已经习惯了由技术提供的所谓现代文明生活,任何一种从中抽身离去的想法都可能会被认为是"笑

---

① [德]海德格尔:《林中路》,孙周兴译,上海译文出版社,1997年,第261页。实际上,在海德格尔看来,此种"主体性"趋势从古希腊时代就已经开始了,"本体论"哲学与崇尚主体的"认识论"哲学并没有本质区别。

谈"。技术的确给人带来了前所未有的新世界、新体验,但同时也带来了人们对它的依赖甚至难以摆脱的控制。人们一次次地背着背包走向高山森林,探险旅游;或者城市里的"现代人"偶尔到乡下去体验一番农村的乡野风情。然而此种外出不过是一种短暂的离去,因为置身现代技术世界中的人很难想象,当长时间离开互联网、离开电脑、手机这些现代技术世界的东西,生活将如何继续。不论每个个体的生活多么千差万别,在电脑与互联网世界里,每个个体都必须要借助统一的"Enter键"来激活自己的在场,在对电脑技术与信息编码技术的认同与服从中进入"地球村"。

因此,盲目批判技术世界是行不通的!现代技术世界已经成为现代人类所置身其中的不可避免的生存境遇。尽管如此,海德格尔还是想提醒人们必须对在此世界中可能出现的危险做出应对。海德格尔的应对策略是,人应该在对作为"Sage"的语言的"倾听(思)"与"言谈(诗)"中"回到人和事物(thing)自身"。他后期对语言本质的思考是与对现代技术世界的批判相关联的。海德格尔认为,仅仅作为技术生产者的人已经远离了人的本真存在,因此首先要做的就是"回到人自身"。人不是世界的中心,而仅仅是"天、地、人、神四重整体"世界中的"一方"。海德格尔认为,在广阔无垠的宇宙空间中,"我们没有丝毫的理由说恰是人们称之为人以及我们自身碰巧成为的那种在者占据着优越地位"①。与"回到人自身"相关联的是"回到事物自身",其实二者是同一个过程。当人真正回到自身后,他会对自然生出一种敬畏之感。这是一种对事物作为"无"的敬畏,海德格尔将其称作回到事物自身"遮蔽的神秘"中。自然界中的万事万物,并不仅仅是人的技术对象。他们在与人的相处中,会不断地将自身的千姿百态呈现出来。一方面是"自身"某一个角落的敞开,另一方面在此"敞开"中又回到其他角落隐蔽的"黑暗神秘"中。语言对世界的敞开,在海德格尔那里首先是事物"自身的诸形态和诸表现",这是天地之"大言",然后才是作为"表达方式"的人的说话言谈,这是"小言"。海德格尔认为,回到这种作为"存在显现"的语言才能真正回到"人和事物自身"。

显然,海德格尔后期的语言思想相比较前期,具有更鲜明的时代针对性。在技术世界中,语言的"形式化特征"非常突出,这就是所谓的"元语言",比如计算机语言。此种语言具有高度的符号化与形式化特征,具有鲜明的模式化、单义性特点。例如"Enter"这个词,在计算机语言中是一个共同语言。不管男人还是女人,大人还是小孩,这个词均具有同样的、单一的

---

① [德]海德格尔:《形而上学导论》,熊伟、王庆节译,商务印书馆,1996年,第6页。

意义。海德格尔认为,这是一种技术时代的话语,其基本特征是"把一切语言普遍地转变为单一地运转的全球性信息工具","元语言与人造卫星、元语言学与导弹技术,一回事情也"。①在此种语言中,"说话受到促逼,去响应任何一个方面的在场者的可订置性"②。于是,"再没有任何东西是深深索闭的",一切都是可以"订置的""程式化的",并因而可以伸展到世界的各个角落。毫不夸张地说,"元语言"就是一种"世界语言"。并且在我们看来,另一种意义上的、更加隐蔽的"元语言"也在大兴其事。就当下看,"英语"在世界尤其是在中国的传播已经使它带有了"元语言"的某些特征。它不再单纯是生活在英语世界中的人们的基本生存方式,而是成为一种世界语言,成为世界一体化进程中不可或缺的工具甚至变成一种"象征",即追求程式化、一体化、现代化的象征。在海德格尔看来,这种"元语言"正在将人从他生存的大地上连根拔起。与之相对,民族化、地域化、个性与多元化的语言却往往被视为落后的语言。

然而在海德格尔看来,恰恰只有这种民族化的语言,才能保持人与大地、人与自然的本真源初的生存关系。"方言"就是这样一种个性化的语言。尽管对两种语言的使用都是符号化行为,都必须借助人的发声、书写才能现身,但对两者的使用存在根本差别。海德格尔认为,"发声、鸣响、萦绕和震颤,凡此种种,同样都是语言的共同特性。正如语言之所说是具有某种意义的。但我们对这一特性的经验还是十分笨拙的,因为到处都有形而上学的——技术的说明方式在横行作祟,使得我们不能对事情做出恰当的沉思。就连这样一个简单的事情,即我们把因地而异的说话方式称为方言这样一回事情,也几乎未曾得到过思索。方言的差异并不单单,而且并不首先在于语言器官的运动方式的不同。在方言中各个不同的说话的是地方,也就是大地。而口不光是在某个被表象为有机体的身体上的一个器官,倒是身体和口都归属于大地的涌动和生长中,我们从大地那里获得了我们的根基的稳靠性。当然,如果我们失去了大地,我们也就失去了根基"③。

区别于技术语言的普遍化、单义化,以方言为代表的语言具有地域性、民族性、境域显现性乃至多义性特征,这种特征在诗歌语言中表现得很明显。比如他说:"诗作是从一种模糊的两义性而来说话的。但诗意的道说

---

① [德]海德格尔:《在通向语言的途中》,孙周兴译,商务印书馆,1997年(2004修订版),第148页。

② 同上,第265页。

③ 同上,第199~200页。

的这种多义性并不分解为不确定的歧义性。"① "这一诗意的道说的多义性并不是松懈的不准确,而是让存在者如其所是地存在的那个东西的严格。"再如他说:"诗人进入词与物的关系之中,但这种关系并不是一方物一方词语之间的关系。词语本身就是关系。词语这种关系总是在自身中扣留着物,从而使得物'是'一物。"②也就是说,诗歌中的语言并不仅仅是工具,用来指称现实中存在的某个现成东西,即它们之间不是"一方物一方词语"之间的关系,而是"物"就在语词中生成。这种认识显然非常切中诗歌语言的特性。海德格尔甚至认为,"语言的本质就是诗"。当然,尽管他所说的"诗"与我们惯常的理解有所不同,并且其对语言的"非逻辑化"或"诗化"维度的关注主要目的在于探讨哲学问题,但不可否认的是,海德格尔也的确表现出他对诗歌语言的审美特性具有深刻的认知。遗憾的是,在历来对海德格尔诗化语言观思想的解读中,似乎很少有人注意到这一点。

综上所述我们认为,无论海德格尔前期主张"把语法从逻辑中解放出来",还是后期用"Sage"代替"Sprache",提出了"道说"语言观,其目的均共同指向在西方形而上学传统中所形成的"逻辑主义"与"工具主义"语言观,在批判这些语言观的同时将它们导向一种具有本源性的"非逻辑化"或"诗化"的语言观中。在海德格尔看来,语言的本质既非附属于"实体世界"的"对应-反映符号",也非仅仅作为人表达"主体观念"的工具。因为两者均将语言置于人的对面,成为一种与人相对的"现成性存在",语言也因此成了仿佛置身于人的生存世界之外的独立王国。这是"主客二分"以至"主客对立"的形而上学思维方式在语言观上的表现。正是在这个意义上,海德格尔试图从"主客不分"的、"前理论"的角度重新解释"存在",以一种类似于审美活动中的"主客不分"的角度重新审视语言。在他看来,"人生在世"即是生存在语言中,"语言乃存在之家"。在这个"家"中,"非此在"的"存在者""此在""语言"构成了"一体共生性"关系。语言既是人的基本在世方式,也是存在的自然涌现。语言因此总是与"天、地、神、人"的四重整体世界,以及身处其中的人的"现身情绪""看""听"等生存在世活动混融在一起,并因此具有极强的"境域展示性""体验性""生成性"等诗化特征。海德格尔后期之所以选中诗歌作为其探讨的对象之一,一个重要原因在我们看来便是,诗歌中的语言最能体现语言的这些诗化本质。"语言成为自身",即

---

① [德]海德格尔:《在通向语言的途中》,孙周兴译,商务印书馆,1997年(2004修订版),第76页。

② 同上,第159页。

是成为与人的"生存在世"及其对"存在的显现"息息相关、须臾不可分的"诗化语言",而非仅仅作为静止的、封闭的、单纯指称的"符号系统"而存在。也正是在这种意义上我们认为,海德格尔的存在论语言观就其核心观点看乃是一种"诗化语言观"。在这一点上,我们认为海德格尔的前后期语言思想具有内在的整体贯通性,从而构成了他语言思想的重要维度即"诗化之维"。

第二节　诗化形式:"形式显示"现象学方法的诗化风格

"形式显示(Formale Anzeige)"是海德格尔在前期提出的一种现象学方法。1920—1921年冬季学期,他曾在弗莱堡大学做过《宗教生活现象学》的讲座。在这个讲座中他提出:"有一种意义对于现象学的阐明具有指导作用,对这种意义的方法运用,我们称之为'形式显示(Formale Anzeige)'。形式显示着的意义所包含的东西,将是我们查看现象的依据。"①尽管海德格尔在中后期学说中很少直接提到这种方法,但我们认为这丝毫不影响它在其整个学说体系中的重要地位。例如张祥龙认为,尽管这种思考和表达问题的方式可以有各种表面上不同的变体,但"形式显现"的策略或方式"贯穿了海德格尔的前后期的著作","许多对于海德格尔思想的肤浅之见和错解,都与不了解他的这个思想源头有关"。②我们认为,正是这种方法,让包括海德格尔语言观在内的诸思想的表达,均带上了浓重的"诗化言说风格"特征。这种风格自前期延续到其中后期,尤其在中后期表现得非常明显,是一种贯穿其前后的整体性风格。

在该"宗教现象学"课程中,海德格尔对"形式显示"的方法做了比较详细的阐述,核心要义是,"作为方法环节,形式显示属于现象学的阐明本身……形式的东西就是某种合乎关联的东西(etwas Bezugsmäßiges)。显示是要先行显示出现象的关联——却是一种否定的意义上,可以说是为了警告! 一个现象必须这样被预先给出,以至它的关联意义被保持在悬而不定中。人们必须防止作出这样的假定:现象的关联意义原始地是一种理论化

---

① [德]海德格尔:《形式化与形式显示》,参见《形式显示的现象学:海德格尔早期弗莱堡文选》,孙周兴译,同济大学出版社,2004年,第65页。

② 张祥龙:《海德格尔传》,河北人民出版社,1998年,第105页。

意义。现象的关联和实行不能事先规定，而是要保持在悬而不定中"①。从这段阐述中我们能很容易地看出"形式显现"的方法，与胡塞尔创立的"现象学"之间所存在的密切关联。实际上，海德格尔很明确地论到了这种密切关联。他说："胡塞尔首先区分了'形式化'（Formalisierung）与'总体化'（Generalisierung）。长期以来，在数学中（甚至就从莱布尼茨开始），这种区分早已经隐隐的为人所知了，但胡塞尔首先完成了对它的逻辑阐明。"海德格尔认为，他要做的无非是"尝试深化这种区分，并且在此深化中说明形式显现的意义"②。那么胡塞尔所说的"形式化"是怎么回事？"形式化"的问题在哪里？海德格尔的"形式显现"是如何深化它的？为什么说这种方法是带有诗化倾向的方法？

海德格尔认为，"形式化"与"总体化"方法在胡塞尔那里是寻求"普遍之物（das Allgemeine）"的两种"普遍化方法"，所谓"普遍之物"即"本质"。这里涉及胡塞尔的基本哲学主张。学界一般认为，"胡塞尔在《逻辑研究》中指出，不仅有针对个别具体事物的'感性直观'，而且也还有针对'普遍之物'（即本质）的'本质直观'，一般观念（本质）的根源也在'直观'中。胡塞尔在对近代认识论哲学的批判中拓展了"直观"的概念，因为近代哲学各派"虽然有不同的主张，但总认定'直观'是感性的、经验的，而一般观念只能通过思维的抽象（如比较、概括等）才能获得③。通过"本质直观"可以获得作为"普遍之物"的"本质"，而通过"本质直观"获得"普遍之物"的两种基本方法即"总体化"与"形式化"方法。按照海德格尔的解释，"总体化"（Generalisierung）方法即"依照种类的普遍化"方法。他举例说，"红是一种颜色，颜色是感性性质。或者，快乐是一种情绪，情绪是体验"④。这种方法的特点是，"总体化在实行中受制于一个特定的实事领域（Sachgebiet）。'一般性'（Generalitäten）的等级秩序（属和种）是依据实事（sachhaltig）而得到规定的"⑤。这种方法最常见的表述形式即"属加种差"的定义化表述，在经验科学与经验哲学中经常被使用到。

① [德]海德格尔：《形式化与形式显示》，参见《形式显示的现象学：海德格尔早期弗莱堡文选》，孙周兴译，同济大学出版社，2004年，第73页。
② 同上，第67页。
③ 孙周兴：《编者前言》《形式显示的现象学：海德格尔早期弗莱堡文选》，同济大学出版社，2004年，第9页。
④ [德]海德格尔：《形式化与形式显示》，参见《形式显示的现象学：海德格尔早期弗莱堡文选》，孙周兴译，同济大学出版社，2004年，第67页。
⑤ 同上，第68页。

与"总体化"方法不同,"形式化"(Formalisierung)方法"并不受制于实事状态,而是摆脱了实事的。它也摆脱了任何等级秩序:我不需要经过低级的普遍性,逐步上升到'最高的普遍性',即'一般对象'(Gegenstand über-haupt)"。海德格尔举例说,"这块石头是一个对象"与"红是一种颜色"是不同的认识方法与表述,前者即是一种"形式化表述"。其中,"对象"这个概念只是对"石头"所作的一个"形式规定""形式范畴"或者"形式述谓""形式述谓是并不受制于实事的"。在"形式述谓"中,"我并不从对象中看出'什么规定性'(Wasbestimmtheit),相反地,我在某种程度上'注视'着对象的规定性(Bestimmtheit)"①。也就是说,如果说在"总体化"方法与表述中使用的"范畴",其意义来自"实事领域",那么"形式化"方法中所使用的范畴,其意义则摆脱了"实事状态",而是"起于姿态关联(Einstellungsbezug)本身的意义"。海德格尔指出:"我必须从'什么内容'那里调转目光,而只去看:对象是一个被给予的、合乎姿态地被把握的对象。所以,形式化起源于纯粹姿态关联本身的关联意义,而决不起源于'一般什么'(Wasgehalt überhaupt)。"②这里的一个关键问题是,何为"姿态关联"及其"关联意义(Bezugssinn)"?

"姿态关联"是一个德语复合名词,由表示"态度、观点、看法"等含义的"Einstellung"和表示"联系、涉及、关系"的"Bezug"构成。从字面上看,海德格尔将两个词合成为一个词,意在表达,所谓"关联意义"即在人与某种东西的"关系"或"联系"中形成的意义,这个意义与人们"注视"它的"态度""观点"或"看法"相关。所以他在"注视"这个字眼上加上了"引号",以强调"形式述谓"的"关联性"意蕴。如果说"总体化范畴"的意义受制于与人无关的"实事"或"实存",如"红""颜色"等,我们要从此类范畴中得出一个东西的性质也就是某物"是什么",并且按照"种""属"关系将其安排进某个由"实事"组成的序列中,那么"形式化范畴"的意义则起因于"人"与"某种东西"之间的"关系","是什么"反倒不那么重要了,而人与某种东西在某种"态度、观点、看法"中建立起'怎样(Wie)'"的"关系",也即"如何是",倒一下子被凸显出来了,因而人的"注视"便显得尤其特别。

海德格尔认为,在"形式化方法"表述中的"形式"一词,本来只是一个与"实事领域"乃至"普遍性"无关的"形式范畴",然而在传统的"形式存在学"中却成了一个"实存",比如柏拉图的"理念"、康德的"物自体"、黑格尔

---

① ② [德]海德格尔:《形式化与形式显示》,参见《形式显示的现象学:海德格尔早期弗莱堡文选》,孙周兴译,同济大学出版社,2004年,第68页。

的"绝对精神"等概念。他们把本来与"姿态关联"相关的"形式化范畴"当成了与"客体实存"相关的"总体化范畴"。这些"形式化范畴"于是以"本质"乃至"本体"的姿态成为主观与客观相符合的,作为"是什么"而存在的"实存"或"实体"。也就是海德格尔所批评的,"'形式的区域'在更广意义上也是一个'实事领域',也是依据实事的"①。这种偏差同样发生在胡塞尔哲学中。由于局限在追求"是什么"的"普遍化"视野中,胡塞尔"形式范畴"的意义就并非来自"纯粹的姿态关系本身的关系含义",而是来自"实事领域",从而最终将"形式化范畴"弄成了"形式本体论(Formale—ontologisch)的范畴"②。所以在海德格尔看来,"总体化"方法及其范畴与"形式化"方法及范畴在胡塞尔那里其实没有本质区别,它们的共性在于,不但二者都与"实事领域"相关,而且"都处于'普遍的'这种意义中"③。也正是在这里,海德格尔认为有必要对胡塞尔的"形式化方法"作深入探究。那么,如何深化?海德格尔的回答是,从包括胡塞尔在内的"伪形式化"的"形式本体论"哲学,返回到真正的"形式哲学",即他所说的"形式显示"(Formale Anzeige)中去。

在海德格尔看来,尽管胡塞尔的"形式化"与他所说的"形式显示"都与"形式"(Form)相关,其意义都是一种与"姿态关联"相关的"关联意义",但前者并不是一种"纯粹的"姿态关联,因为它"掩盖了实行因素(das Vollzugsmäßige),而且片面的以内涵为指向",从而"指定了或者至少参与指定了一种理论化的关联意义"。海德格尔在这里区分了两种"姿态关联"及其"关联意义",一种是"理论化"的姿态关联,另一种是"纯粹"的姿态关联。前者的突出特征是,它以追求事物"客观化"的"内涵"即"什么"(Was)为导向,掩盖了人在"实行"中是"怎样"(Wie)与事物发生关联的,从而将形式范畴的"关联意义"导入一种"客观化""排序化"的"理论"境地。在这种境地中,范畴的意义表现出一种"固化"乃至"封闭"倾向。海德格尔提醒人们,"看一眼整个哲学史就可发现,对对象性之物的形式规定完全支配了哲学"④。与之不同,"形式显示"之所以是"纯粹"的"姿态关联"就在于,它打破了这种固化与封闭倾向,将形式范畴的"关联意义"始终"保持在悬而不

---

① [德]海德格尔:《形式化与形式显示》,参见《形式显示的现象学:海德格尔早期弗莱堡文选》,孙周兴译,同济大学出版社,2004年,第68页。

② 张祥龙:《海德格尔传》,河北人民出版社,1998年,第987页。

③ [德]海德格尔:《形式化与形式显示》,参见《形式显示的现象学:海德格尔早期弗莱堡文选》,孙周兴译,同济大学出版社,2004年,第69页。

④ 同上,第73页。

定中",从而摆脱了"客观化""排序化"的"理论"境地。那么,"形式显示"是如何将形式范畴的"关联意义""保持在悬而不定中"的呢?

海德格尔说,是在一种"否定的""警告的"意义上做到的。他说,"形式的东西就是某种合乎关联的东西(etwas Bezugsmäßiges)。显示是要先行显示出现象的关联——却是一种否定的意义上,可以说是为了警告!一个现象必须这样被预先给出,以至它的关联意义被保持在悬而不定中"[①]。德语名词"Anzeige"及其动词形态"anzeigen"有多种含义,其中包括"显示、指明、表示"等。例如"Das Thermometer zeigt 10 Grad unter Null an",即"寒暑表上显示是零下十度"。海德格尔对这个词的使用表现出一种"悖论倾向"。一方面从该词的本义看,"显示、指明、表示"等内涵指向一种对存在者之"存在确定性"的"肯定",但另一方面他又说这种"显示"是一种"否定"或者"警告",存在者"存在的确定性"又自我否定起来,变得"不是那么确定了"。在"否定"意义上海德格尔说,"形式显示是一种防御(Abwehr),一种先行的保证(Sicherung),使得实行特征依然保持开放"。海德格尔在这里对日常德语用词"Anzeige"做了一种新的哲学阐释,他将该词所含有的对实存事物或存在者某种客观确定状态的指称,引向主体对这种状态的"警醒",声称这种警醒乃是一种"防御",以防止人们对其做出"固化的""封闭化"的理解。因为,"这种预防措施的必然性是从实际生命经验的沉沦性趋向中得出来的,实际生命经验总是有滑入客观化因素之中的危险,而我们却必须从中把现象提取出来"。"人们必须防止作出这样的假定:现象的关联意义原始地是一种理论化意义。"这便是海德格尔将"形式显现"方法称作"否定""警告""防御"的目的。他说,这种"防御态度""乃是一种与科学极端对立的态度",在真正的"形式化方法"中,"根本不存在一种对某个实事区域的插入"。[②]"形式显现"的方法不但"起源于纯粹姿态关联本身",而且让"关联意义"始终保持在"怎样是"的关联状态中。在这种状态中,事物之"是什么"得以保持其敞开性、生成性乃至自我否定性特征,也就是他所说的"保持在悬而不定中"。所以,他认为其"含义是更为原始的"。[③]

通过对"形式范畴"与"姿态关联"所具有的密切相关性关系的剖析,以及在"防御意义"上对"显示"所进行的重新阐释,海德格尔指出了一条与胡塞尔带有"科学性倾向"的"形式化"乃至"总体化"方法截然不同的新方法,

---

① [德]海德格尔:《形式化与形式显示》,参见《形式显示的现象学:海德格尔早期弗莱堡文选》,孙周兴译,同济大学出版社,2004年,第73页。

② 同上,第73页。

③ 同上,第69页。

这种方法具有一种"二重化结构"。它一方面仍然要追寻事物之"是",但另一方面他又提醒人们在追寻"是"的同时,更要注意这个"是"是"如何是"的,因为"如何是"涉及人们的"注视"及其"看法"。所要达到的目的即在于,通过关注"如何是",将"存在者"从人们对它所形成的一种"固化"的、"封闭化"的"偏见"与"先入之见"中解放出来,保持在"悬而不定"中。为了能做到这一点,海德格尔主张,人们应当从趋向于"沉沦"的"客观化"境地中走出来,走向更加"原初性"的境地,也就是"实际的生命经验"中。只有在此境地中,我们才有可能保持"警醒状态","从中把现象提取出来"。与胡塞尔的"形式化方法"相比,海德格尔之所以认为他的"形式显现"方法是更原始的就在于,"形式显现"的"实行"是在人的"实际生命经验"中的"实行",而不是在"理论境地"中的"实行"。海德格尔将后者看作人的"沉沦"。正如孙周兴所认为的,"形式显现"的方法,"它要达到的诚然也是'形式的东西'或'形式因素',但并不是'形式的普遍性',不是要对'形式因素'作一种'实体化'的规定,而倒是要动摇、松动'关联意义'的固化倾向,使之在实际生命的实行处境中得以发动起来"[①]。

从上述梳理中我们可以发现,海德格尔在1920—1921年于弗莱堡大学授课中所使用的诸如"实际生命经验""实行""沉沦""理论化""现象"等提法,不仅已经初现其在1927年《存在与时间》中对"此在"生存在世分析的端倪,而且他关于"形式显现"方法乃是一种"否定""警告"及"防御"的阐释,与中后期他对"存在显现"的"二重化运作"的论述其实是一脉相承的。他说,"作为方法环节,形式显示属于现象学的阐明本身"[②]。这里的"现象"与后来的"存在"及其"意义的显现"也是一脉相承的。同样,虽然海德格尔早期提出"形式显现"的方法后,其中后期就几乎不再提到它了,但这并不意味着抛弃,相反他在中后期甚至将这种方法与立场更加发扬光大了。在这一点上我们非常赞同张祥龙的观点,"形式显现"的策略或方式"贯穿了海德格尔的前后期的著作","许多对于海德格尔思想的肤浅之见和错解,都与不了解他的这个思想源头有关"。[③]在此基础上我们认为,正如海德格尔的语言观表现出非常鲜明且一贯化的"非逻辑化"或"诗化语言观"倾向,他用来表述这种语言观的"形式显现"方法也同样表现出非常强烈的"诗化特征",主要表现在以下三个方面:

---

① 孙周兴:《编者前言》《形式显示的现象学:海德格尔早期弗莱堡文选》,同济大学出版社,2004年,第13~14页。

② [德]海德格尔:《形式化与形式显现》,孙周兴译,同济大学出版社,2004年,第73页。

③ 张祥龙:《海德格尔传》,河北人民出版社,1998年,第105页。

第一，从该方法提出的"针对性"与"理论倾向性"上看，海德格尔反对包括胡塞尔在内的西方传统哲学高举的"总体化"与"不纯粹"的"形式化"方法，反对人在"理论化"境地中对存在者之"是什么"的"片面"与"固化"追求，因为这些方法与追求带有"客观化""普遍化""实体化"倾向。他进而主张回到"形式范畴"的原始意义，也就是强调"形式范畴"的意义"是如何"在与人的"姿态关联"中"形成的"，从而将对"形式范畴意义"思考的中心从传统哲学的"固化状态"转向"悬而不定状态"，并认为后者才是"形式范畴意义"的真正来源。这种"反固化""反实体与客观化""反理论化"的学术倾向性本身便带有非常浓重的走向"泛审美"或"泛诗化"的哲学意味。前面我们曾论到，这些学术取向也是包括尼采、克罗齐、克尔凯郭尔、后期维特根斯坦、伽达默尔、德里达等在内的西方现代哲学家们所具有的带有普遍性的理论倾向。

第二，"形式显示"方法主张人们回到在"实际生命"的"实行关联"而非"理论关联"中，将"形式范畴"的意义保持在"否定性的"的"悬而不定"中，呈现出与西方哲学"逻辑语言观传统"对意义"确定性""明晰性"迥然不同的"新意义观"。这种"新意义观"高举意义的"生命–阐释性""生成–开放性"大旗，以对抗"实际生命经验总是有滑入客观化因素之中的危险"，主张哲学"必须从中把现象提取出来"①。海德格尔这里说的"现象"不是与"本质"相对的在"经验直观"中观察到的"实体化现象"，而是生存在世的人在"领会与理解"中对"事情本身"的显示。"形式显示"的方法就是让人们学会如何面向"事情本身"的方法，即"现象学方法"。例如他说，"现象学是说：αποφαινεσθαι τα φαινομενα：让人从显现的东西本身那里如它从其本身所显现的那样看它……'现象的'科学等于说：以这样的方法来把捉它的对象"②。这样得到理解的"现象"其实就是海德格尔后来所说的"存在者的存在及其意义"，从而区别于他的老师胡塞尔对"现象"所作的"意识及其意向性结构"③的阐释。

对"存在者的存在及其意义"的显现，在海德格尔看来应当发生在人的"实际生命的实行当中"，也就是他所说的发生在"此在""生存在世"的"领会与理解"中，而不是与世界分割开乃至对立的"认识–理论"境地中。"领会

① ［德］海德格尔：《形式化与形式显示》，参见《形式显示的现象学：海德格尔早期弗莱堡文选》，孙周兴译，同济大学出版社，2004年，第73页。

② ［德］海德格尔：《存在与时间》，陈嘉映、王庆节译，生活·读书·新知三联书店，1999年，第41页。

③ 苏宏斌：《现象学及其美学效应》，中国社会科学出版社，2016年，第67页。

与理解"当然也可以算是一种"认识",但这种"认识"奠基于人的"生命-生存"中,并在此基础上超越人的"经验性"在世,最终达到对存在者之存在,也就是"天地神人"四方一体共在的理解与守护。正如前述,真正能做到这一点的人在海德格尔那里是"诗人",而非"哲学家"。因而如果说"总体化方法"与不纯粹的"形式化方法",是一种追求"客观化-逻辑化"的"认知-理论立场",那么"形式显示"则是一种基于"生命-生存"并有所超越的"审美-诗化立场"。

第三,"形式显示"对形式范畴,也就是对"现象"或"存在者之存在"的"悬而不定意义"的追求,让形式范畴的"意义结构"与对意义的"话语表述"均带上了浓重的诗化风格。

在"意义结构"方面,由传统的"单维度结构"向"二重化结构"转变,也就是在寻求"意义确定性"的同时,寻求它的"否定性之维",现象的意义应该是由这两个方面构成的"意义整体",而且"否定性之维"尤其重要,因为正是后者才让"悬而不定"成为可能。通过前面的梳理我们可以发现,海德格尔认为,以"显示现象"为目的的"形式显示"方法,并不简单排斥对"内涵意义"即现象之"是什么"的追寻,这个"什么"指向现象的"确定性之维"。但在此基础上他又强调说,现象的"内涵意义"与"关联及实行意义(Wie,即'如何')","并不是简单地相互并列。'现象'乃是这三个方向上的意义整体。现象学就是对这样一个'意义整体'的阐明"①。对这个整体中的后两个,他一再强调"现象的关联和实行不能事先规定,而是要保持在悬而不定中"。海德格尔对"否定之维"的重视直接指向传统"逻辑语言学说"的意义结构观与话语表述风格。他说,"现象"或"存在及其意义","不是某种类似于存在者的东西。所以,虽然传统逻辑的'定义方法'可以在一定限度内规定存在者,但这种方法不适用于存在"。②这种定义方法最常见的就是"属加种差"式的定义,即在"属"内寻求存在者之间作为"种"的差异性。这种方式经常被用在经验科学、经验哲学等学说中。比如以"语言是人类交流思想的工具"为例,"工具"为"属","人类"与"交流思想"构成了语言在"工具"这个"属"中与其他存在者之间的差异。在这个定义中,"语言""人类""思想""工具"之间形成了清晰且严谨的逻辑线索,最终给出了有关语

---

① [德]海德格尔:《形式化与形式显示》,参见《形式显示的现象学:海德格尔早期弗莱堡文选》,孙周兴译,同济大学出版社,2004年,第72页。

② [德]海德格尔:《存在与时间》,陈嘉映、王庆节译,生活·读书·新知三联书店,1999年,第5页。

言本质的确切归属即"是什么",也就是作为最高"属"概念的"工具"。

　　站在"形式显示"的现象学角度看传统逻辑的定义方式,"清晰性""确定性""归类性"既是其"长",也是其"短"。就其"短"处论,它将存在者的"存在"或者说"现象"在一种寻求"确定性表达"的"单维度线性表述"中给"封闭"与"固化"起来了,所以它就无法"把现象提取出来"。与之不同,高举"否定性"与"防御性"大旗的"形式显示"的现象学方法却能做得到。海德格尔说,现象学"给出'现象'的'λογος'[逻各斯],'Verbum internum'[内在语词]意义上的——而不是逻辑化意义上的——'λογος'[逻各斯]"①。海德格尔在这里提出了两种话语(即逻各斯)表述方式,"内在语词"意义上的与"逻辑化"意义上的表述,认为前者才能显示"现象"。如果说"逻辑化语言"是一种寻求"确定性"表达的"单维度线性"表述,最终要在"属加种差"的"排序"与"抽象"中,"揭示"出存在者的本质即存在者之"是什么",那么"内在语词"意义上的"逻各斯"则从"揭示"走向了"描述",用对存在者之"如何是"的"显示"取代了对确定的存在者之"是什么的"揭示"。如果将"是什么"看作终点,那么"如何是"则是通向终点的各种方法或道路。正如《林中路》《通向语言之途》《路标》等标题所显示的那样,对"道路"的探寻是海德格尔终其一生的哲学追求。对这些"道路"而言,"描述"在海德格尔那里是更好的选择,他非常享受"走在路上"的感觉。也就是前面说的,从固执于对现象"内涵意义"的揭示转向对其"关联及实行意义(Wie,即'如何')"的描述性显示。海德格尔说:"'现象的'科学等于说:以这样的方法来把捉它的对象——关于这些对象所要讨论的一切都必须以直接展示和直接指示的方式加以描述。'描述性的现象学'具有同样的意义,这个用语其实是同义反复。"②

　　由"揭示"向"描述性"的"显示"的转变,不仅让"意义结构"发生了改变,也带来哲学话语表述风格的改变。尽管海德格尔在后期几乎不再提到"形式显示"的方法,但这种"描述性方法"的"诗化风格",无论在他思想的前期还是后期都体现得非常明显。例如,在前期的《存在与时间》中,他对人的本质(即 Dasein,此在)的表述,并不是像传统哲学那样首先给出一个类似"人是有理性的动物"这样一个属加种差式的定义,而是对人的"生存在世结构"展开一番"描述"。诸如人"在世界中"是如何与周围的"世内存

---

①　[德]海德格尔:《形式化与形式显示》,参见《形式显示的现象学:海德格尔早期弗莱堡文选》,孙周兴译,同济大学出版社,2004年,第72~73页。

②　[德]海德格尔:《存在与时间》,陈嘉映、王庆节译,生活·读书·新知三联书店,1999年,第41页。

在者"构成一个"因缘整体"的;人是如何"操劳在世"的;在与人的交往中,人是如何陷入"人云亦云"的"常人"中的;最后,无论何种人,都将面临"死亡与畏"的问题。"死亡"是人生存在世的最终也是最本真的"在世环节"之一,谁都无法逾越,而本真之人却能做到"向死而生"等。在对人的"生存在世"诸环节进行描画时,海德格尔涉及了对"语言"本质问题的看法,但他并没有武断的首先给它下个判断,诸如"语言是人类交流思想的工具"等,而是主要向我们展示语言作为"话语"或"言谈"活动都是由哪些环节构成的,是如何展开的。例如语言作为话语在他看来通常包括,"话语之声音""言谈者""话语之所及""交谈的人"等环节,既包括"说"也包括"听"。于是"沉默"也是一种"说"。甚至为了寻求一种安全感,人们常常更愿意"人云亦云"地说,而逃避"本真之说"等。在《存在与时间》中,海德格尔为我们"描述性"地展示了人类生存在世的各个环节。

同样,海德格尔中后期学说的话语表述风格也体现出"描述性"的诗化表述风格,甚至味道更浓。比如对艺术本质的看法,他说艺术乃是"真理之自行设置入作品"①;而关于"美",他认为"美是作为无蔽的真理的一种现身方式"②。"自行设置入""现身"等表述带有明显的描述与动作性,乃至"拟人化"修辞特征,迥异于"属加种差"的概念层极推演。这在其语言学说中就更加明显了,例如"语言乃存在之家""语言即道说""道说"即天、地、神、人四方之"共舞"或"映射游戏"、语言乃"寂静之音""语言的本质:本质的语言"、语言乃"聚集""通向语言之途""语言说""语言乃根本意义上的诗""既澄明又遮蔽"的语言运作方式等。从这些表述中我们可以发现诸如"比喻""拟人""象征""顶针"乃至"悖论式表述"这些在文学语言中常见的修辞手法。至于海德格尔对词语的拆解、重新组合、自造新词,乃至在"存在"等传统哲学概念上打"叉号"等对德语语词、意义的创造性运用,也总是让他的哲学话语表述呈现出非常强的创造性、个性化语言风格。其结果是,海德格尔最终也没有像传统语言哲学那样给出清晰明确的有关"语言"的定义,"家园""道说""寂静之音""聚集"等说法都是一些具有强烈描述性、修辞性、语意生成性特征的"诗化表述"。这一方面不能不多少令人感到有些沮丧,甚至让人觉得海德格尔总是在故弄玄虚,但是另一方面他用这种方法也让语言的本质始终保持在一种生成性、开放性的"动态之思"中。他似乎

---

① [德]海德格尔:《艺术作品的本源》,参见《林中路》,孙周兴译,上海译文出版社,1997年,第55页。

② 同上,第40页。

想告诉人们,任何有关语言的"属加种差"式的逻辑断言,都不过是人类对语言存在的肢解和妄言,而描述性的现象学方法才真正让语言回归自身,让人们所有的对语言本质问题的表述都始终保持在"通向语言之途"中。正如海德格尔临终前对自己《全集》所说的话,"道路而非著作"①。同时,我们认为这也是对他的读者说的,当然更是对包括"语言"在内的存在者的"存在"所说的。让一切都回到路上!

---

① 张祥龙:《海德格尔传》,河北人民出版社,1998年,第8页。

第九章　海德格尔诗化语言观的总体特征与"诗学发微"

第一节　海德格尔诗化语言之维的总体特征

通过前面内容的阐述,我们认为,在海德格尔的语言思想中存在着一个前后连贯且系统化的诗化语言之维,该维度的"系统性"体现在具有逻辑相关性的四个层面上:第一,从语言"存在论"层面说,海德格尔认为语言的本质不是"人言",而是"大道之言说"即"道说",其中发生着"天、地、神、人"四方整体世界的"相互居有"和"映射游戏",这种作为"整体性"的、四方"相互居有"的游戏即"根本意义上的诗"。作为"根本意义上的诗"的语言,是对建基于形而上学"二元对立"思维方式中的"逻辑化语言观"的扭转。

第二,语言在存在论上的"诗化本质"决定了,"此在"在生存在世中对存在的言说,是一种具有创造性倾向的"显示化"的而非"揭示性"的言说,因而具有"境域展示性""情绪现身性"乃至"超越性"等"非逻辑化"特征。在运作上"道说(Sage)"语言遵循"既澄明又遮蔽"的"二重化"运作方式,即语言对存在者存在意义的显现总是与遮蔽相伴,意义在显现的同时又隐没于无限的可能性中。

第三,从认识论层面说,海德格尔认为人类如果想触摸语言存在的诗化本性,应当学会"诗意栖居",但这绝非是说人们应该整日与"诗歌"为邻,而是首先需要转变一种生存论态度,这种态度非常趋近于一种"艺术精神"或"审美态度"。海德格尔由此表现出对诗人、艺术家尤其是诗人群体的偏爱,从而流露了其非常明显地对诗性化或审美化人生在世的追求。

第四,从方法论层面说,上述存在论与认识论的内涵决定了,具有非逻辑化和修辞性特征的文学语言相比人类的其他语言活动而言更加靠近语言的诗化存在。诗化表达不仅是存在者之存在意义显现的最佳途径,而且也成为语言显现自身存在的最佳方式,并且对语言诗化存在本性的思考与言说来说，哲学家由此采用修辞性的语言表述似乎也是最好的言说方式。这在海德格尔阐述语言的诗化本性时表现得非常明显，即为了将"关联意义"保持在"悬而不定"的状态中，他放弃了传统形而上学惯用的"定义"方式，而是运用现象学"形式显现"的原则，采用"描述性"策略，并在此过程中大量使用比喻、拟人、回环、悖论、象征、顶真等修辞性表达，这让其关于语言的论述充满了幽隐暗示的诗化语言风格。

通过以上梳理我们认为，这四个方面具有内在的逻辑相关性，因而具有了体系的"系统性"特征，据此我们完全有理由认为，海德格尔的语言观乃是一种"诗化语言观"。借助对这种语言观的阐释，我们倾向于认为海德格尔对语言诗化本性的关注在一定意义上可以说是"言在此"而"意在彼"，用他自己的话说即"问题根本不在于提出一个新的语言观。关键在于学会在语言之中栖居"。作为语言本质的"道说"既是大道"Ereignis"的自行运作，也是生存在世并学会"诗意栖居"的"此在"在自我超越后所达到的一种具有"泛诗化"或"泛审美化"特征的生存态度与生存方式。从上述意义上说，我们完全可以把学界所惯称的海德格尔的"存在论语言观"称之为"诗化语言观"。行文至此，我们想结合西方现代诗化语言观传统及前面对海德格尔语言思想的梳理，进一步总结一下海德格尔诗化语言观的总体特征。另外，我们也想跳开"语言哲学"的视野，从"诗学"角度对海德格尔的诗化语言哲学观展开一下"诗学发微"。这也许是海德格尔所反对的，但它同样也是"通向语言之途"中的"风景之一"。

一、西方现代诗化语言观思潮

前面我们曾论到，所谓"现代诗化语言观"是指自19世纪中期以后，在哲学的"语言学转向"与"审美主义思潮"的结合中所形成的侧重于从"非逻辑化"角度阐释语言本质的语言哲学学说及其思潮，带有非常浓重的"泛诗化"或"泛审美化"倾向。在此传统中，尼采的地位很重要。作为西方反理性主义哲学的代表人物，其语言学说体现出非常明显的"诗化语言观"特征。

在《古修辞学描述》中，尼采（1844—1900）说："语言本身全然是修辞艺术的产物……此为首要的方面，语言是修辞。"[1]尼采以修辞中最具艺术手段的"比喻"为例认为"一切词语本身从来就都是比喻"[2]，"总的说来：比喻不仅仅为偶然地添附到词语上去，而是形成了词语几乎全部固有的特性。它使得抬出'专有意义'不再有效，……就如指称真实的词语和比喻之间几乎没

---

[1][2] ［德］弗里德里希·尼采：《古修辞学描述》，屠友祥译，上海人民出版社，2001年，第20页。

有区别一样,直截了当的言语和施用修辞手段之间也没有什么界限。通常称为语言的,其实都是种比喻表达法"①。在尼采看来,"比喻"等"修辞"所具有的诗性特征不单单是语言诸多表达手段之一,而是语言的本质特征,这是现代语言哲学常常探讨的话题之一。例如法国哲学家保罗•利科(1913—2005)非常重视"隐喻"的"语义创造"功能,认为"隐喻具有本体论和认识论的价值,主张建立'隐喻诠释学'这样一门分支学科"②。再如英国语义学的代表人物理查兹(1893—1979)认为"隐喻无所不在",即"每当一个词从其已被定义的话语中提取出来,它就成为一个隐喻,并可能需要新的定义,这就是象征性的隐喻语言的根本特点"③。隐喻语言"不仅仅是一种语言的表达手段,而且是人类思维的工具,尤其是人的抽象思维离不开隐喻。隐喻不是语言使用中的特例,不是对语言正常功能模式的违背,而是语言发挥作用的必由之路","掌握隐喻就是对我们所创造的世界的把握"。④这些对"比喻""隐喻"等"修辞现象"的看法迥然有别于西方传统观点。

自亚里士多德以降的主流观点认为,语言所具有的"诗性特征",要么仅仅作为一种特殊的"修辞用法"被限定在"修辞学"或"文学"研究领域,要么被哲学家视为理应消除的东西而处处受到排挤。例如亚里士多德在《诗学》中区分了两种词,一种是"普通词",用来指"某一地域的人民共同使用的词"⑤;另一种是"奇异词"指"外来词,隐喻词,延伸词以及任何不同于普通用语的词"。他认为,"隐喻词"等奇异词只能被用在"诗"中,而不能被使用在"散文"中。也就是说,语言的隐喻特性专属于某一种类型的语言文本,它不是所有语言都具有的基本属性。"隐喻"充其量只不过是一种特殊的修辞用法而已。这种倾向甚至被20世纪初的分析哲学推向极端,他们曾试图创立一种"人工语言",其主要目的就是要消除由语言的"隐喻性"所带来的模糊化等弊病。显然,尼采并不同意这些主张!不仅如此,当尼采进一步认为"构造语言的人,并不感知事物或事件,而是体察飘忽而至的欲愿"⑥,并将此"欲愿"上升为"意志哲学"时,语言的"修辞性本质"便具有了"本体论(或存在论)"的内涵。语言不但在本源处就具有修辞性,而且其修辞性乃是意志

---

① [德]弗里德里希•尼采:《古修辞学描述》,屠友祥译,上海人民出版社,2001年,第21页。

②④ 谢之君:《西方思想家对隐喻认知功能的思考》,《上海大学学报》(哲社版),2007年第1期。

③ Richards I A,Orgden C K, *The Meaning of Meaning*, Harcourt BraceJovanovich Publishers,1989,p.111.

⑤ [古希腊]亚里士多德:《诗学》,陈中梅译,商务印书馆,1996年,第149页。

⑥ [德]弗里德里希•尼采:《古修辞学描述》,屠友祥译,上海人民出版社,2001年,第20页。

本体的存在特征。

意大利美学家克罗齐(1866—1952)认为,"语言活动并不是思维和逻辑的表现,而是幻想、亦即体现为形象的高度激情的表现,因此,它同诗的活动融为一体,彼此互为同义语"①。克罗齐这里所说的"幻想""形象的高度激情"即"直觉",语言活动即这种直觉的表现,而非"思维和逻辑"的表达。他认为,一般语言从本性上便是"直觉的",所以它同"诗的活动融为一体",彼此"互为同义语"。需要说明的是,他所讲的"直觉"或"诗"并非指狭义上即审美活动中的"审美直觉"或"诗歌",而是与人的理性认知能力相对的一种具有"非理性"特征的心理机能及其相关的存在状态。这种能力及其存在状态在原始人身上最为明显。例如他说,"'诗是人类的母语',原始人'天生是卓越的诗人'。这也被那些人以另一种方式承认:他们注意到,从心理过渡到精神,从动物感觉过渡到人类活动,是通过语言(应当说一般直觉或表现)实现的"②。

在克罗齐看来,语言从诞生的那一刻起,便与原始人的直觉及其表达密不可分,并始终伴随着人类生成发展的历史。在拥有"一般直觉"方面,普通人与艺术家或诗人其实没有本质区别。他说,"我们每人都有点画家、雕刻家、音乐家、诗人、散文家的素质,但同它们相比,我们的素质太微不足道了;虽说他们拥有人性的最普通的倾向和能力,但却达到了极高的程度"③。将"语言活动"视为"直觉的表现",并将其等同于"诗的活动"使之"互为同义语",导致在克罗齐那里"语言哲学"与"美学"或者"艺术哲学"成了一回事。他认为,"艺术科学和语言科学,美学和语言学,若被视为真正意义的科学,就不再是截然不同的两码事,而只是一码事。并不存在一种特殊的语言学;而人们探寻的语言科学—— 一般语言学,因其内容可变为哲学,其实就是美学。不管是谁研究一般语言学,即哲学语言学,也就是研究美学问题;而研究美学问题,也就是研究一般语言学。语言哲学与艺术哲学是一码事"④。

尼采所主张的"一切词语本身从来就都是比喻"的看法,尤其是克罗齐将"直觉"与"诗"视为语言的本质,认为"诗是人类的母语",原始人"天生是卓越的诗人"等观点,很容易让人想到18世纪维柯及19世纪上半叶威廉·冯·洪堡特等人的观点。维柯(1668—1774)在《新科学》中指出,"一切比喻

---

① [意]克罗齐:《美学或艺术和语言哲学》,黄文捷译,中国社会科学出版社,1992年,第41页。
② [意]克罗齐:《作为表现科学和一般语言学的美学的理论》,田时纲译,中国社会科学出版社,2007年,第42页。
③ 同上,第23页。
④ 同上,第193页。

此前被看成作家们的巧妙发明,其实都是一切原始的诗性民族所必用的表现方式,原来都有完全本土的特性"①。"由于学者们对语言和文字的起源绝对无知,他们就不懂得最初各民族都用诗性文字来思想,用寓言故事来说话,用象形文字来书写。而这三项原应是哲学在研究人类思想,语言学在研究人类文字之中都应运用的一些在本质上就是确实可凭的原则。"②维柯之后,德国语言学家威廉•冯•洪堡特(1767—1835)在《论人类语言结构的差异及其对人类精神发展的影响》中也曾指出,"语言就其最内在、最不可解释的运作而言往往与艺术相似"③。"语言的艺术美并不是它的偶然的装饰,恰恰相反,这种艺术的美是语言本质所导致的必然结果,并且是一块可靠的试金石,我们可以用它来检测语言内在的、普遍的完善性。只有当美的感觉深深地渗透到精神的内在活动之中时,这一活动才能够达到辉煌的顶峰。"④作为人类精神主要表现形式的语言,洪堡特揭示了语言具有"无限创造"的力量,这种力量让语言具有了难以预测的"艺术的美"。维柯与洪堡特对语言诗化本性的看法,为后来尼采、克罗齐等学者更为成熟的诗化语言哲学学说的出现做了很好的铺垫。从这个意义上,我们也可以把维柯与洪堡特的相关诗化语言学说纳入"现代诗化语言观"中来,他们都出现在"诗"日益崛起的时代潮流中。不过,无论维柯还是洪堡特,他们对语言诗性特征的认识主要来自对"原始语言"的考察。这种情形到了克罗齐那里便发生了根本的变化,克罗齐"沿着维柯的足迹,跨出了至为关键的一步,把原始语言的诗性扩大到一般语言,把语言与诗,语言学与美学完全等同起来"⑤,将"诗化语言观"推向一个新的高度。

在现代诗化语言观传统形成的过程中,还有一位哲学家不能不提,他就是维特根斯坦(1889—1951)。维特根斯坦的语言观经历了由前期的"逻辑语言观"向后期"语言游戏说"的转变。他说,"'语言游戏'一词的用意在于突出下列这个事实,即语言的述说乃是一种活动,或是一种生活形式的一个部分"⑥。"游戏"意味着这样一种活动,一方面它存在某种规则,大家按照规

---

① [意]维柯:《新科学》,朱光潜译,参见《朱光潜全集》(第18卷),安徽教育出版社,1992年,第240页。

② 同上,第250页。

③ [德]威廉•冯•洪堡特:《论人类语言结构的差异及其对人类精神发展的影响》,姚小平译,商务印书馆,1999年,第113页。

④ 同上,第116页。

⑤ 赵奎英:《混沌的秩序》,花城出版社,2003年,第24页。

⑥ [奥]维特根斯坦:《哲学研究》,李步楼译,商务印书馆,1996年,第17页。

则展开游戏,但另一方面由于参与人的不同,使得每一个活动本身又都是对规则的突破,各个活动之间只存在某种"家族相似性",不具有"共同性"。也就是说,游戏本身是开放性的,存在多种可能性,语言也是一样。一些基本的规则制约着每一个个体的言说,在这个意义上,我们可以勉强地将所有的言说现象都冠之以"语言",但每一个个体的具体言说又总是在或多或少的丰富甚至扩展着语言的基本规则,使得哪怕同一个语词,在不同的使用中其意义总是发生着或多或少的变化。用维特根斯坦的话说即"一个词的意义就是它在语言中的使用"①。他借用"游戏"这个概念及其所阐发的"家族相似性"理念意在说明,语言的本质只能存在于言说者的使用活动中,语词意义是生存在世的人在言说过程中"生成的",而非静止"现成的",因而呈现出"开放性""创造性"的游戏特征。他说:"当我用语言来思想时,除了语言表达式以外并没有什么'意义'呈现于我的心灵之中:语言自身就是思想的载体。"②语言的本性首先与我们在场的"看"而非出场的"想"相关,并因此带有不可避免的感性特征。维特根斯坦认为,"我们的语言最初描述的乃是一副图画"③,我们对待语言的态度应该是"不要去想,而是去看"④。

因而,逻辑语言学家那种试图构造具有普遍性的"人工语言",从而"使我们的语言的逻辑崇高化的倾向"是行不通的。他幽默地说,"把语言中的工具以及这些工具的使用方式的多样性,把词和句的种类的多样性,同逻辑学家们(包括《逻辑哲学论》的作者)所谈论的有关语言结构的东西进行比较,那是很有趣的"⑤。同样,如果把"语言游戏说"与索绪尔的语言学说比较一下也会很有趣。语言的本质在索绪尔那里是一个根据"差异"原则构建起来的封闭的"符号系统",它为一个个"言说"行为提供规则。语言学要探讨的是作为整体的"语言规则",而非一个个"言说行为"。而"语言游戏说"却相反,语言只能作为活动而存在,是"生活形式的一个部分",离开了具体的言说活动,无所谓语言,无所谓意义。如果说索绪尔试图用科学的精神和方法研究语言,那么后期维特根斯坦则更倾向于用人文的情怀和诗性的方法来描述和阐释语言。他的《哲学研究》的言说风格带有明显的诗性色彩和修辞味道。

无独有偶,法国哲学家德里达(1930—2004)将符号的"任意性原则"与对"形而上学"的批判结合起来,也提出了一种"游戏说"。他说"在此,我们

① [奥]维特根斯坦:《哲学研究》,李步楼译,商务印书馆,1996年,第31页。
② 同上,第160页。
③ 同上,第280页。
④ 同上,第47页。
⑤ 同上,第18页。

必须认识到,文字是语言游戏"。什么是游戏呢?"人们可以将游戏称为先验所指的缺席,这种先验所指作为游戏的无限性,即作为对存在——神学和在场形而上学的动摇而存在——这种被视为先验所指的缺席的游戏并非普通的游戏,因为哲学传统为了遏制它始终对它进行限制。"① "先验所指的缺席"让文字进入一种意义无限生成的"能指游戏"中,使得"意义总是处在空间上的'异',和时间上的'延'之中,而没有得到确证的可能"②。先验意义缺席的"意义异延游戏",使语言"能指符号"失去了固有的透明度、明晰性,"所指"因此变得模糊起来,游移起来。在德里达看来,一切文本不论是哲学的还是文学的,其意义总是多义的、开放的。对"意义分延"根源地位的确立,一方面意味着语言不再是逻辑用以传达自身的工具,另一方面则意味着对语言诗性存在的确证。这就不难理解,德里达何以要颠覆哲学与文学的传统地位,并以文学对于"隐喻"的自觉承认,嘲讽哲学对隐喻的羞羞答答态度。这种嘲讽使德里达在颠覆哲学的中心地位之后重新确立了文学的中心地位。隐喻对于文学或哲学,就不再仅仅像传统所认为的那样是一种"修辞"手段,而是它们的立身之本了。

与上述哲学家的诗化语言观相比,以海德格尔、伽达默尔为代表的"现象学-解释学"哲学家们则更加直接地将语言等同于存在。海德格尔提出了"语言乃存在之家"的观点,伽达默尔则提出了"能理解的存在就是语言"③,"谁拥有语言,谁就拥有世界"④的主张。在伽达默尔看来,语言并不是纯粹的工具或某种特殊的交谈手段,而是我们存在并因此是遭遇事物的方式,即人总以拥有语言的方式拥有世界,而世界也只能是作为语言而存在的世界。从这个意义上看,人的生存在世即言说,言说中既有体验与理解,也有物之显现,而这种言说又总是对他者的言说。所以"语言本质上是交谈的语言,它只有在交流的过程中才能获得它的真实性"⑤。人以语言交流的方式生存在世。这种"语言存在论"迥异于传统的建基于"理性主义"之上的"语言符号论"或"语言工具论"观点。它凸显了语言的"生存在世"及其"空间"维度,即语言的言说与交流过程总是与言谈者的"看""听""体验乃至想象""物之显现"等在世状态相关联。当原始人发出第一声惊叹——"啊!"时,尽管他们并不能清醒地意识到这可能就是最初的语言,但伴随这一感叹的,也许是

---

① [法]德里达:《论文字学》,汪堂家译,上海译文出版社,1999年,第69页。

② 朱立元主编:《西方美学通史》(第七卷下),上海译文出版社,1999年,第406页。

③ 赵敦华:《现代西方哲学新编》,北京大学出版社,2002年,第119页。

④ [德]伽达默尔:《真理与方法》(下卷),洪汉鼎译,上海译文出版社,2004年,第588页。

⑤ 涂纪亮:《现代欧洲大陆语言哲学》,中国社会科学出版社,1994年,第149页。

惊恐于火山的爆发;也许是惊骇于远处传来的野兽的咆哮;也许是巫师在祈神的仪式里、在香料麻醉所产生的幻觉中,他们望见了神的降临,不自觉地发出了这样一声感叹。在那时,这一感叹尚未成为人们所熟知的语言学术语中的"感叹词",而是直接与某个原始人的"看""听""表情的变化""想象""情感"等身体与心理活动交融在一起。"啊!"便是在场的一切,其中包含着极为丰富的生命感性与世界诗性显现特征。尽管现代世界与原始世界已大相径庭,理性高度发达的现代人对世界的认知已非原始人所能比,但语言言说中的"生命感性"与"世界显现"特征并不会消失,语言天生就具有无法消除的诗化感性特质,即便它在现代已变得很是微弱。

二、海德格尔诗化语言观的总体特征

通过对尼采、保罗·利科、理查兹、克罗齐、后期维特根斯坦、伽达默尔、德里达等哲学家相关语言学说的简要梳理,我们认为19世纪中后期至20世纪中期,在西方语言哲学历史上形成了一个"现代诗化语言观"思潮。尽管他们在切入角度与具体观念上会有所不同,但在哲学的"语言学转向"中却纷纷走向了与"审美主义思潮"相结合的道路,使其语言哲学带上了浓重的"诗化"或者说"审美化"色彩。并且,通过本书对海德格尔语言思想诗化之维的阐释,我们也可以发现,他的语言学说在总体特征上与现代诗化语言观思潮中诸位哲学家的语言学说表现出很多"家族相似性特征",总结这些特征主要表现在如下四个方面:

(一)对"诗"的"泛审美化"阐释与语言的"诗化本体观"

无论是尼采所说的"修辞论",还是保罗·利科的"隐喻说",克罗齐的"直觉与表现说",伽达默尔的"语言存在论",维特根斯坦、德里达的"游戏说"等哲人的主张,均呈现出一种"泛审美化"阐释的倾向,我们以"诗"来统称这种倾向。与此类似,海德格尔明确说"语言乃根本意义上的诗"。在这种"诗化"倾向中,诸如看、听、直觉、体验等感性生存在世、艺术、游戏、诗意栖居、修辞、无意识、隐喻等都可以被纳入"诗"这个统称中来。凡是从这种"泛审美化"角度对语言本质的探讨,我们都可以将之归纳到这一"诗化语言观"中来。这种倾向在我们看来是前述"诗与哲之争"发展到现代,"诗"的强势地位以及由这种强势所导致的现代哲学的"审美化"趋势在语言哲学中的反映。不仅如此,随着"现代审美精神"的形成与"诗本体观"的确立,语言的"诗化本体观"也逐渐形成,并彻底改变了"诗哲之争"传统中"诗"的弱势地位,真正走向了与"哲"分庭抗礼的阶段。这不仅区别于以亚里士多德为代表的哲人对语言"诗化经验属性"的探讨传统,而且也区别于近代的维柯、威廉·冯·洪堡特等人对"原始语言"或"原始部落语言"诗化特征的考察。深受现代哲学的"语言学转向"与"审美化趋势"的合流影响而形成的"现代诗化语言思潮",将语言的"诗化属性"从"局部语言"的"经验特征"阐释推向了"语言存在"的整体。

(二)"反理性主义"及其"逻辑语言观"

包括海德格尔语言学说在内的"现代诗化语言观"思潮,对西方传统"理性主义"及其"逻辑语言观"普遍有着很强烈的"反叛情绪",这同样是"诗哲之争"传统在现代语言哲学中的反映之一。"逻辑语言观"是西方从柏拉图一直延续到现代的一种语言本质学说,其思想底色是"理性主义",即德里达所谓的"言语中心主义"或"逻各斯中心主义"。"逻各斯"(λογοζ)在希腊语中最初的含义是"言谈",后引申为语言,理性,规律等。"逻各斯中心主义"简单地说即"理性(本质)中心主义","逻辑语言观"即把"逻辑化"视作语言本质的观点。主要包括如下几个方面:从客体方面言,本体及本质是中心,现象是边缘,前者高于后者;从主体方面来说,理性是中心,感性是边缘,理性高于感性;从诗哲之争看,哲学是王,诗则是仆。所有这些表现在语言观中则是,"所指(概念)"是"中","能指(符号的形式存在)"为"边"。语言的"能指符号系统(感性的)"受到某个独立于这个系统之外的"所指(实体或观念)"的规范和支配。相应的,语言的语法形式必须接受逻辑(概念)的制约。语词的"语义所指"及句子的"语法结构",由此成了"世界本质"及其"逻辑结构"的反映。"逻辑化"由此构成了语言的本性,而"非逻辑化"或者说"诗化"则成为被驱逐的对象。这种学说发展到19世纪末20世纪初,被以罗素、弗雷格等为代表的"分析哲学"进一步推向极致。他们"对哲学问题提法的形式化程度不足感到不满"[①],于是为了使"论证形式化",他们试图创造一种理想的"人工语言",以此消除由于语言的隐喻诗性特点所带来的模糊化等弊病。对于这种认为语言的本性是逻辑的哲学传统,主张"诗化语言观"的哲学家们从前述不同角度展开了针锋相对的批判。这个批判过程有趣地浓缩在维特根斯坦一生的哲思中。他从早期对"人工语言"的憧憬,到后期对语言"游戏特征"的皈依,不仅与20世纪西方语言哲学思想的发展轨迹相映成趣,而且从某种意义上又是西方"诗哲之争"历史的浓缩与象征。

(三)消除人、语言与世界之间的"现成"乃至"对立"关系,重建三者之间的"一体共生"关系

以海德格尔的语言学说为代表的现代"诗化语言观"对"逻辑语言观"的

---

① 陈嘉映:《语言哲学》,北京大学出版社,2003年,第25页。

批判,在我们看来不是仅仅关涉"语言学"的问题,更体现了一种试图通过重新阐释语言的本质来重建"语言""人"与"世界"三者之间关系的冲动,为理解世界提供新的阐释维度,这是"语言哲学"研究的主要目的之一。语言哲学研究的中心问题有两个:"一、语言和世界的关系;二、语言或语词的意义问题。"①这显然不同于"语言学家"对语言的研究。如果说"语言学家旨在更好的理解语言的内部机制,直到掌握这一机制甚至制造语言",那么语言哲学家则"从理解语言的机制走向理解世界,他不打算制造任何东西,而只是期待一种更深形态的理解生产。语言的哲学分析得出的道理是世界的道理,不是语言的道理"。②在"逻辑语言观"哲学传统中,人、语言、世界往往被理解成三个预先相互独立的"实体"之间的关系。这是由于,无论传统的"本体论哲学"还是近代的"认识论哲学",抑或20世纪初的"分析哲学",其主要目标是对作为本体的"实体"或作为本质的"真理"的追求与表达,由此形成了"认识客体"与"认识主体"的二分乃至对立,语言不过是对实体的反映或者人类表达真理的工具。如果说古代"本体论"哲学"在一定程度上尚未从理论上将思维与存在区别开,哲学家们相信事物就像我们所思想的那样",那么近代以来,随着"认识论"哲学的出现加之科学技术的迅猛发展,"近代哲学意识到我们所认识的事物与事物自身可能是不一样的,因而哲学家们开始深入的分析知识和我们的认识能力,并且把认识主体确立为认识的逻辑前提"③。

于是在笛卡尔那里,不是"存在"而是"我思""变成了形而上学的'第一原理'或基本出发点",在此基础上"形成了形而上学的主要对象,即上帝、我思、和物体三个实体"。这一方面深化了传统的哲学研究,"而另一方面却也给近代哲学带来了二元论的难题"④。如果说古代哲学家们"尚未从理论上将思维与存在区别开",相信事物就像他们所思想的那样表明,在他们看来人与世界之间还存在某种哪怕是隐秘的"一体化关系","人"与"其他存在者"并没有本质上的区别,他们都是世界的不可分割的一部分,那么近代哲学以至"分析哲学"则断定,"我思"与"物体"是两个"彼此现成"相互独立的"实体",主客体被"二元对立"了起来。在此对立中,"语言"要么是反映客观实体的"符号",要么是主体表达观念的"工具",这是近代语言哲学的两个基本支点。造成这一局面的原因在我们看来,是近代哲人对"理性"与"科学认

---

① 陈嘉映:《语言哲学》,北京大学出版社,2003年,第18页。
② 同上,第23页。
③ 张志伟主编:《形而上学读本》(导言),中国人民大学出版社,2010年,第6页。
④ 同上,第6页。

知"的盲目崇拜及无限扩大其适用范围的结果。表现在对语言本质的理解中即是将"逻辑化"视作语言的本质。

从语言、人与世界的关系角度看,崇尚"诗化语言观"的诸学者对"逻辑语言观"的批判其深层用意是想消除人、语言与世界之间的"现成"乃至"对立"关系,重建三者之间的"一体共生化"关联。重建的途径从根本上说就是要跳出"二元对立"的"认识论"思维框架,将语言从"逻辑认知"中解放出来。因为在此框架中,实体与本质的"优先性"与"客观性"天然决定了对"思维认知主体"之外"其他存在身份"的排斥,决定了对语言"逻辑化"特征的优先选择,决定了实体与本质、认知主体、语言之间不可避免的现成分割关系。于是我们看到,跳出认知思维框架,走向人的生存在世及生存在世中对语言的使用;走向在这种使用中揭示语言与人的看、听、直觉、情感等人的"存在"及"物的呈现"之间不可分割的"一体共生化"关系;走向关注日常语言、文学语言乃至哲学语言中的修辞性、隐喻性、游戏化等诗性特征,就成了现代诗化语言观的基本思路。

(四)对语言意义"生成性"而非"现成性"特征的阐发

语言作为人类理解和解释世界的主要工具和显现场所,它与"意义"具有天然的相关性。这种相关性主要表现在两个方面:一个是作为约定俗成的符号系统,语词符号本身具有相对稳定的现成意义;另一个是由于语言只能在生命个体现实生存的"言说"中才能现身,并且由于每个个体对世界的感受与理解的差异导致了,语词符号所具有的相对稳定的现成意义在使用中总是会发生一些变化,呈现出意义的开放性、流动性、创造性乃至无限性特征,这便是语言意义的"生成性"问题。当西方现代诗化语言观的诸哲学家跳出"认识论"框架,走向人的生存在世及生存在世中对语言的使用时,语言意义的"生成性"问题便会自然而然地浮出水面。在这种生成性中,语言的意义会表现出多义性、开放性、个体心灵化等诗化特征。

如果说西方传统的"逻辑语言观"倾向于将语言的意义看作固定不变的具有先验化、单义性、明晰性的"现成性"存在,那么20世纪的诗化语言观则倾向于将其视为"生成性"的。不论是克罗齐的"语言即直觉"说,后期维特根斯坦的"语言游戏"说,海德格尔的"语言本身就是根本意义上的诗"的主张,还是表现出一定科学化倾向的德里达的以"差异"为根本特征的"文字游戏说",他们大多赞成将语言的意义看作一种多义的、发散的、开放性的存在。正如有学者指出的,"在这一点上,现代哲学的种种招数,如海德格尔的'阐释循环'、后期维特根斯坦的'语言游戏'、伽达默尔的'问答逻辑'和德里达的'解构方略'一样,实际上都是要使语言文字进入不断的自我否定中,从而颠覆逻辑理性的优先性,实现对逻各斯中心的突围"①。对语言意义生成性特点的揭示,是这种突围取得的实质性成果之一。

第二节　对海德格尔诗化语言观的"诗学发微"

我们认为在海德格尔的语言学说中存在着一个贯穿其前后期的、连贯的"诗化之维"。从这个角度说,我们完全可以将海德格尔的语言学说称之为"诗化语言观"。当然,这里的"诗化"或者说"审美化"倾向是相对"逻辑化"而言的,仍然属于"语言哲学"而非"语言诗学"范畴。海德格尔总是会提醒他的读者,例如他在《荷尔德林诗的阐释》第四版增订版前言中所说的,"本书的一系列阐释无意于成为文学史研究论文和美学论文。这些阐释乃出自一种思的必然性"。"思的必然性"表明,他对"诗歌语言"或者语言"诗化本性"展开探讨的初衷,主要还是来自"哲学"思考而非"诗学"意图。不过,既然海德格尔经常借助探讨诗歌语言来阐释语言的本质,得出了诸如"语言乃根本意义上的诗"等主张,并在其哲学系统中给予了荷尔德林、里尔克等诗人如同"神"一样的至高评价,乃至试图呼吁世人要"诗意的栖居"在大地之上,那么这似乎也表明,海德格尔不仅是哲学家,而且还是一个同样对"诗"展现出浓厚兴趣的具有"诗人"乃至"诗学家"气质的"哲学家"。其诗性笔触与诗学家气质,在他对梵高所画"农鞋"油画以及对荷尔德林、里尔克等诗人诗歌的解读中展露无遗。既然如此,海德格尔对语言诗化本性的思考,就有可能会常常溢出"哲学"领域进入"诗学"地界,对"文学""美学"研究带来新的乃至出人意料的启发。下面我们尝试对海德格尔的诗化语言哲学观进行"诗学发微",看能否找到一些"无心插柳柳成荫"之见。

一、从"语词符号"之"小诗"走向"诗意栖居"之"大诗"

海德格尔区分了两种语言或者说语言的两个层次,一个是作为"符号"与"规则总体"的语言,一个是作为"道说"的语言,并认为"我们通常所谓的'语言',即词汇和词语结合规则的总体,无非是语言的一个表层而已"②。而"语言之本质现身乃是作为道示的道说。道说之显示并不建基于无论何种符号,相反地,一切符号皆源出于某种显示;在此种显示的领域中并且为

---

①　赵红梅:《从哲学的逻辑化走向哲学的诗化》,《江汉论坛》,1997年第11期。
②　[德]海德格尔:《荷尔德林诗的阐释》,孙周兴译,商务印书馆,2000年,第42页。

了此种显示之目的,符号才可能是符号"①。在"语言乃根本意义上的诗"这个论断中所说的"诗",是作为"道说"的"根本之诗"。海德格尔认为,语言的诗化本性不是来自符号的修辞特性,而是来自"大道"的自行运作。如果我们将"大道"的自行运作——"道说"称之为"大诗",将对这种运作的"词语性创建"称作"小诗",那么按照海德格尔的说法,这种"小诗"的创造就不仅仅是"诗人"使用语言符号的"文学创造"活动,而首先是"人"在"生存在世"中对"大道之诗"的"倾听"与"应和"。基于这种"倾听与应和",世上才有了以"语言符号"为载体的文学,才有了"诗人"。所以他说,"问题根本不在于提出一个新的语言观。关键在于学会在语言之中栖居。为此需要一种持久的考验,看看我们是否以及在何种程度上能够做本真的应和"②。"真正的栖居困境乃在于:终有一死者总是重新去寻求栖居的本质,他们首先必须学会栖居。"③

在海德格尔看来,所谓"学会在语言之中栖居",并非是一种人们运用语言符号进行诗歌或者文学创作的艺术活动,而首先指的是一种"本真性"的"生存在世状态",也就是对"存在意义"的"领会"。前者只是一种浅层的符号层面的"小诗",而后者虽然尚未抵达"符号层面",但却是一种更具本源性的"无言之说",是一种"大诗"。从"诗学"角度说,海德格尔的这种认识是对西方传统诗学观的突破。法国学者达维德·方丹在《诗学》一书中梳理了西方历史上的三种诗学观,"狭义的诗学"指"有关作诗法和诗歌创作的要求与建议的汇编,以及通常在某一文学运动中制定的种种的文体标准。从贺拉斯(Horace)到布瓦洛(Boileau),它更多的被称为诗艺(Arts poétiques)"④;"广义的诗学"指"文学的整个内部原理"⑤,例如亚里士多德的《诗学》、20世纪"俄国形式主义诗学"及后来的"结构主义诗学"等。除此之外,还有一种"诗学"指的是"一个作家(不仅仅是一个诗人)在创作、选材、确定风格和主题等一系列活动过程中所做的有意识或无意识的'选择'的整体特征"。例如我们可以称呼某某作家的诗学,如巴尔扎克的诗学、歌德的诗学等。方丹的概括基本符合西方诗学研究的历史。尽管三者的侧重点有所区别,但有一点却是一致的,即文学活动是诗人或文学家借助语言符号传达精神性诉求的一

① [德]海德格尔:《在通向语言的途中》,孙周兴译,商务印书馆,1997年(2004修订版),第253页。

② 同上,第27页。

③ [德]海德格尔:《海德格尔选集》,孙周兴选编,上海三联书店,1996年,第1204页。

④ [法]达维德·方丹:《诗学》,陈静译,天津人民出版社,2003年,第3页。

⑤ 同上,第2页。

种艺术活动,对这种艺术活动的探讨便构成了诗学研究。

海德格尔并没有否定这种局限于"文学"以及"美学"的研究,但这种研究仍属于对"小诗"的研究。与之不同,他所理解的"诗"跃出了"小诗"领域而指向"人生在世"的"存在论智慧"。这种智慧首先不是运用语言符号的艺术或审美智慧,而是对"存在"有所领会和守护的"生存智慧"。文学活动只是这种智慧的结果而非原因。也正是在这种"广义上",他才认为,他对荷尔德林诗的阐释"无意于"成为"文学研究"或"美学"研究。

从"小诗"走向"大诗",从"小诗学"走向"大诗学",从"审美活动"走向人的"生存在世"活动,海德格尔的"诗学观"与西方传统"诗学观"相比,显得更加恢宏开阔。他当然无意于文学与美学的研究,但他的观点的确给文学与美学研究提供了更加开阔的理论地基,也就是包括文学活动在内的艺术创造与审美活动,不过是人的诸多活动领域之一。审美活动的根本动力或许并非来自"它自身",而是来自一种更加"本源性"的东西。这种对"诗"所做的带有"存在论"色彩的"哲学阐释",很容易让人想到德国古典美学尤其是浪漫派美学。"诗"与"美"在他们那里,也不是"狭义上"的"文学"或"审美理论"。例如"诗"在德国浪漫派美学代表人之一的诺瓦利斯那里"不再是一种无谓的创造,而是一种真正本原世界的创造,是人的自我生成"①。"诗的创作"由一种审美创造活动被引申为"人的自我生成"。另一位浪漫派美学家施莱格尔(1772—1829)认为"诗的应有任务,似乎是再现永恒的、永远重大的、普遍美的事物"②,而非形式化的、具体的、"美的东西"。

再如,在德国古典美学那里,虽然鲍姆加登、康德、黑格尔等人的具体主张各有不同,但也都表现出一种既试图"建立美学",又试图"超越美学"的理论倾向。例如"美学之父"鲍姆加登虽然提出了要系统研究"感性问题"的主张,但他仍然将人的感性力看作一种"低级认识"能力;康德虽然建立了三大批判系统,为现代美学奠定了基石,但属于美学的"判断力批判"仍然属于"过渡性"存在,被视为沟通"实践理性"与"纯粹理性"的桥梁;黑格尔虽然用"绝对精神"的运动描画了一幅严谨而系统的"艺术史",但在宣布"艺术终结"后还是走向了宗教与哲学对艺术的超越。

刘小枫认为:"美学作为一门独立的学科之确立,是18世纪末19世纪初在德国兴起的那场现代性思想转折的果实。一种独具特色的现代性精神从此诞生——审美精神是一种生存论和世界观的主张,它体现为对某种无条

---

① 张玉能:《德国早期浪漫派的美学原则》,《厦门大学学报》,2004年第6期。
② 伍蠡甫主编:《西方文论选》(下卷),上海译文出版社,1979年,第327页。

件的绝对感性的追寻。在德意志民族的深层底蕴里,审美问题首先出现在哲学家们对终极性问题的探索中,出现在诗人们对感性生存的本体论位置的忧虑之中。——从某种意义上说,'美学'不是一门学问(甚至不应是一门学科),而是身临现代型社会时的一种生存论态度。哲人和诗人明显地更多关注感性生存的可能性问题。"①我们认为,海德格尔对语言诗化本性的"先验性"而非"经验性"的关注,主张从局限于"文学与美学研究"的"小诗学"走向"大诗学",从"审美活动"走向人的"生存在世"的观点,很明显地受到德国浪漫派美学以及德国古典哲学传统的影响,尤其是他的后期学说。他对作为衡量人类生存在世标尺的、无限永恒的神的召唤,与此传统一脉相承。

不过,虽然受到德国古典美学与浪漫派美学的深刻影响,但海德格尔超越"文学与美学"研究的主张在以下两个方面又显示出与前者巨大的分歧。分歧之一,尽管德国古典美学尤其是浪漫派美学也标举"诗性智慧",但却表现出一种对现实世界的"否定性倾向"。而海德格尔虽然也对现实世界进行了深刻批判,但他又认为,对无限的追寻永远不可能离开"坚实的大地"。危险从哪里发生,拯救也应从哪里开始。所谓"人充满劳绩的"却又"诗意的栖居"在大地之上即是,"诗性智慧"是扎根于生存在世的人的"操劳"与"劳绩"之中的,它不仅不排斥"现世",而且主张只有在这"劳绩"中才能"诗意栖居"。分歧之二在于,作为"道说语言"的"大诗"在海德格尔那里是一种"非主体性"的"大诗"。而在浪漫派那里则主要指向一种"主体性",这便是我们下面要谈的一个问题。

二、从"主体性诗学"走向"非主体性"的"物性诗学"

倘若按照法国学者方丹对西方三种"诗学观"的梳理看,那么包括诗歌创作在内的文学乃至艺术创作活动主要是一种"主体性"活动,即文学或艺术作品作为"客体性的存在"通常会被看作诗人或艺术家创作活动的结果,它的存在是以诗人或艺术家的"主体性存在"为前提的。但如果以海德格尔的"大诗学观"视之,"文学活动"不但首先要从"审美活动"退回到"生存在世活动"的地基上,而且"真正"的文学乃至艺术创造还要进一步跃出"人"的世界,将"大道自行运作"的"无言之大诗"呈现出来,而非仅仅是对诗人或艺术家心灵的表现。在海德格尔"大诗学观"的逻辑中,潜存着一种由"人"向"物"向"存在"的让渡,从而可以推导出一种"非主体性"的诗学观。

一般认为,诗或文学是一种凝结在语言与文字符号中的艺术门类。这

---

① 刘小枫编选:《人类困境中的审美精神》,东方出版中心,1994年,第1页。

种"凝结"显然离不开诗人或文学家的创作,灌注了他们的思想、情感与想象,尤其是在浪漫派诗人或表现主义艺术家那里,诗、艺术品通常会被看作诗人、艺术家的情感、想象、观念等内在心灵的外在表现。例如前述德国浪漫派美学家诺瓦利斯把"诗"看作"人的自我生成";再如英国浪漫派诗人华兹华斯认为"诗是强烈情感的自然流露",语言或文字乃是诗人抒发情感的载体与媒介。但海德格尔却不这么认为,在他看来,"诗不只是此在的一种附带装饰,不只是一种短时的热情甚或一种激情和消遣。诗是历史的孕育基础,因而不只是一种文化现象,更不是一个'文化灵魂'的单纯'表达'"①,"诗"乃"存在的词语性创建"②。作为"存在的显现"而非诗人情感的"符号载体",语词符号从本质上讲乃是一种对"存在"的"聚集"。诗如何聚集"存在"?诗在对"物"的呈现中聚集"存在",即"大道"或"存在"在海德格尔那里是"凭借'物'的支撑来进行的"③。但"物"何以会如此重要?因为"物本身"就是"聚集",在这种聚集中,发生着"天、地、神、人"四者"相互居有"又"各显其身"的"无言之说"。这种聚集与诗人在诗歌中对"物"的"词语化呈现"相比,是一种更加"本源性"的聚集。是"物"而非"诗人"或诗人所运用的"语词符号"充当了最本源的"聚集者"。所以,人能否听到以及在多大程度上能听到"物"发出的这种"无言之说",将决定人在多大程度上能成为"诗人"或成为"怎样"的诗人。

按照海德格尔的逻辑,诗歌乃至艺术创作的动力源与其说来自"诗人"或"艺术家"的"主体性精神",不如说来自在"物"中聚集起来的"存在"。从这个意义上说,画家梵高在对一幅"农鞋"的描画中所呈现的黎明与黑暗、喜悦与痛苦、天空与大地的争执,并非是梵高的"创造",而是梵高对聚集在这双农鞋上的来自大地的尘土、天空的雨露、农夫的耕作、四季的轮转乃至神的降临等"四方环舞"的"倾听"与"呈现"。诗人或艺术家作为"创造者"的角色被置换成了"物"中四方的相互居有。从"诗学"的角度看,我们不妨将之称作"非主体性诗学"或"物性诗学"。

海德格尔认为,"我们所理解的诗是对诸神和物之本质的有所创建的命名。'诗意的栖居'意思是说:置身于诸神的当前之中,并且受到物之本质切近的震颤"④。他之所以强调"诗"或者"艺术"与"神""物"而非"人"的本质性关系,从崇尚"人"的"主体性诗学"走向崇尚"物"的"非主体性"或"物

---

① ④　[德]海德格尔:《荷尔德林诗的阐释》,孙周兴译,商务印书馆,2000年,第46页。

②　同上,第45页。

③　余虹:《艺术与归家》,中国人民大学出版社,2005年,第111页。

性"诗学,其中的重要原因之一来自他对现代世界的判断,即现代世界是一个由"人"统治并主宰"物"的技术性世界,这导致了"物"以及"神"的隐遁,而它们的隐遁反过来又导致了人的"无保护性"。海德格尔说,在这个由人统治物的时代,当"人在缺乏新事物之处,就制造新事物。人在事物搅乱他之处,就改造(umstellen)事物。人在事物使他偏离他的意图之处,就调整(verstellen)事物。人在要夸东西可供购买或利用之际,就把东西摆出来(ausstellen)……人把世界当作对象,在世界的对面把自身摆出来,并把自身树立为有意来进行这一切制造的人"①。然而当物失去了自身,人也便失去了自身,成为"无保护性"的。海德格尔说,"当人的本质完全献身于对存在者的对象化之际,人在存在者中间就是无保护的"②。

如此看来,海德格尔的"物性诗学观"其实是有着非常强的时代针对性的。他把"物"与"神"隐遁的时代称之为"贫困的时代",认为真正的诗应该在此时代承担起"及物"而非"及人"的任务。要做到这一点,从"诗学"角度说,这首先要排除传统诗学对"诗"及"文学"的偏见,因为"就以往我们的认识来说,'心灵的'一词总是和情感,和虚构,和想象结合在一起,甚至我们对诗的理解也总是从这些方面开始的"③。正是因为这个缘故,在西方长期存在的"诗哲之争"传统中,"诗"往往被视作"虚假"的东西而与"真"格格不入,长期"低于"乃至"附属于""哲学"。海德格尔不同意这种看法。在他看来,"诗并非对任意什么东西的异想天开的虚构,并非对非现实领域的单纯表象和幻想的悠荡漂浮"④。"诗给人非现实和梦幻的假象,似乎诗是与我们十分亲切熟稔的触手可及的喧嚣现实相对立的。实则不然。相反地,诗人所道说和采纳的,就是现实的东西"⑤,就是诗人在现实世界的劳绩中与他照面的各种物之在场。

海德格尔曾以诗性的笔触呈现过桥梁、庙宇、居所、生活用具等各种物之在场。例如他这样呈现"壶"这种用具,他说在壶的赠品中有"泉水","在泉中有岩石,在岩石中有大地的浑然蛰伏。这大地又承受着天空的雨露。在泉水中,天空与大地联姻"。同样,壶的赠品也可以是"酒"。"酒由葡萄的果实酿成。果实由大地的滋养与天空的阳光所育成","故在壶之本质中,总

---

① [德]海德格尔:《林中路》,孙周兴译,上海译文出版社,1997年,第293页。
② 同上,第304页。
③ 刘旭光:《海德格尔与美学》,上海三联书店,2004年,第365页。
④ [德]海德格尔:《林中路》,孙周兴译,上海译文出版社,1997年,第56页。
⑤ [德]海德格尔:《荷尔德林诗的阐释》,孙周兴译,商务印书馆,2000年,第49页。

是栖留着天空与大地"。①而"壶的赠品"无论是"泉水"还是"酒",它们又联系着"解人之渴,提神解乏,活跃交游"及"敬神献祭"。因而在壶的"倾注之赠品中,同时逗留着大地与天空、诸神与终有一死者。这四方是共属一体的,本就是统一的。它们先于一切在场者而出现,已经被卷入一个唯一的四重整体(Geviert)中了"②。对蕴含在"物之内"的"世界整体"而非人统治"物"的"主体心灵"的强调,是海德格尔"大诗学观"的核心要义之一。

三、"物性诗学":诗人与物的对话及诗性语言的"生成性"

通过上面的分析我们认为,海德格尔的"大诗学观"是一种强调"非主体性"的"物性诗学观",但需要进一步说明的是,我们对海德格尔"物性诗学观"的概括很容易造成这样一种误解,即在文学或艺术中呈现的"物"似乎是一种独立于诗人或艺术家的"现成性"的"客观实存"。我们认为,这是对海德格尔"物性诗学观"的误解!相反,这种诗学观所主张的"物之显现"仍是一种高度"精神化"的呈现,离开诗人或艺术家主体心灵的介入,就没有"物之聚集"。余虹认为,"物"之为"物"在海德格尔那里"是在它与世界的关联中显示出来的"③。其中就包括与"诗人"尤其是"真正的诗人"的"关联"!

综观海德格尔对"物"的论述,他主要谈了三种"物"。第一种是人在生存在世的各种实践活动中制造或使用的各种"上手之物";第二种是在认识活动中呈现于人的思维之中的各种"表象之物",也就是作为"认知客体"的"物";第三种"物"是"现象学之物",也就是"存在论之物"。在海德格尔看来,只有第三种物才是真正的"物",因为它遵循现象学"回到事情本身"的原则,做到了"如其本身式"的显现自己。但这种显现自身却是发生在"此在"的"领会"或"倾听"中,是在"此在"的"领会"中的"显现自身",是"此在"与"物"之间的真正且平等对话。因而这种对话不是"主体"与"客体"的关系,而是"主体"与"主体"之间的游戏。"物"与"我"各成其自身,又一体共生。如果说与各种"上手之物""表象之物"打交道的分别是"常人此在""认知-主体性此在",它们都不是此在的"本真性存在",那么与"现象学之物"打交道的则是"本真性此在",也就是海德格尔所说的能够"诗意栖居"的"此在"。

通过前面对"诗意栖居"的阐释我们认为,从"存在者"层面上说,在海德格尔看来,"诗人"或者"艺术家"的"审美在世"是最接近"诗意栖居在世"的

---

① [德]海德格尔:《海德格尔选集》,孙周兴等译,上海三联书店,1996年,第1172页。
② 同上,第1173页。
③ 余虹:《艺术与归家》,中国人民大学出版社,2005年,第111页。

在世形态,而他们在诗歌或者艺术世界中所显现的"物"则是最靠近"现象学之物"的物之形态,这是一种带有强烈的"审美化"气质与高度"精神化"之物!但海德格尔认为,这种"精神性"却没有导向"主体性",或者说,它是一种高度"精神化"的"非主体之物"。

我们在第一部分中曾指出,海德格尔的诗学是一种广义的"大诗学",他认为应该从狭义的"小诗学"走向这种广义的"诗意栖居"。从广义诗学看,真正的诗歌不一定非得形之于"言说"或"文字"符号中。在人们充满劳绩的在世中发生的"无言领会"或者"真正的思",乃是一种更本真的"诗意栖居"。但问题是,无言的"领会"或真正的"思",终归要形之于"有声"的言谈与"可见"的文字符号中。当形之于有声有形的语言与文字中时,问题就来了,这种有声的语言在"此在"生存在世的"言谈中"经常表现出"泥沙俱下""良莠不齐"的特点。从存在论层面说,语言虽然是"存在之家",但从存在者角度看,它同样可以遮蔽"存在",让"存在"隐而不见。

所以海德格尔说"惟语言首先创造了存在之被威胁和存在之迷误的可敞开的处所,从而首先创造了存在之遗失(Seinsverlust)的可能性,这就是——危险"①。这种危险主要来自两个领域,一个是经验世界中"常人此在"的言谈;一个是认知领域中"主体性此在"的言谈。尽管这两种"此在"的言说有诸多区别,但在无法呈现"物本身"这一点上却是一致的。在"常人此在"的言说中,"物自身"消隐于"人云亦云"的"公共之物"中;而在"认知性此在"言说中,借助"逻辑化"语词符号,"物自身"被置换成为人的思维中的"表象之物"。而无论"物"被当作一种"公共之物",还是被作为一种"理性化之物",语言都被理解成了一种"现成性材料",它被用来去表述另外一种"现成之物"。与二者不同,海德格尔认为诗人的"诗化言说"才是显现"物之存在"的最佳场所,因为诗人对"物"的言说最接近"现象学"或"存在论""回到事情本身"的原则。诗人们一方面退出世界的中心位置,给"物"让渡出显现自身的空间,另一方面语言也在这种让渡中由"现成性"走向"生成性",所谓"词语破碎处,无物存在",从而实现了词与物的"一体共生",语言在"一体共生"中也成其自身。

海德格尔说,"虽然诗人也使用词语,但不像通常讲话和书写的人们那样必须消耗词语,倒不如说,词语经由诗人的使用,才成为并保持为词语"②。在他看来,"诗从来不是把语言当作一种现成的材料来接受",而是让它摆脱

---

① [德]海德格尔:《荷尔德林诗的阐释》,孙周兴译,商务印书馆,2000年,第39页。
② [德]海德格尔:《林中路》,孙周兴译,上海译文出版社,1997年,第31页。

"现成状态"进入"生成状态",让词语保持为词语。所以"是诗本身才使语言成为可能。诗乃是一个历史性民族的原语言(Ursprache)"①。当语言摆脱"常人此在"与"认知性此在"对它的"现成性"使用,从而进入诗人"生成性"的"诗化言说"时,"现象学之物"才有可能显现出来,因为"现象学之物"也就是"物之存在"也是"生成性的"。在"生成性"这一点上,"诗化语言"与"现象学之物"不谋而合。

从海德格尔对诗歌语言的诸多阐释看,他对这种语言的特点是知之甚深的。诗人在诗歌中对诸如比喻、拟人、夸张等多种修辞手法的运用,让诗歌语言呈现出多义性、开放性乃至无限性的"语意生成"特征。但对诗歌语言所具有的语意生成性特征的理解,海德格尔却不是从纯粹诗学或一般语言学的角度,而是将之导向了"现象学哲学",这种"现象学哲学"在他那里也就是"存在论哲学"。如此一来,他便把诗歌语言的"生成性特征"解读成了"物之存在"的显现特征,这种显现即我们在前面分析过的"澄明"与"遮蔽"的"二重化运作"。"物之存在"的意义在语言符号中"澄明"的同时,又总是有一种逃离语言符号的"澄明",将自身隐匿到"遮蔽"中去的态势。这种态势让每一次的语言显现都无法穷尽"物之存在"的全部意义,因而其存在意义是不断趋向于"生成性的"。真正的语言言说会承认并尊重这种态势。在人类的有声符号化言说中,在海德格尔看来,"诗人此在"的诗性言说相比较"常人此在"与"认知性此在"对"物"的言说,由于它在语言上所呈现出的多义性、开放性等语意生成特征,因而是一种最接近于"物之存在"的言说。他也因此对"诗人"乃至"艺术家"群体给予了非常高的评价。这在海德格尔的中后期学说中表现得非常明显,"此在"在海德格尔那里其实是有个"三六九等"的。

如果深入考察一下这个"等级序列"我们会发现,"等级"不仅存在于"常人此在""认知性此在""诗人此在"之间,在他们中间,"诗人此在"或人的"审美性在世"是"本真性在世",而且似乎也存在于"诗人此在"内部。在这个内部,海德格尔认为也并不是所有的诗人都能承担起显现"物之存在"的重任。正如语言是"最危险的财富"一样,诗虽然是"最清白无邪的事业",但同时也是"最危险的活动"。这种危险可能来自诗人的创作毕竟是一种高度"精神化""心灵化"的活动,这种活动有可能会危及对"物之存在"的显现,让"物"完全消隐于"人"的抒情或观念表达中。于是我们看到,在"诗人此在"那里,他对荷尔德林、里尔克等几个少数诗人表达了最高的敬意,而对仅仅把诗歌

---

① [德]海德格尔:《荷尔德林诗的阐释》,孙周兴译,商务印书馆,2000年,第47页。

看作"短时的热情甚或一种激情和消遣"式的创作则不以为然,其原因就在于荷尔德林和里尔克的诗歌最符合他的存在论哲学观。他说"我们所理解的诗是对诸神和物之本质的有所创建的命名。'诗意的栖居'意思是说:置身于诸神的当前之中,并且受到物之本质切近的震颤"①。通读《荷尔德林诗的阐释》不难发现,"诸神的隐遁"与来自诗人的"召唤"是海德格尔分析的核心内容,而荷尔德林对"神的礼赞"与里尔克对"物"的高举便与海德格尔的主张非常接近。例如里尔克曾说,"诗并非像人们认识的那样是感情(说到感情,以前够多了),而是经验"②。为此,里尔克专门创作了以《新诗集》为代表的"事物诗"系列。正像有研究者对里尔克"事物诗"的评价,"在他看来,诗不应该是感情的瞬间喷发,而是来自于'物',来自于深邃的生存经验,这是诗人写诗的必要性所在"③。当然,这在里尔克那里主要是一种"诗学主张",而在海德格尔那里则主要是一种"存在论哲学"思想。其实,荷尔德林对"诸神的召唤"与里尔克对"物性的高举"在海德格尔那里不但不矛盾,而且是深刻关联着的,因为在真正的"物之存在"那里,让"物成为物"的是"天、地、神、人"四方的相互居有。在所谓"物性"中,便有"神"的托举。

---

① [德]海德格尔:《荷尔德林诗的阐释》,孙周兴译,商务印书馆,2000年,第46页。
② 潞潞编选:《准则与尺度——外国著名诗人文论》,北京出版社,2003年,第97页。
③ 同上,第101页。

参考文献

一、中文著作

1.陈嘉映:《语言哲学》,北京大学出版社,2003年。

2.曹俊峰:《西方美学通史》(第四卷),上海文艺出版社,1999年。

3.刘敬鲁:《海德格尔人学思想研究》,中国人民大学出版社,2001年。

4.刘士林:《澄明美学》,郑州大学出版社,2002年。

5.刘小枫:《诗化哲学》,山东文艺出版,1986年。

6.刘小枫编选:《人类困境中的审美精神》,东方出版中心,1994年。

7.刘旭光:《海德格尔与美学》,上海三联书店,2004年。

8.潞潞主编:《准则与尺度——外国著名诗人文论》,北京出版社,2003年。

9.倪梁康:《现象学及其效应》,生活·读书·新知三联书店,1997年。

10.牛宏宝:《现代西方美学史》,北京大学出版社,2014年。

11.彭富春:《无之无化——论海德格尔思想道路的核心问题》,上海三联书店,2000年。

12.全增嘏主编:《西方哲学史》,上海人民出版社,2003年。

13.宋祖良:《拯救地球和人类的未来》,生活·读书·新知三联书店,1996年。

14.苏宏斌:《现象学美学导论》,商务印书馆,2005年。

15.孙周兴:《说不可说之神秘》,上海三联书店,1994年。

16.孙周兴:《语言存在论》,商务印书馆,2011年。

17.涂纪亮主编:《现代欧洲大陆语言哲学》,中国社会科学出版社,1994年。

18.王庆节:《解释学、海德格尔与儒道今释》,中国人民大学出版社,2004年。

19.王一川:《修辞论美学》,东北师大出版社,1997年。

20.王一川:《语言乌托邦》,云南人民出版社,1999年。

21. 王颖斌：《海德格尔和语言的新形象》，人民出版社，2015年。

22. 叶起昌：《语言之社会规范说与自然说》，北京大学出版社，2013年。

23. 余虹：《思与诗的对话：海德格尔诗学引论》，中国社会科学出版社，1991年。

24. 余虹：《艺术与归家》，中国人民大学出版社，2005年。

25. 张奎志：《西方历史上的"诗与哲学之争"》，人民文学出版社，2016年。

26. 张世英：《进入澄明之境》，商务印书馆，1999年。

27. 张文喜：《颠覆形而上学》，中国社会科学出版社，2004年。

28. 张贤根：《存在·真理·语言：海德格尔美学思想研究》，武汉大学出版社，2004年。

29. 张祥龙：《海德格尔传》，河北人民出版社，1998年。

30. 张祥龙：《海德格尔与中国天道》，生活·读书·新知三联书店，1997年。

31. 张志伟主编：《形而上学读本》，中国人民大学出版社，2010年。

32. 章安祺编：《西方文艺理论史精读文献》，中国人民大学出版社，1996年。

33. 赵敦华：《现代西方哲学新编》，北京大学出版社，2002年。

34. 赵奎英：《混沌的秩序》，花城出版社，2003年。

35. 赵毅衡主编：《符号学——文学论文集》，百花文艺出版社，2004年。

36. 郑克鲁主编：《外国文学史》，高等教育出版社，1999年。

37. 钟华：《从逍遥游到林中路：海德格尔与庄子诗学思想比较》，华龄出版社，2004年。

38. 朱光潜：《西方美学史》，人民文学出版社，1963年。

39. 朱立元：《现代西方美学二十讲》，武汉出版社，2006年。

40. 朱立元：《走向实践存在论美学》，苏州大学出版社，2008年。

41. 朱立元主编：《当代西方文艺理论》，华东师范大学出版社，1997年。

42. 朱立元主编：《西方美学通史第七卷》（下），上海译文出版社，1999年。

二、外文译著

1. [法]阿尔弗雷德·登克尔等主编：《海德格尔与其思想的开端》，靳希平等译，商务印书馆，2009年。

2. [美]阿纳森：《西方现代艺术史》，邹德侬等译，天津人民美术出版社，1994年。

3. [奥]爱杜阿德·汉斯立克：《论音乐的美》，杨业治译，人民音乐出版社，1978年。

4.[澳]芭芭拉·波尔特:《海德格尔眼中的艺术》,章辉译,重庆大学出版社,2016年。

5.[古希腊]柏拉图:《理想国》,刘丽译,台海出版社,2016年。

6.[意]贝内代托·克罗齐:《美学或艺术和语言哲学》,黄文捷译,中国社会科学出版社,1992年。

7.[意]贝内代托·克罗齐:《作为表现科学和一般语言学的美学的理论》,田时纲译,中国社会科学出版社,2007年。

8.[法]达维德·方丹:《诗学》,陈静译,天津人民出版社,2003年。

9.[法]德里达:《论文字学》,汪堂家译,上海译文出版社,1999年。

10.[德]恩斯特·卡西尔:《人论》,甘阳译,上海译文出版社,1985年。

11.[瑞士]费尔迪南·德·索绪尔:《普通语言学教程》,高名凯译,商务印书馆,2002年。

12.[美]弗雷德里克·詹姆逊:《语言的牢笼》,李自修译,百花洲文艺出版社,1995年。

13.[德]弗里德里希·尼采:《古修辞学描述》,屠友祥译,上海人民出版社,2001年。

14.[德]弗里德里希·尼采:《权力意志》(上卷),孙周兴,商务印书馆,2007年。

15.[德]伽达默尔:《真理与方法》,洪汉鼎译,译文出版社,1994年。

16.[德]海德格尔:《荷尔德林诗的阐释》,孙周兴译,商务印书馆,2000年。

17.[德]海德格尔:《存在论:实际性的解释学(1923年夏季学期讲座)》,何卫平译,人民出版社,2009年。

18.[德]海德格尔:《存在与时间》,陈嘉映译,生活·读书·新知三联书店,2000年。

19.[德]海德格尔:《海德格尔选集》,孙周兴选编,上海三联书店,1996年。

20.[德]海德格尔:《林中路》,孙周兴译,上海译文出版社,1997年。

21.[德]海德格尔:《路标》,孙周兴译,商务印书馆,2001年。

22.[德]海德格尔:《尼采》,孙周兴译,商务印书馆,2003年。

23.[德]海德格尔:《时间概念史导论》,欧东明译,商务印书馆,2009年。

24.[德]海德格尔:《通向语言之途》,孙周兴译,商务印书馆,2004年。

25.[德]海德格尔:《谢林论人类自由的本质》,薛华译,辽宁教育出版社,1999年。

26.[德]海德格尔:《形而上学导论》,熊伟、王庆节译,商务印书馆,1996年。

27.[德]海德格尔:《形式显示的现象学:海德格尔早期弗莱堡文选》,孙周兴译,同济大学出版社,2004年。

28.[德]海德格尔:《演讲与论文集》,孙周兴译,生活·读书·新知三联书店,2005年。

29.[德]海德格尔:《依于本源而居》,孙周兴译,中国美术学院出版社,2010年。

30.[德]黑格尔:《美学第三卷》,朱光潜译,商务印书馆,1981年。

31.[英]杰夫·科林斯:《海德格尔与纳粹》,赵成文译,北京大学出版社,2005年。

32.[德]康德:《任何一种能够作为科学出现的未来形而上学导论》,庞景人译,商务印书馆,1982年。

33.[德]康德:《判断力批判》,邓晓芒译,人民出版社,2002年。

34.[英]拉曼·塞尔登编:《文学批评理论:从柏拉图到现在》,刘象愚等译,北京大学出版社,2003年。

35.[德]莱因哈特·梅依:《海德格尔与东亚思想》,张志强译,中国社会科学出版社,2003年。

36.[美]勒内·韦勒克、奥斯汀·沃伦:《文学理论》,刘象愚等译,江苏教育出版社,2005年。

37.[英]雷蒙·威廉斯:《关键词:文化与社会的词汇》,刘建基译,生活·读书·新知三联书店,2016年。

38.[美]里查德·罗蒂:《哲学和自然之境》,李幼蒸译,生活·读书·新知三联书店,1987年。

39.[美]罗森:《诗与哲学之争:从柏拉图到尼采、海德格尔》,张辉译,华夏出版社,2004年。

40.[英]马克·埃德蒙森:《文学对抗哲学——从柏拉图到德里达》,王柏华、马晓冬译,中央编译出版社,2000年。

41.[美]玛格欧纳:《文艺现象学》,王岳川译,文化艺术出版社,1998年。

42.[英]迈克尔·英伍德:《海德格尔》,刘华文译,译林出版社,2013年。

43.[美]麦克尔·路克斯:《当代形而上学导论》,朱新民译,复旦大学出版,2008年。

44.[法]梅洛·庞蒂:《知觉现象学》,姜志辉译,商务印书馆,2001年。

45.[德]叔本华:《自然界中的意志》,任立等译,商务印书馆,1997年。

46.[德]瓦尔特·比黙尔、[瑞士]汉斯·萨纳尔编:《海德格尔与雅思贝尔斯往复书简(1920—1963)》,李雪涛译,上海人民出版社,2012年。

47.[美]威廉·麦克尼尔:《西方的兴起——人类共同体史》,孙岳等译,中信出版社,2015年。

48.[德]威廉·冯·洪堡特:《论人类语言结构的差异及其对人类精神发展的影响》,姚小平译,商务印书馆,1999年。

49.[奥]维特根斯坦:《哲学研究》,李步楼译,商务印书馆,2002年。

50.[英]亚·沃尔夫:《十六、十七世纪科学、技术和哲学史》,周昌忠等译,商务印书馆,1997年。

51.[古希腊]亚里士多德:《范畴篇 解释篇》,方书春译,商务印书馆,1959年。

52.[古希腊]亚里士多德:《诗学》,罗念生译,人民文学出版社,2002年。

53.[古希腊]亚里士多德:《形而上学》,吴寿彭译,商务出版社,1997年。

54.[英]伊格尔顿:《二十世纪西方文学理论》,陕西师范大学出版社,1986年。

55.[美]伊森·克莱因伯格:《存在的一代:海德格尔哲学在法国1927—1961》,陈颖译,新星出版社,2010年。

56.[美]约翰·克罗·兰色姆:《新批评》,王腊宝、张哲译,江苏教育出版社,2006年。

三、报刊文章

1.蔡祥元:《语言与海德格尔思想的形成》,《现代哲学》,2015年第5期。

2.陈海燕:《谢林与海德格尔艺术观念之比较》,《安徽大学学报》,2009年第5期。

3.陈中梅:《诗与哲学的结合——柏拉图的心愿》,《外国文学评论》,1995年第4期。

4.程志民:《论海德格尔语言哲学的现代意义》,《四川外语学院学报》,1997年第1期。

5.单世联:《西方美学史上对艺术的三次攻击》,《首都师范大学学报》,2002年第5期。

6.邓晓芒:《艺术作品的永恒性——马克思、海德格尔和当代中国文学》,《浙江学刊》,2004年第3期。

7.董欣洁:《西方通史类全球史编纂中的历史分期问题》,《安徽师范大学学报》,2010年第6期。

8.范玉刚:《精神的沉沦与诗意的栖居——海德格尔思与诗对话的真理之路解读》,《中国人民大学学报》,2009年第2期。

9.谷鹏飞:《艺术如何通达真理——海德格尔美学之思考的三条不同道

路》，《河北大学学报》，2010年第6期。

10. 郝文杰：《诗性空间：〈论海德格尔的语言真理观〉》，《大连大学学报》，2008年第10期。

11. 何隽：《存在家园的失落与文字的策略》，《南京社会科学》，2001年第6期。

12. 黄华新：《语境、"生活世界"与悖论》，《自然辩证法研究》，2004年第2期。

13. 黄赞梅：《"诗与哲学的古老争议"及其现代融合》，《南昌大学学报》，2000年第10期。

14. 蒋邦芹：《形式显示的方法与海德格尔思想的主题》，《武汉纺织大学学报》，2011年第2期。

15. 焦卫华：《海德格尔和维特根斯坦语言哲学比较》，《广西大学学报》，2009年第2期。

16. 靳希平：《〈存在与时间〉中的"缺爱现象"——兼论〈黑皮本〉的"直白称谓"》，《世界哲学》，2016年第5期。

17. 靳希平：《海德格尔研究在中国》，《世界哲学》，2009年第4期。

18. 靳希平：《海德格尔哲学的一般唯物主义前提》，《哲学研究》，1994年第5期。

19. 李创：《海德格尔诗学节奏观探微》，《同济大学学报》，2015年第8期。

20. 李凤亮：《诗·语言·思：对话与对抗》，《宁夏社会科学》，2002年第6期。

21. 李革新：《论海德格尔哲学中存在与此在的共属关系》，《学术月刊》，2002年第12期。

22. 李革新：《在可说与不可说之间》，《山东师范大学学报》，2001年第1期。

23. 李海平：《存在之思与语言》，《长春师范学院学报》，2003年第3期。

24. 梁建东：《诗与哲学之争的现代嬗变》，《渤海大学学报》，2010年第4期。

25. 刘成纪：《维柯与当代文化诗学》，《南京师范大学文学院学报》，2003年第1期。

26. 刘方喜：《"大道"在人–言之际的双向运作——论海德格尔的语言本体论诗学观》，《华东师范大学学报》，1999年第2期。

27. 刘旭光：《谁是梵高那双鞋的主人——关于现象学视野下艺术中的真理问题》，《学术月刊》，2007年第9期。

28. 刘旭光:《我们把海德格尔引向何方》,《文艺争鸣》,2011年第5期。

29. 刘旭光:《现象学的方法与当代文艺美学的新发展》,《文艺理论研究》,2012年第3期。

30. 刘阳:《海德格尔与中国文学的融合限度》,《华东师范大学学报》,2012年第3期。

31. 刘渊、邱紫华:《维柯"诗性思维"的美学启示》,《华中师范大学学报》,2002年第1期。

32. 马大康、胡勇:《从原始隐喻到诗性隐喻》,《学术月刊》,2005年第5期。

33. 马大康:《诗性语言面面观》,《外国文学评论》,1993年第3期。

34. 马大康:《语言空白、空位与存在的家园》,《文艺理论研究》,2001年第2期。

35. 马德邻:《道说"面向思的事情"》,《上海师范大学学报》,2001年第5期。

36. 倪梁康、方向红:《现象学在中国与中国现象学》,《中国社会科学评价》,2016年第4期。

37. 倪梁康:《东西方哲学思维中的现象学、本体论与形而上学》,《哲学研究》,2016年第8期。

38. 倪梁康:《现象学的历史与发生向度》,《中山大学学报》,2013年第5期。

39. 彭富春:《海德格尔的迷途》,《开放时代》,2009年第9期。

40. 彭富春:《海德格尔与现代西方哲学》,《华中师范大学学报》,1999年第5期。

41. 彭富春:《西方海德格尔研究述评年(第一)》,《哲学动态》,2001年第5期。

42. 彭富春:《西方海德格尔研究述评年(第二)》,《哲学动态》,2001年第6期。

43. 宋炳延:《海德格尔后期语言观的"三大特征"》,《山西大学学报》,2001年第2期。

44. 苏宏斌:《面容作为艺术之本质》,《学术研究》,2020年第2期。

45. 苏宏斌:《诗·语言·神圣——海德格尔诗学的超验之维》,《人文杂志》,2001年第2期。

46. 孙周兴、司徒立:《一次关于现象学与艺术的谈话》,《新美术》,2014年第3期。

47. 孙周兴:《本质与实存——西方形而上学的实存哲学路线》,《中国社会科学》,2004年第6期。

48.孙周兴:《天与地,以及诗人的位置——再论海德格尔的荷尔德林阐释》,《同济大学学报》,2012年第2期。

49.孙周兴:《物之经验与艺术的规定》,《学术界》,2019年第10期。

50.王凯:《道言与现代西方的语言美学》,《武汉大学学报》,2004年第1期。

51.王庆节:《超越、超越论与海德格尔的存在与时间》,《同济大学学报》,2014年第1期。

52.王庆节:《也谈海德格尔"Ereignis"的中文翻译和理解》,《世界哲学》,2003年第4期。

53.王元骧:《从"美感的神圣性"说到审美与宗教的关系》,《美育学刊》,2015年第4期。

54.王元骧:《对文艺研究中"主客二分"思维模式的批判性考察》,《学术月刊》,2004年第5期。

55.王元骧:《再论美学研究:走两大系统融合之路》,《文艺研究》,2009年第5期。

56.韦拴喜、杨恩寰:《海德格尔的诗性救赎及其理论局限性试析》,《兰州学刊》,2011年第7期。

57.夏雨禾:《海德格尔与形而上学审美理论》,《温州大学学报》,2002年第2期。

58.肖鹰:《诗与哲学——从柏拉图到歌德》,《广东社会科学》,1998年第2期。

59.于全有:《中近古时期人类有关语言本质问题的探索历程》,《沈阳师大学报》,2010年第3期。

60.俞吾金:《本体论研究的复兴和趋势》,《浙江学刊》,2002年第1期。

61.俞吾金:《存在、自然存在和社会存在》,《中国社会科学》,2001年第2期。

62.俞吾金:《究竟是谁创制了Ontologia这个拉丁名词》,《哲学动态》,2013年第1期。

63.俞吾金:《迈向意义的世界》,《天津社会科学》,1992年第2期。

64.俞吾金:《西方马克思主义发展中的语言学转向》,《河北学刊》,2003年第6期。

65.俞吾金:《形而上学发展史上的三次翻转——海德格尔形而上学之思的启迪》,《中国社会科学》,2009年第6期。

66.[美]约翰·萨利斯:《聚集的语言:海德格尔与日本人的对话》,《同济大学学报》,2016年第2期。

67. 詹文杰：《教化与真理视域中的诗——重思柏拉图对诗的批评》，《世界哲学》，2012年第5期。

68. 张法：《中国美学的类型和阶段划分：从语言特质的角度与西方、印度比较》，《南国学术》，2018年第2期。

69. 张计连：《回归古典和"诗与哲学之争"》，《广西大学学报》，2010年第4期。

70. 张庆熊：《诗与思——从海德格尔视角出发诠释中文和德文诗歌中的生存论意境》，《复旦大学学报》，2011年第3期。

71. 张庆熊：《维特根斯坦的后期哲学和20世纪西方社会科学方法论的发展》，《云南大学学报》，2009年第6期。

72. 张庆熊：《语言、生活形式与本体论问题》，《世界哲学》，2020年第4期。

73. 张汝伦：《论海德格尔哲学的起点》，《复旦大学学报》，2005年第2期。

74. 张汝伦：《〈存在与时间〉为什么没有完成?》，《世界哲学》，2011年第4期。

75. 张祥龙、陈岸瑛：《解释学理性与信仰的相遇——海德格尔早期宗教现象学的方法论》，《哲学研究》，1997年第6期。

76. 张祥龙：《从"不可说"到"诗意之说"——海德格尔与孔子论诗的纯思想性》，《河北学刊》，2006年第3期。

77. 张祥龙：《海德格尔后期著作中"Ereignis"的含义》，《世界哲学》，2008年第3期。

78. 赵红梅：《从哲学的逻辑化走向哲学的诗化》，《江汉论坛》，1997年第11期。

79. 赵奎英：《从"存在与时间"到"栖居与空间"——海德格尔后期哲学的空间化转向及其生态美学意义》，《厦门大学学报》，2009年第2期。

80. 赵奎英：《当代西方"反幻觉"诗学的语言哲学基础及其批判》，《文史哲》，2005年第6期。

81. 赵奎英：《海德格尔后期语言观对生态美学文化研究的历史性建构》，《文学评论》，2009年第5期。

82. 赵奎英：《语言观念的修辞论转向与语言文化诗学》，《学术月刊》，2010年第9期。

83. 支宇：《语义多重与符号自指》，《四川外语学院学报》，2006年第6期。

84. 周利娟、郭涛：《哲学思想与西方语言学》，《北京师范大学学报》，2000年第4期。

85. 朱立元、李创：《略论海德格尔对特拉克尔诗歌中大地、太阳、月亮意象的解读》，《外国文学研究》，2014年第1期。

86.朱立元、刘旭光:《从海德格尔看中西哲学美学的互动影响》,《华中师范大学学报》,2006年第6期。

87.朱立元:《超越二元对立的思维方式——关于新世纪文艺学、美学研究突破之途的思考》,《文艺理论研究》,2002年第2期。

88.朱立元:《当代文学美学研究中对"本体论"的误释》,《文学评论》,1996年第6期。

89.朱立元:《海德格尔凸现了马克思实践观本有的存在论维度》,《社会科学》,2010年第2期。

四、外文著作

1. Abraham Mansbach, *Beyond Subjectivism: Heidegger on Language and the Human Being*,Greenwood Press,2002.

2.Achim L. Oberst., *Heidegger on Language and Death: The Intrinsic Connection in Human Existence*,Continuum ,2009.

3.Cristina Lafont, *Heidegger, Language, and World-Disclosure*, Cambridge University Press,2000.

4.David Gunkel,Paul A.Taylor, *Heidegger and the Media*, Polity,2014.

5. Julian Young, Heidegger's Philosophy of Art, Cambridge University press,2001.

6.Kevin Barry,Language, *Music, and the Sign: A Study in Aesthetics, Poetics, and Poetic Practice From Collins to Coleridge*,Cambridge University Press,1987.

7.Lorenz B. Puntel, *Being and God: A Systematic Approach in Confrontation with Martin Heidegger, Emmanuel Levinas, and Jean-Luc Marion*,Northwestern University Press ,2011.

8. Richard E.Palmer,ed., Hans-Georg Gadamer Reader,Northwestern Up, 2007.

9. Richard M.,Rorty, *Linguistic Turn:Eassys in Philosophical Method*,The University of Chicago,1967.

10.Rita Nolan., *Cognitive Practices: Human Language and Human Knowledge*,Blackwell,1994.

11.Steven Crowell & Jeff Malpas eds., *Transcendental Heidegger*, Stanford University Press,2007.

12.Timothy Clark, *Martin Heidegger*,Routledge,2011.

后　记

　　大约2003年上半学期,受恩师山东师范大学夏之放教授指点,我开始接触海德格尔的相关学说。依稀记得,先生用带着河北口音的山东话给我们研究生讲授海德格尔的《存在与时间》,讲到"向死而生"的学说时对我触动极大!时至今日,每当回想起自己的读书历程及面临人生抉择时,这句话似乎总是第一个从我脑海里蹦出来,如同歧路前的路标引我思索并作出选择,在我的"向死而生"之中,哪些东西于人生是有价值的,而哪些东西虽看上去很美,乃至一时风光无限,却终究并不怎么有意义!

　　那个学期的课结束后,我开始正儿八经地读起海德格尔的《存在与时间》来。我记得很清楚,第一遍通读用了八个多月时间。说实话,读得云里雾里稀里糊涂的,但没想到,这算是就此与"难缠"的海德格尔结了缘。先是2005年硕士毕业时,在夏老师悉心指导下,我以"诗意言说:透射幽暗的亮光——试论海德格尔后期语言观的悖论特征"为题的硕士论文,获得了硕士学位。硕士毕业同年,我有幸考入复旦大学资深教授恩师朱立元先生门下,在朱老师的进一步指导下,2008年我以"海德格尔诗化语言观研究"为题的博士论文,顺利获得博士学位。

　　虽然读博期间出于研究需要,我选修了一个学期的德语课程,不过说实话,无论是德语水平还是自己的学术功力,我深知对于海德格尔语言思想研究来说都还差得很远。对于海德格尔这座大山来说,博士毕业只是开始!基于这个想法,2008年参加工作后,我没有着急出版自己的博士论文,而是一面继续自学德语,一面进一步研读海德格尔著作,不断修改完善博士论文。在此过程中,我陆续发表了七八篇C刊论文,获批了两个省社科与高校人文项目,并于2017年以"海德格尔语言思想诗化之维探赜"为题拿到了国家社科基金后期资助项目,该书的写作正是由此资助而来。但愿它能不负此资助!

　　非常感恩当年夏之放先生、朱立元先生两位恩师,不以本人才疏学浅招我为徒,引我入门。但能否在学术上研有所成,无愧于二位先生栽培,我是很惶恐的！生怕丢了先生的脸，所能做的唯坚持与勤勉尔。限于才学，我不是个出"活儿"很快的人，再加上惰性和一点点执拗，未落地前，总希望能做得尽可能再好一些，事情也便因此常被一拖再拖，这让我很是烦恼却又难以改进。按照最初设想，我本计划最迟于2020年结项并出版书稿，由于上述原因，更未料又受工作调动、项目单位变更、新冠肺炎疫情耽搁等事宜影响，书稿的结项与出版便一拖再拖到现在。唯一欣慰的是，无论是在结构上还是规模上，书稿均比2020年时又有了不小改进。从博士论文最初的11万字到如今的20万字，相当于重写了一篇博士论文。

算起来，从2003年我开始接触海德格尔的学说到如今这部书稿的即将出版，将近20年时间。20年时间对于学术研究而言，不长也不短。虽然期间因工作与科研需要，我另辟了陶瓷美学与审美文化研究这个新方向，开始"一心二用"，但我始终没有中断对海德格尔语言美学及与此相关的西方哲学研究。其中的原因固然一方面与海德格尔语言学说的艰深晦涩有关，而我本人又非哲学科班出身，需要长期关注并下大功夫，但另一个我更看重的原因则是，对西方哲学、美学的研读，可以让我在研究视野尤其是研究思维方式与方法上获得莫大的学术训练。例如现象学方法对二元对立思维方式的突破、分析哲学对哲学语言的解析与批判等。哲学的学术训练不仅可以让研究者确立一种宏阔高远的研究视野，让其思维变得更加清晰严谨，使其言说获得一种层层推进环环相扣的思辨力量，而且这些哲学训练可以使研究者快速有效地进入新的研究领域。本人在开辟陶瓷美学与审美文化这个新学术方向过程中就有着切身体会。陶瓷艺术与美学研究对我来说本是一个全新的陌生领域。从海德格尔研究跨到陶瓷艺术研究，也似乎是风马牛不相及的事情！但自2013年我决定开辟这个新学术领域以来，很快便在包括《文艺研究》在内的各类C刊发表学术论文20余篇，出版了2部学术专著，获得了一项省社科优秀成果二等奖。那个时候怎么也未曾料到，自己的第一部学术专著竟然与陶瓷相关！现在想来，假如没有对海德格尔以及西方哲学美学的研读，这是不可能做到的！贯穿在我的陶瓷美学研究中的"存在论视野"与"现象学方法"就是从前者那里汲取的。

本书可以想见的是，尚未论及或虽已论及但依然不够深入的地方还有很多，乃至误解甚至谬论也会不少，只好留待学界批评了。这当然和本人学力不逮有关，也和恼人的海德格尔语言思想本身的艰深分不开！其语言思想正如透射幽暗的亮光，它照亮了四周，却也让幽暗愈发幽暗！说"一千个人有一千个海德格尔"似乎也不过分！借用海德格尔论语言的话，真正的海德格尔研究也许按照他的逻辑来说，应是"通向海德格尔"！

对海德格尔，我当然有无尽的感谢！他的"向死而生"学说，曾让我醍醐灌顶！而已为人师的我，也定会不断向我的学生反复论说它。人生有限，多思生死，诗意栖居，莫入歧途！

在海德格尔与两位恩师之外，我还要感谢赵奎英教授。赵老师不仅在西方语言诗学与美学研究方面造诣深厚，而且特别幸运地是，当年她曾为我们开设过这方面的研究生课程，她的研究与指点引发了我对语言美学问题最初的兴趣。还有，不能不提及的是，在中国从事海德格尔研究，恐怕大多数学人都离不开熊伟、陈嘉映、孙周兴、王庆节等学者对海德格尔著作的译介，他们在此领域成就斐然，普惠学界，我当然也是受惠者之一，在此向他们表示深深的敬意！

最后还要感谢我的爱人武静，感谢她对家庭的默默付出，给了我全力以赴从事学术研究的自由。

任华东

2021 年 12 月 31 日

于上海大学延长校区